Marketing mit Duft

Von
Univ-Prof. Dr. Hans Knoblich
Prof. Dr. Andreas Scharf
Prof. Dr. Bernd Schubert

4., vollkommen neu bearbeitete Auflage

R. Oldenbourg Verlag München Wien

Bibliografische Information Der Deutschen Bibliothek

Die Deutsche Bibliothek verzeichnet diese Publikation in der Deutschen Nationalbibliografie; detaillierte bibliografische Daten sind im Internet über <http://dnb.ddb.de> abrufbar.

Rosenheimer Straße 145, D-81671 München
Telefon: (089) 45051-0
www.oldenbourg-verlag.de

Gedruckt auf säure- und chlorfreiem Papier
Gesamtherstellung: Druckhaus „Thomas Müntzer“ GmbH, Bad Langensalza

ISBN 3-486-24828-6

Vorwort zur vierten Auflage

Seit der Veröffentlichung der ersten Auflage unseres Buches „Marketing mit Duftstoffen" sind nun mehr als zehn Jahre vergangen. Seither haben wir viele – überwiegend positive – Rückmeldungen sowie sinnvolle Anregungen von verschiedenen Seiten erhalten. In diesem Zeitraum hat sich aber auch das Thema in der Marketingwissenschaft und -praxis dramatisch weiterentwickelt, völlig neue Aspekte sind entstanden, eindrucksvolle Forschungsergebnisse veröffentlicht worden.

Bei der vorliegenden vierten Auflage handelt es folglich um eine völlig neue Bearbeitung des Themas „Marketing mit Duft". Zu Beginn erfolgt die notwendige Darstellung der physiologischen und psychologischen Besonderheiten der Geruchswahrnehmung. Einen wesentlichen Schwerpunkt des Buches bilden dann die Ausführungen zu den Einsatzmöglichkeiten von Duft in der Produktpolitik und Kommunikationspolitik sowie in der Raumgestaltung. Als zweiter Schwerpunkt werden ausgewählte empirische Untersuchungen zum Einsatz von Duft im Marketing dargestellt. Vollkommen neu sind auch die Ausführungen zur systematischen Erfassung der Wahrnehmung und Beurteilung von Düften im Rahmen der sensorischen Produktforschung sowie zu den ethischen und rechtlichen Rahmenbedingungen des Einsatzes von Duftstoffen im Marketing.

Unser Dank gilt zunächst allen, die uns in den letzten Jahren als kompetente Gesprächspartner zur Verfügung gestanden und uns mit wertvollen Anregungen versorgt haben. Unser besonderer Dank gilt Herrn Dipl.-Kfm. Patrick Hehn, der uns vor allem bei der Beschaffung und Aufbereitung der vielfältigen Informationen unterstützt hat. Schließlich gilt unser Dank auch dem Oldenbourg-Verlag für dessen Unterstützung und Geduld.

Selbstverständlich gehen alle – trotz aller Sorgfalt – verbleibenden Fehler und Schwächen ausschließlich zulasten der Autoren. Anregungen aller Art sind jederzeit willkommen.

Göttingen

Hans Knoblich
Andreas Scharf
Bernd Schubert

Inhaltsverzeichnis

1. Einführung

1.1. Aktuelle Bedeutung von Duft im Marketing

Atmen bedeutet, zu riechen. Mit jedem Atemzug gelangen Duftmoleküle in die Nase und können dort Geruchsempfindungen auslösen. Wie zum Beispiel das Duftgemisch von Kreide, feuchtem Schwamm und Bohnerwachs, das uns plötzlich um Jahre zurückversetzen kann, sobald wir den Duft wahrnehmen. Bilder entstehen im Kopf: Wir erinnern uns, wie wir die Schulbank drückten, der Lehrerin einen Streich spielten oder in der Pause noch schnell die Hausaufgaben vom Mitschüler abschrieben.

Düfte sind mit zurückliegenden Erfahrungen und Ereignissen verknüpft. Erst durch diese Erfahrungen werden sie als angenehm oder als unangenehm empfunden. Fast jeder Duft ist so mit bestimmten Assoziationen verbunden und gibt dem Kontext, in dem wir den Duft hauptsächlich wahrgenommen haben, eine Identität, eine zeitlich relativ konstante Vorstellung als Orientierungsrahmen für unser Denken und Handeln. Je häufiger wir diesen Duft in einem bestimmten Kontext wahrnehmen, desto stärker ist diese Identität, desto leichter fällt uns das Wiedererkennen und das Beschreiben des Dufts und die Erinnerung an den Duftkontext.

Der Dufteinsatz im Marketing fußt im wesentlichen auf diesen simplen Wirkungsprinzipien, die sich jedoch nicht immer so leicht in konkrete Maßnahmen umsetzen lassen. Düfte geben uns Auskunft über die Wirksamkeit von Reinigungs- und Pflegeprodukten, über den Hygienezustand von Sanitärräumen in Restaurants, über die vermeintliche Qualität eines Eau de Toilette oder darüber, daß sich ganz in der Nähe eine Bäckerei befinden muß. Sind wir gut gesättigt, dann vermeiden wir tendenziell den Duft frischer Backwaren. Haben wir hingegen Hunger, dann lassen wir uns von diesem Duft vielleicht verleiten, ein Stückchen Kuchen mehr zu kaufen.

Das Wichtigste an Duft ist aber, daß er emotional wirkt. Der sanfte Duft der Kamille gibt uns das Gefühl der Sicherheit, ein besonders mildes Haarshampoo für die tägliche Wäsche zu verwenden. Die Ausdünstungen der Kunst- und Klebstoffe im Auto wecken in uns den Stolz und das gute Gefühl, in einem Neuwagen zu sitzen. Der Duft von Sonnencreme im Reisebüro lässt uns bereits bei der Buchung geistig am sonnigen Sandstrand liegen und das Glück des Urlaubs empfinden. Und der Duft ihres Mieders schürte schon bei Goethe die Liebe, die er für Frau von Stein empfand.

Erfahrene Produktmanager aus der Körperpflege- und Reinigungsmittelindustrie wissen seit langem um die positiven Wirkungen der Düfte, die sie in ihren Produkten verwenden. Duschgels, Shampoos, Wasch- und Geschirrspülmittel, Haushaltsreiniger oder Scheibenwischwasser sind ohne die Zugabe von Parfüms für viele Menschen mittlerweile undenkbar. Doch wie sieht es aus, wenn es um die olfaktorische Gestaltung von Verkaufsräumen geht? Muß der VW Touareg wirklich nach Neuwagen riechen oder kann er statt dessen einen Hauch von Abenteuer versprühen? Wird es künftig möglich sein, auch zu Hause am Computer beim Einkauf im Internet das neue Eau de Toilette von Calvin Klein zu riechen? Kann der IKEA-Katalog bald den angenehmen Duft von Kiefernmöbeln verströmen, ohne daß man am Papier reiben muß? Werden wir ein Unternehmen künftig schon am Duft erkennen können?

Diese Aspekte markieren nur einige der aktuellen Fragestellungen, die es zu beantworten gilt, wenn es um den Einsatz von Duft im Marketing geht. Doch während der Dufteinsatz in Produkten und teilweise auch in kleineren Räumen relativ problemlos möglich ist, sind neuere Duftanwendungen oft mit technischen Problemen verbunden, die erst nach und nach gelöst werden können. Tatsache ist, daß der Bedarf an Duft wächst, und zwar sowohl im privaten Bereich bei den Konsumenten als auch im kommerziellen Bereich in den Unternehmen. Tatsache ist auch, daß dieser Bedarf keine Erfindung des modernen Marketing ist, sondern auf teilweise Jahrtausende alter Tradition fußt.

In der Vergangenheit war die Verwendung von Duft häufig mit rituellen und religiösen Vorgängen verknüpft, hatte aber auch eine medizinische und ästhetische Bedeutung. Seit der Hochkultur der Ägypter dienten Düfte insbesondere auch zur Beeindruckung und Verführung des anderen Geschlechts. In der modernen Gesellschaft sind visuelle und akustische Reize zur mit Abstand wichtigsten Informationsquelle geworden. Aber beispielsweise durch Patrick Süßkinds Roman „Das Parfüm“ gelangten die Besonderheiten des Riechsinns wieder stärker in das Bewußtsein vieler Menschen, so daß sich das Thema „Duft“ inzwischen vom „uninteressanten Außenseiterthema zum medialen Wissenschaftsschlager entwickelt hat.

Die unterschiedlichsten Forscher richten ihr Augenmerk auf das Riechen und die Macht der Gerüche.[1] Im Bereich des Marketing hat das Thema „Duft“ vor allem in der Marketingpraxis einen festen Platz eingenommen. Zahlreiche Beratungsfirmen bieten ihre Dienste aufgrund der steigenden Nachfrage nach „Beduftung“ von Produkten, Kommunikationsmitteln und Laden- und Geschäftsräumen an.

Das zunehmende Interesse am Einsatz von Duftstoffen bei der Gestaltung der Marketinginstrumente sowohl in der Industrie als auch auf dem Dienstleistungssektor resultiert aus den aktuellen Marktbedingungen der meisten Industriegesellschaften. Wie im folgenden gezeigt wird, kann man mit dem Einsatz von Duftstoffen auf bestimmte Marktbedingungen erfolgversprechend reagieren.

1 Die unterschiedlichsten Wissenschaftsdisziplinen und Interessengguppen richten zur Zeit ihr Augenmerk auf das menschliche Riechen und die Macht der Düfte. Beispielsweise haben die aktuelle Erforschung militärischer Einsatzmöglichkeiten von „Stinkstoffen“ sowie neuere Erkenntnisse der Pheromonforschung, die auf einen bedeutenden Einfluß der Körpergerüche auf die Partnerwahl hindeuten, das allgemeine Interesse geweckt. Der WDR widmete dem Duft einen Themenabend und die beliebte Wissenschaftssendung Quarks&Co. hatte die „Welt der Düfte“ zum Gegenstand.

Produktqualität wird von den Konsumenten mittlerweile als selbstverständliche Produktleistung empfunden. Folglich können viele Produkte mit ihrem nahezu als austauschbar wahrgenommenen Marketing-Mix den individuellen Anforderungen der Verbraucher an emotionsvermittelnde Komponenten eines von Selbstinszenierung, Originalität und Unterscheidungsfähigkeit geprägten Lebensstils nicht angemessen Rechnung tragen. Als Folge erleben bereits 72 Prozent der Konsumenten Marken und Dienstleistungen als austauschbar (*Esch/Wicke, 2000, S. 19*). Der Konsument sucht und präferiert jedoch individuelle Erlebniswerte, die für ihn beim Kauf und Gebrauch von Produkten gerade wegen ihrer weitgehenden Homogenität deutlich werden müssen.

Dieser Trend zum Erlebnismarketing beinhaltet Strategien, bei denen emotionale Erlebniswerte wie z.B. Liebe, Freundschaft, Nostalgie, Überraschung, Natürlichkeit oder Wellness in den Mittelpunkt der Produktpositionierungen gerückt werden und das Marketing-Mix entsprechend erlebnisorientiert ausgestaltet wird.

Das Erlebnismarketing zielt auf die Gefühle der Konsumenten, wodurch eine Erhöhung ihrer subjektiv wahrgenommenen Lebensqualität erreicht werden soll. Unter einem Erlebniswert versteht man den subjektiv erlebten, durch das Produkt, die Dienstleistung, das Verkaufsgespräch oder die Einkaufsstätte vermittelten Beitrag zur Lebensqualität der Konsumenten, der in ihrer Gefühls- und Erfahrungswelt verankert ist *(Weinberg, 1992, S. 3)*.

Der Erfolg von Erlebnisstrategien im Marketing hängt entscheidend davon ab, inwieweit es gelingt, dem Konsumenten die Erlebniswerte durch den integrierten Einsatz aller Marketinginstrumente, d.h. nicht nur durch die – visuell geprägte – Werbung zu vermitteln. Weiterhin ist davon auszugehen, daß emotionale Erlebnisstrategien dann besonders wirksam sind, wenn sie den Konsumenten mit allen Sinnen ansprechen. Die Schaffung multisensualer Konsumerlebnisse gilt als eine der größten Herausforderungen des Erlebnismarketing. Dahinter steht die Forderung, daß der Konsument die vom Unternehmen angestrebte (emotionale) Positionierung sehen, hören, tasten, schmecken und auch riechen, d.h. mit allen Sinnen erleben kann.

Mit dem Duft steht den Anbietern von Produkten und Dienstleistungen eine Gestaltungskomponente zur Verfügung, die aufgrund ihrer Fähigkeit, Emotionen und Erlebnisse hervorzurufen, einen geradezu idealen Ankerpunkt für eine erlebnisorientierte (multisensuale) Angebotsgestaltung darstellt. Das Potential, das in den emotionalen Erlebniswirkungen liegt, geht weit über das anderer Reizmodalitäten hinaus und ist auf die entwicklungsgeschichtlich sehr frühe Entstehung des Geruchssinns zurückzuführen.

Neben die Erzeugung emotionaler Kauf- und Produkterlebnisse tritt eine den Konsumenten aktivierende Auslösefunktion der Duftstoffe, die gerade vor dem Hintergrund einer hohen Informationsüberlastung für die Wahrnehmung von Produkten und Kommunikationsmaßnahmen nicht zu unterschätzen ist. 98 Prozent aller Werbeinformationen werden überhaupt nicht wahrgenommen (*Esch/Wicke, 2000, S. 17*), und die durchschnittliche Wahrnehmungsdauer von Werbeanzeigen liegt bei nur zwei Sekunden. Durch den Einsatz unerwarteter Reize wie beispielsweise Duft kann man die Betrachtungszeit von Anzeigen verlängern und die Beworbenen dazu bringen, sich intensiver mit der Werbung auseinander zu setzen.

Beide Faktoren, sowohl die subjektive Qualität von Produkterlebnissen, die über Empfindungen, Stimmungen und inhaltliche Vorstellungen vermittelt wird, als auch die Duftaktivierung, die verstärkend auf die Erlebnisfunktion wirkt, bestimmen in großem Maße die emotionale Attraktivität und damit auch die Präferenz für ein Produkt oder eine Dienstleistung.

Der Trend zum Erlebnismarketing wird schon dadurch sichtbar, daß gegenüber den reinen Versorgungskäufen der Anteil an Erlebniskäufen in den letzten Jahren stark gestiegen ist. Vor allem die USA haben eine Vorreiterrolle eingenommen, wenn es darum geht, durch den Einsatz von Duftstoffen emotionale Erlebniswelten bei Dienstleistern und im Handel zu schaffen. Amerikanische Kaufverhaltensforscher bezeichnen Duft schon als die „Kaufhausmusik" dieses Jahrhunderts (*Bayly, 2001*).

Die Marketingwissenschaft hat sich in den letzten Jahren intensiv mit dem Thema Erlebnisorientierung in der Ladengestaltung und Markenführung auseinandergesetzt. Bis heute mangelt es an wissenschaftlichen Belegen zu Wirkungen von Düften in diesem Kontext. Das liegt zum einen auch daran, daß die Funktionsweise des Geruchssinns nicht vollständig erklärt ist (*vgl. Vroon, 1996, S. 13*). Andererseits stößt die Erforschung von Duftwirkungen auf zahlreiche methodische und forschungstechnische Probleme.

Bei Duft handelt es sich um einen sehr komplexen Reiz, der aus vielen Komponenten besteht und dessen Handhabung in der Forschung nicht unabhängig von anderen Einflüssen (Temperatur, Sättigung der Befragten, andere Gerüche im Raum), der Duftintensität und der Riechfähigkeit der Befragten ist. Dadurch kann es schwierig sein, die gemessenen Wirkungen eindeutig auf den Duftcharakter zurückzuführen. Besonders Feldexperimente zur Duftwirkung im Einzelhandel setzen ein hohes Maß an Erfahrung voraus, um die Meßbedingungen möglichst vergleichbar zu halten. Chaotische Luftturbulenzen in Warenhäusern, der Essensgeruch in der Mittagszeit aus den benachbarten Restaurants, die Auswahl der geeigneten Dufttechnik oder die Einstellung einer möglichst optimalen Duftintensität erfordern zeitintensive Pilotstudien, um eine möglichst gleichmäßige und unaufdringliche Duftabgabe zu erzielen.

Auch die Auswahl geeigneter Testpersonen für Duftauswahltests ist für die Qualität der Ergebnisse von großer Bedeutung. So hängen die Wahrnehmungsschwellen für Düfte beispielsweise von Alter, Geschlecht und Erbanlagen der Befragten ab (*Scharf, 2000, S. 204-207*). Eine entsprechende Quotierung der Befragten ist deshalb dringend ratsam.

Unabhängig von diesen und weiteren Meßproblemen ist man sich jedoch einig, daß der Geruchssinn eine wichtige Rolle bei einer Reihe psychischer Prozesse und Verhaltensmuster spielt: „Der Geruchssinn ist wesentlich für das Funktionieren des Geschmackssinns, er nimmt Einfluß auf die Sexualität, auf Motivations- und Gedächtnisprozesse, einschließlich des Lernens, auf die Gesundheit, das Sicherheitsgefühl und das allgemeine Wohlbefinden und hat nicht zuletzt in lebensbedrohlichen Situationen eine Alarmfunktion“ (*Vroon, 1996, S. 14*).

Es mehren sich allerdings auch kritische Stimmen zum Einsatz von Duft. Vor allem die frei verkäuflichen, reinen ätherischen Öle, die gerne für Aromalampen oder selbst gemachte Parfümkompositionen verwendet werden, können bei unsachgemäßer Anwendung wegen ihrer hohen Konzentration kurzzeitig zu gesundheitlichen Beeinträchtigungen führen. Vor allem Kinder sind beim Verschlucken dieser Konzentrate gewissen Risiken ausgesetzt (*o. V., 2002a*).

Oftmals bestehen auch allergologische Bedenken, auf die in späteren Kapiteln noch näher eingegangen wird. Hinsichtlich dieser Bedenken muß eindeutig die Industrie in die Pflicht genommen werden, gesundheitlich unbedenkliche Duftstoffe zu extrahieren und zu produzieren, um einen risikofreien Einsatz von Duft im Marketing zu ermöglichen. Einige Produzenten greifen diese Bedenken bei bestimmten Nischenprodukten bereits auf. Die Sensitiv-Produkte von Nivea werden entweder duftneutral produziert (After Shave Balsam Sensitiv) oder verzichten ganz auf Parfüm (Deodorant Sensitiv). Mit „Eucerin 5 Prozent Urea Shampoo“ hat Beiersdorf ein weiteres parfümfreies Haarpflegeprodukt am Markt. Neben den duftenden Varianten gibt es auch ein duftneutrales „Febreze“ von Procter & Gamble, das Textilien durch den Einsatz sogenannter Käfigmoleküle von Gerüchen befreien und erfrischen soll. Parfümfreie Produkte werden aber nicht nur wegen gesundheitlicher Bedenken gekauft sondern vor allem auch, weil für einige Konsumenten die Bekämpfung unangenehmer

Gerüche im Vordergrund steht, sie also lieber desodorieren als zu parfümieren. Die überwältigende Mehrheit der Konsumenten zeigt jedoch starkes Interesse an verschiedensten Duftprodukten. Allein der französische Markt für Raumbeduftungsprodukte in privaten Haushalten umfaßte 2001 ein Umsatzvolumen von 214 Millionen Euro *(Basset, 2002, S. 43)*.

1.2. Einsatzfelder für Duft im Marketing

Die Einsatzgebiete von Düften im Marketing liegen vor allem in der Produktgestaltung, der Kommunikationspolitik und der Ladengestaltung. Die klassischen Einsatzbereiche von Duftstoffen findet man insbesondere in der Produktbeduftung, also dem Duftstoffeinsatz in Reinigungs- und Körperpflegemitteln, Parfüms und anderen Artikeln des persönlichen Bedarfs. Vor allem Duft als Komponente der atmosphärischen Raum- bzw. Ladengestaltung hat in den letzten Jahren an Bedeutung gewonnen. Nach einigen Erkenntnissen wissenschaftlicher Untersuchungen ist der Einsatz von Düften im Rahmen einer erlebnisorientierten Gestaltung einer PoS-Atmosphäre erfolgversprechend.

Die Zahl der Einsatzorte von Duft steigt. So erfolgt die Beduftung nicht nur im unmittelbarsten Wirkungskreis des Handels, sondern auch schon zahlreich in Kinos, auf Flughäfen, Bahnhöfen, Messen, Ausstellungen, Autohäusern, öffentlichen Verkehrsmitteln, Arztpraxen, Altersheimen, Hotels, Banken, Diskotheken und vielen mehr.

Die Hauptprobleme bei der Raumbeduftung bestehen in der Auswahl geeigneter - insbesondere gesundheitlich unbedenklicher - Duftstoffe sowie im Einsatz geeigneter Techniken, die eine den spezifischen Raumbedingungen entsprechende Duftausbringung problemlos ermöglichen.

In diesem Zusammenhang kann man in den letzten Jahren einen steigenden Bedarf an Geräten zur kommerziellen Duftausbringung in Räumen feststellen. Die qualitativ zufriedenstellende Befriedigung dieses Bedarfs hängt stark von der verwendeten Technik ab. Während ältere Beduftungstechniken wie die Verdampfung von Duftstoffen mit Hitze noch häufig eingesetzt werden, obwohl sie nicht mehr dem Stand der Technik entsprechen und keine optimalen Ergebnisse liefern, werden vielversprechende Systeme neu- und weiterentwickelt, die wiederum andere innovative Anwendungen erlauben. Zu den bereits umsetzbaren Anwendungen zählen beispielsweise:

- Düfte, deren Abgabe durch Computer, Spielekonsolen, Videorekorder oder CDs gesteuert werden
- Düfte in Theatern, Musicals, Kinos und Karaoke-Maschinen (japanisches Patent: Karaokesystem mit integriertem Duftzerstäuber)
- Düfte in Schreibgeräten (US-Patent: Beduftete Lernhilfe, insbesondere Kreide- und Wachsmalstifte), Büchern und Werbeanzeigen
- in Textilien und Schuhcremes gelagerte Düfte
- Düfte in Haushaltsgeräten (Haartrockner; - US-Patent: Duftaufsatz für Haartrockner)
- Düfte in Scherfolien bei Rasierern (Entwicklung des Fraunhofer-Instituts für Schicht- und Oberflächentechnik „IST“ in Braunschweig)
- Duftgeräte zur medizinischen Diagnose bestimmter Hirn- und Nervenkrankheiten.

Vor allem die Miniaturisierung von Duftsystemen spielt eine große Rolle, weil sie die Individualisierung des Duftstoffeinsatzes erlaubt. Großes Interesse zog beispielsweise die im Februar 1999 gegründete amerikanische Firma Digiscents auf sich, die eine Software patentierte, mit der es möglich sei, aus wenigen hundert Grundsubstanzen jeden beliebigen Geruch reproduzieren zu können *(o. V., 2000a)*. Mit Digiscents iSmell Digital Scent Technology sollten die Verbraucher mit Duft versehene Websites, E-Mails, Filme, Musik, E-Commerce, interaktive Spiele und Online-Werbung lebensechter genießen und unvergessliche Erfahrungen machen können. Das Vorhaben ist letztlich daran gescheitert, daß es nicht schnell genug gelang, ein zufrieden stellendes Mikrosystem zu entwickeln, das tatsächlich alle Düfte dieser Welt reproduzieren kann. Da Düfte in der Regel aus einer Vielzahl von Stoffen mit sehr unterschiedlichen chemisch-physikalischen Eigenschaften bestehen, sind auch Zweifel angebracht, daß eine solche Aufgabe in naher Zukunft gelöst werden kann. Außerdem reagiert die menschliche Nase derart sensibel auf feinste Duftunterschiede, daß eine komplette Reproduktion von Anfang an mit Skepsis zu betrachten war. Im April 2001 meldete das Unternehmen Konkurs an (*Doherty, 2001*).

Dennoch wurde mit Digiscents weltweiten Medienauftritten offiziell das Zeitalter der Mikro-Duftsysteme eingeleitet. Parallel zu dem kalifornischen Unternehmen entwickelte ein Münchner Unternehmen ein Gerät namens „Sniffman“, das man am Körper tragen kann und welches - mit einem beliebigen Timecode synchronisiert oder manuell gesteuert - mehrere, auf einem Duftchip gespeicherte Düfte abgeben kann. Dieses Gerät wurde bereits im Kino-Kurzfilm „One Day Diet“ eingesetzt, wo es synchron zu einzelnen Filmszenen 16 verschiedene Düfte ausströmte, die nur vom Träger des „Sniffman“ wahrgenommen werden konnten (*o. V., 2001*). Seit Jahrzehnten ist es der große Traum vieler Kinobetreiber und Filmemacher, Duft ins Kino zu bringen. Es gab bereits viele, teilweise skurrile Bemühungen, die Illusion im Kino weiter zu perfektionieren, aber keines der Systeme hat sich bisher durchgesetzt. Das lag meistens daran, daß der komplette Vorführraum beduftet wurde, so daß ein schneller Duftwechsel aufgrund der notwendigen Luftumwälzung unmöglich war und die Düfte sich mit der Zeit im Zuschauerraum festsetzten. Beim Sniffman handelt es sich hingegen um das erste mobile Gerät, das interessierten Besuchern erlaubt, in einem Kino an einzelne Szenen gebundene Düfte zu empfangen.

Eine weitere vielseitig verwendbare Technik ist die Verkapselung von Düften. Hierbei werden Duftstoffe in kleinsten Kugeln gelagert. Diese Kugeln werden durch Reiben zerstört und setzen den Duftstoff frei. Dieses Prinzip hat bereits in Printmedien eine gewisse Verbreitung gefunden, z.B. in Zeitschriftenanzeigen, Direktwerbung oder Grußkarten. Findige Unternehmen konnten die Mikroverkapselung auch für Textilien nutzbar machen. Für Schokoladensüchtige gibt es ein „Scratch & Sniff-T-Shirt“, das nach Schokolade duftet, wenn man das Schokoladenlogo auf der Brust reibt.

Im Frühjahr 1999 haben drei südkoreanische Textilhersteller (Kolon International, LG Fashion, Essess Heartist) damit begonnen, beduftete Anzüge zu verkaufen. Die Technologie wurde in dreijähriger Forschungsarbeit von der Firma Soojin entwickelt. Die Duftstoffe werden in Mikrokapseln in die Textilien eingelagert. Diese Kapseln sind im Normalzustand zu 20 Prozent geöffnet. Sobald sich die Träger bewegen oder auf den Anzug klopfen, öffnen sich die Kapseln bis zu 70 Prozent und der verkapselte Duft wird freigesetzt. Die Haltbarkeit des Dufts wird mit zwei bis drei Jahren oder 15 bis 20 Trockenreinigungen angegeben. Die ersten Anzüge sind vor allem bei Büroangestellten zwischen 20 und 40 Jahren beliebt und wurden zu Preisen zwischen 250 US$ und 400 US$ in verschiedenen Ausführungen verkauft. Die Träger schätzen an den Anzügen, daß sie nach einem verschwitzten Arbeitstag nach wie vor gut riechen und daß selbst nach einem ausgedehnten Kneipenbesuch der Anzug nicht mehr nach Alkohol und Rauch riecht, sondern nach kurzem Schütteln und Klopfen nach dem eingelagerten Duft.

Präferiert werden vor allem Düfte mit aromatherapeutischer Wirkung, weil sich die Aromatherapie in Korea großer Beliebtheit erfreut. Einige Hersteller wollen entsprechende Aromen auch in Bettbezügen verkapseln, um Schlaflosigkeit zu therapieren. Aber auch über den Einsatz in Puppen, Vorhängen, Sofas und Teppichen wird nachgedacht.

Mikrokapseln finden nicht nur in Textilien neue Anwendungen, sondern auch in der Materialtechnik. Das Fraunhofer-Institut für Schicht- und Oberflächentechnik (IST) in Braunschweig perfektionierte den Einbau von Mikrokapseln in Beschichtungen und entdeckte vielfältige Einsatzmöglichkeiten. Die Kapseln bestehen aus einem dünnen Kunststoff, haben einen Durchmesser von 0,3 Mikrometern bis zu fünf Millimetern und können Flüssigkeiten, Gase oder Feststoffe umhüllen. Mit Duft gefüllte Kapseln können signalisieren, daß beschichtete Metallwerkzeuge abgenutzt sind. Bei schnell verschleißenden Maschinenwerkzeugen entfällt die ständige manuelle Kontrolle, die zu Maschinenausfallzeiten führt. Stattdessen melden Geruchssensoren, daß das Werkzeug abgenutzt ist. Ein Rasierapparat duftet z.B. nach Zitrone, wenn die Scherfolie abgenutzt ist und ersetzt werden muß. Die Kapseln kann man auch mit Diamantpartikeln füllen, um Materialien härter zu machen oder mit Öl, um selbstschmierende Oberflächen zu erzeugen.

Diese ausgewählten Beispiele zeigen, wie vielfältig die Einsatzbereiche von Duftstoffen in Produkten und Dienstleistungen bereits sind. Mit der Verbesserung der Technik von Duftspeichern und Abgabesystemen wird sich der Duftstoffeinsatz in einigen Bereichen des Wirtschaftslebens weiterhin durchsetzen. Die bereits heute in der privaten Raumbeduftung sichtbare Offenheit der Konsumenten gegenüber Duft und bedufteten Produkten wird sich dadurch weiter erhöhen und noch andere Anwendungsfelder für das Marketing erschließen.

Künftig wird es mehr denn je darauf ankommen, Produkte und Verkaufsräume nicht nur technisch, haptisch, akustisch und optisch gut zu gestalten, sondern auch den Geruch als Informationsübermittler und Quelle emotionaler Zusatznutzenstiftung in die Angebotsplanung und -gestaltung zu integrieren.

2. Physiologische und psychologische Besonderheiten der Geruchswahrnehmung

2.1. Physiologische und psycho-physiologische Besonderheiten des Geruchssinns

2.1.1. Sensorische Wahrnehmung

Der Mensch nimmt die chemisch-physikalischen Reize aus der Umwelt über seine Sinnesorgane auf. Hierzu zählen die Augen, die Ohren, die Nase, die Zunge sowie die Haut. In den Sinnesorganen befinden sich Sinneszellen (Rezeptoren) mit einer hohen Empfänglichkeit für bestimmte Reize, d.h., jeder Rezeptor ist auf bestimmte Reize spezialisiert und wandelt diese in nervöse Erregungen um *(Fricker, 1984, S. 6; Kroeber-Riel/Weinberg, 1996, S. 316; Miram/Krumwiede, 1985, S. 10)*.

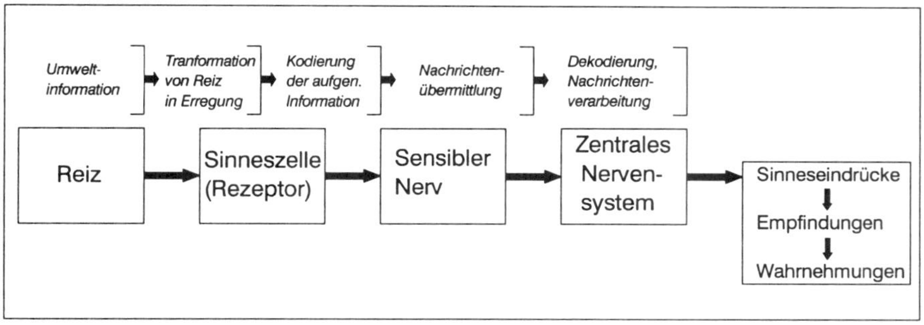

Abb. 2-1: Sensorische Wahrnehmung als Ergebnis sinnesphysiologischer und sinnespsychologischer Prozesse *(Quelle: leicht modifiziert nach Neumann/Molnár, 1991, S. 16)*.

Diese Erregungen werden dann über sensible Nerven an das Zentrale Nervensystem weitergeleitet. Dort lösen sie optische, akustische, haptische, olfaktorische oder gustatorische Sinneseindrücke aus, die dem Menschen als Empfindungen bewußt werden und die – verknüpft mit vorhandenen sensorischen Erfahrungen – sensorische Wahrnehmungen hervorrufen *(Fliedner/Wilhelmi, 1989, S.*

13; Neumann/Molnár, 1991, S. 16f.).[1] Abbildung 2-1 gibt einen vereinfachten Überblick über diese komplizierten physiologisch-psychologischen Prozesse.

Abbildung 2-2 veranschaulicht die Systematik der Sinnesorgane, Sinne, Sinneseindrücke und Sinnesempfindungen. Letztere sind definitionsgemäß gleichzusetzen mit den sensorischen Produkteigenschaften, die für sensorische Präferenzen bzw. Aversionen verantwortlich sind und die mittels deskriptiver Verfahren der sensorischen Produktforschung identifiziert und quantifiziert werden können (vgl. Kap. 6.2.2.).

Sinnesorgan	**Sinn**	**Sinneseindruck**	**Sinnesempfindung (Beispiele)**
Auge	Gesichtssinn	optisch	hell, dunkel, farbig
Nase	Geruchssinn	olfaktorisch	fruchtig, aromatisch
Zunge	Geschmackssinn	gustatorisch	salzig, sauer, bitter, süß
„Getast“	Temperatursinn, mechanischer Hautsinn, kinästhetischer Sinn, Schmerzsinn	haptisch-somatisch	warm, kalt glatt, rauh, schwer, leicht stechend
Ohr	Gehörsinn	akustisch	laut, leise

Abb. 2-2: Systematik der Sinnesorgane, Sinne, Sinneseindrücke und Sinnesempfindungen *(Quelle: leicht modifiziert nach Neumann/Molnár, 1991, S. 23)*

---

1 Eine Empfindung (z.B. salzig) ist das Ergebnis der Verarbeitung entsprechender Sinneseindrücke im Zentralen Nervensystem. Empfindungen bilden die Grundlage der sensorischen Wahrnehmung. „Perception = Sensation + Interpretation“ *(Lawless, 1990, S. 79).*

2.1.2. Olfaktorische Wahrnehmung

Geruchs- und Geschmackssinn unterscheiden sich dadurch von den anderen Sinnesmodalitäten, daß beide nicht auf elektromagnetische oder mechanische Reize, sondern auf chemische Substanzen aus der Umwelt reagieren. Die Chemorezeption trat in der Evolution wesentlich früher auf als die anderen Wahrnehmungsfunktionen. Insbesondere die olfaktorische Sinneswahrnehmung entwickelte sich schnell bis zu einer hohen Leistungsfähigkeit, da lebenswichtige Informationen z.B. über Gefahren, Beute oder Sexualpartner auch über vergleichsweise große Entfernungen empfangen werden konnten *(Burdach, 1988, S. 9; Hatt, 1990, S. 93)*. Außerdem eröffnet der Geruchssinn die Möglichkeit einer Überprüfung der Genießbarkeit von Nahrung auf dem Wege der Fernprüfung, d.h., ohne mit der Nahrung direkt in Berührung zu kommen. So ist beispielsweise der Geruch von Schwefelwasserstoff bei bestimmten eiweißhaltigen Produkten (z.B. Eiern) für den Menschen ein Warnsignal *(Neumann/Molnár, 1991, S. 67)*.

Atemluft gelangt durch die Nasenlöcher in die beiden Nasenhöhlen, welche bis zur Schädelmitte durch die Nasenscheidewand (Septum) voneinander getrennt sind. Über den nasalen Teil des Rachens (Epiphariynx) besteht eine direkte Verbindung zwischen den Nasenhöhlen mit der Mundhöhle. In jeder Nasenhöhle befinden sich drei wulst- bzw. muschelartige Gebilde (Conchen), die von den Außenwänden in den Naseninnenraum hineinragen und der Oberflächenvergrößerung dienen.

Den Ausgangspunkt für den komplexen Vorgang des Riechens bilden die sechs bis zehn Millionen Rezeptorzellen der Riechschleimhaut (regio olfactoria), die sich im Bereich des Dachs der Nasenhöhlen befinden *(Doty, 1991, S. 175f.)*. Bei normalem Einatmen wird nur ein geringer Anteil aller geruchstragenden Moleküle (ca. 5%) von der Riechschleimhaut aufgenommen. Durch „Schnüffeln" kann dieser Anteil deutlich auf ca. 20 bis 30 Prozent erhöht werden *(Neumann/Molnár, 1991, S. 69; Maruniak, 1988, S. 40f.)*.

Die Riechschleimhaut erstreckt sich beim Menschen nur über eine Fläche von insgesamt 10 cm^2. Ein Geruchsstoff wird von der Riechschleimhaut aufgenommen und reizt dort dünne Sinneshaare (Cilien) der Riechzellen. Diese Sinneszellen bestehen aus Proteinen, die durch Duftmoleküle erregt werden und als Reaktion selbst bestimmte Moleküle ausschütten. Diese Moleküle rufen in der Rezeptorzelle elektrophysiologische Impulse hervor, die über Nervenfasern (Axone) am Ende der Riechzelle weitergeleitet werden *(Buck/Axel, 1991, S. 175)*. Jede Rezeptorzelle ist durch eine dicke Stützzelle von ihrer Nachbarzelle getrennt. Abbildung 2-3 veranschaulicht den Aufbau der Riechschleimhaut.

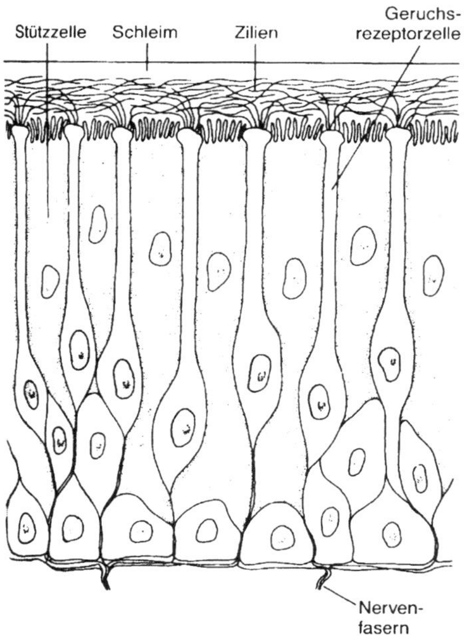

Abb. 2-3: Aufbau der Riechschleimhaut (Regio olfactoria) *(Quelle: Goldstein, 1997, S. 475)*

Die Nervenfortsätze der Riechzellen vereinigen sich zu dünnen Bündeln (Fila olfactoria), die durch das Siebbein hinter der Nasenwurzel zum Riechlappen des Endhirns (Bulbus olfactorius) gelangen *(Rohen, 1994, S. 154)*. Hier bilden sie synaptische Verbindungen mit Nervenzellen des Gehirns (Mitralzellen), wobei ca. 1000 Riechzellen an einer einzigen Mitralzelle enden, so daß es an dieser Stelle zu einer Verdichtung der Duftinformationen kommt. Die Nervenfortsätze der Mitralzellen bilden einen gemeinsamen Trakt (Tractus olfactorius), der direkt in das primäre Riechhirn, den olfaktorischen Cortex, führt *(Maruniak , 1989, S. 38)*. Dort kommt es zu einer Verstärkung der Duftinformationen und zur Weiterleitung in andere Hirnbereiche *(Hatt, 1990, S. 108.)*. Die Abbildung 2-4 liefert einen Überblick über die Geruchsverarbeitung im Gehirn.

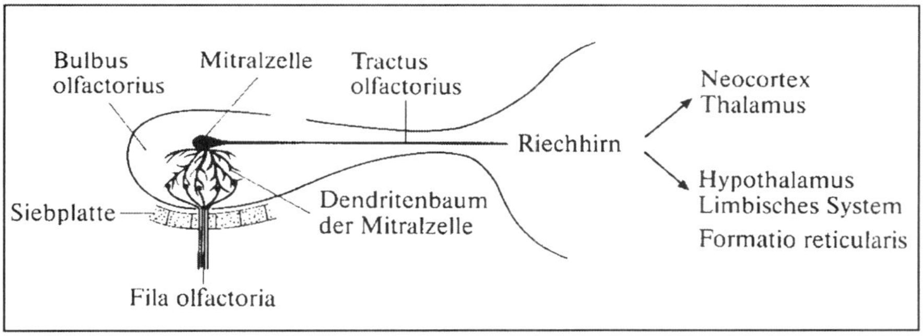

Abb. 2-4: Übersicht über die Geruchsverarbeitung im Gehirn *(Quelle: Hatt, 1990, S. 109)*.

Die Speicherung von Duftinformationen in unmittelbarer Nähe des limbischen Systems (Hypothalamus) ist verantwortlich für deren enge Beziehung zu unserer Gefühlswelt. Das limbische System steuert zentrale Funktionen des Verhaltens (z.B. Nahrungsaufnahme, Sexualverhalten sowie Abwehr- und Fluchtverhalten), regelt den Hormonhaushalt und spielt sowohl für Wahrnehmungsprozesse als auch für die Entstehung von Emotionen eine wichtige Rolle *(Kobal, 1990, S. 141ff.)*. Deshalb sind olfaktorische Sinneseindrücke in besonderem Maße an affektive Reaktionen gekoppelt, d.h., Gerüche, mit denen wir konfrontiert werden, empfinden wir in erster Linie entweder als angenehm oder als unangenehm *(Van Toller, 1988, S. 129)*.

Hiermit verbunden sind spezifische Probleme der Erfassung der Wahrnehmung und Beurteilung von Gerüchen: Ist eine Testperson beispielsweise sexuell erregt, kann der Geruch eines Damenparfums als äußerst angenehm empfunden werden, während dieser Geruch in einer anderen Situation sogar Aversionen auslöst. *Burdach* weist außerdem darauf hin, daß kein anderes Sinnessystem eine so deutliche Beziehung zwischen dem Hormonstatus (z.B. Spiegel bestimmter Geschlechtshormone) und der Wahrnehmungsschärfe eines Menschen aufweist. Bleiben derartige Phänomene bei der Messung olfaktorischer Produktwahrnehmungen und Produktbeurteilungen unberücksichtigt, vergrößert sich automatisch der systematische Fehler *(Burdach, 1988, S. 24)*.

Ein weiteres Meßproblem ergibt sich aus der hohen Empfindlichkeit der menschlichen Geruchsrezeption, die häufig unterschätzt wird. *Cain* untersuchte in einem Experiment, um wieviel Prozent die Konzentration eines Geruchsstoffes mindestens zunehmen muß, damit eine Testperson den Intensitätsunterschied wahrnimmt. Er konnte nachweisen, daß die durchschnittliche Unterschiedsschwelle für verschiedene Duftstoffe 11 Prozent betrug und sich somit kaum von den Unterschiedsschwellen bei der visuellen oder akustischen Wahrnehmung unterscheidet *(Cain, 1977, S. 796-798)*. Bei bestimmten chemischen Substanzen ist die Wahrnehmungsschwelle so niedrig, daß bereits minimale Konzentrationsschwankungen bzw. Verunreinigungen die olfaktorische Produktwahrnehmung nachhaltig beeinträchtigen. Beispielsweise liegt die Wahrnehmungsschwelle für Amylazetat, einen fruchtig riechenden Esther, bei sensiblen Testpersonen etwa bei 10^{-14} Vol. Prozent (Verdünnung mit Wasser) *(Burdach, 1988, S. 23)*.

Dieses Problem wird dadurch verschärft, daß Duftstoffe verschiedenen chemischen (z.B. photochemische Reaktionen) und physikalischen Einflüssen (z.B. temperaturbedingte Dampfdruckschwankungen) ausgesetzt sind, die kaum einer vollständigen Kontrolle unterliegen. Das ist auch der Grund für die große Bedeutung der Olfaktometrie, die sich mit Methoden und Apparaten zur Kontrolle und Applikation olfaktorischer Stimuli beschäftigt *(Burdach, 1988, S. 24)*.

Zu beachten ist in diesem Zusammenhang auch, daß die Wahrnehmung und Beurteilung von Gerüchen durch beträchtliche interindividuelle Unterschiede in der Geruchssensibilität beeinflußt werden kann. In einem Experiment ermittelte *Amoore* die individuellen Wahrnehmungsschwellen für verschiedene Substanzen *(Amoore, 1977, S. 267-281)*. Für das malzig riechende Isobutyraldehyd ergab sich als Ergebnis eine Verteilung von 222 individuellen Wahrnehmungsschwellen auf 20 verschiedene binäre Verdünnungsstufen (eine binäre Verdünnungsstufe entspricht jeweils einer 50-prozentigen Verdünnung der Ausgangskonzentration).

Während es als gesichert gilt, daß Frauen eine höhere durchschnittliche Geruchssensibilität aufweisen als Männer *(Koelega/ Köster, 1974, S. 234-246)*, herrscht in der einschlägigen Literatur keine Einigkeit darüber, in welchem Umfang die Geruchssensibilität mit zunehmendem Alter nachläßt. Eine starke Abhängigkeit besteht nachweislich auch zwischen dem allgemeinen Gesundheitszustand und der Geruchssensibilität.

Sinnesempfindung	**Haupt-Duftkomponente**	**Anosmie-Anteil in der Bevölkerung**
Urin	Androstenon	40%
Malz	Isobutanal	36%
Kampher	1,8-Cineol	33%
Sperma	1-Pyrrolin	20%
Moschus	Pentadecanolid	7%
Fisch	Trimethylamin	7%
Schweiß	Isovaleriansäure	2%

Abb. 2-5: Partielle Anosmien beim Menschen *(Quelle: Hatt, 1990, S. 115)*

Schließlich müssen auch **partielle Anosmien** bei der Messung der olfaktorischen Produktwahrnehmung und -beurteilung berücksichtigt werden. Viele Menschen verfügen zwar über einen normal ausgeprägten Geruchssinn, können aber bestimmte Substanzen nicht wahrnehmen, d.h., es fehlen ihnen die passenden Rezeptorzellen *(Hatt, 1990, S. 115)*. Abbildung 2-5 gibt einen Überblick über gängige partielle Geruchsanosmien.

Der starke Einfluß der **Adaptation** auf die olfaktorische Wahrnehmung ist jedem Menschen bestens bekannt. Werden die Geruchsrezeptoren durch einen bestimmten Duftstoff kontinuierlich gereizt, vermindert sich die Empfindungsintensität. Es entsteht der Sinneseindruck, daß die Stärke des Geruchs kontinuierlich abnimmt. Die Wiederherstellung der ursprünglichen Sensibilität erfolgt innerhalb kurzer Zeit nach dem Ende der Reizung (Deadaptation). Stärke und Verlauf des Adaptationsprozesses sind abhängig von der Beschaffenheit des Duftstoffes, dessen Konzentration und von der Dauer der Reizung. Bei schwacher Reizung wird der Duft nach einer gewissen Zeit nicht mehr wahrgenommen, während durch starke Duftreize ausgelöste Sinnesempfindungen in verminderter Intensität erhalten bleiben *(Burdach, 1988, S. 27)*.

Durch die Interaktion zwischen zwei oder mehreren olfaktorischen Reizen können **Verstärkungs- bzw. Unterdrückungseffekte** entstehen. Ein olfaktorischer Unterdrückungseffekt liegt vor, wenn ein Geruchsstoff für die Verringerung der wahrgenommenen Intensität eines zweiten Geruchsstoffs verantwortlich ist. Erhöht sich hingegen die wahrgenommene Intensität des zweiten Geruchsstoffs, handelt es sich um einen olfaktorischen Verstärkungseffekt. Dieses Phänomen wird beispielsweise in der Produktgestaltung genutzt, um unangenehme, produktionstechnisch bedingte Geruchskomponenten neuer Produkte ganz oder teilweise zu maskieren *(Maruniak, 1988, S. 43)*. Ein Geruch, der in einer binären Mischung von einem intensiveren zweiten Geruch unterdrückt wird, läßt sich leicht dadurch identifizieren, daß die

Sinnesempfindlichkeit für den intensiveren Geruch durch Adaptation verringert wird. Dieses Phänomen bezeichnet man als Kreuzadaptation *(O'Mahony, 1986, S. 254)*.

Die sensorische Codierung von Duftinformationen, d.h., die Verschlüsselung der Duftmoleküle in elektrophysiologische Signale, die das Geruchssystem durchlaufen, ist bislang noch nicht vollständig aufgeklärt. Ein Beispiel verdeutlicht die Problematik *(Goldstein, 1997, S. 478f.)*: Obwohl sich der Geruch von Kaffee aus mehr als 100 verschiedenen chemischen Bestandteilen zusammensetzt und auch der Duft von Toast und gebratenem Speck auf eine beträchtliche Anzahl unterschiedlicher Duftmoleküle zurückzuführen ist, hat ein Mensch mit normaler Geruchssensibilität keine Mühe, diese Vielzahl chemischer Substanzen, die sich gleichzeitig in der Küchenluft befinden, in drei Klassen einzuteilen: Kaffee, Toast und Speck. „Dieses verblüffende wahrnehmungsorganisatorische Meisterstück ... ist viel zu komplex, als daß wir es zum gegenwärtigen Zeitpunkt verstünden.“ *(Goldstein, 1997, S. 479)*.

Die richtige Zuordnung von Duftmolekülen zu den durch sie ausgelösten olfaktorischen Sinnesempfindungen im Gehirn wird beispielsweise auch dadurch erschwert, daß ähnlich geformte Moleküle sehr unterschiedliche Geruchsempfindungen auslösen. Der Geruch eines Stoffes hängt ab von der Struktur, der Größe und der Form der Moleküle, dem Vorhandensein und der Verteilung reaktionsfähiger Bindungen, der Stellung der Substituenten und der Isometrie *(Neumann/Molnár, 1991, S. 67)*.

Bis heute fehlen sowohl für die Vielzahl der Duftstoffe als auch für die durch sie hervorgerufenen olfaktorischen Sinnesempfindungen geeignete Klassifizierungen. Der Mensch ist zwar in der Lage, 4.000 bis 10.000 verschiedene Geruchsempfindungen zu unterscheiden, der Fähigkeit zu ihrer Verbalisierung sind jedoch enge Grenzen gesetzt *(Sekuler/Blake, 1994, S. 410)*. Vermutlich hängt dieser Sachverhalt auch damit zusammen, daß Duftinformationen im Gehirn in relativ unspezifischen, evolutionsgeschichtlich „alten“ Hirnregionen gespeichert werden. Im Gegensatz zur olfaktorischen Wahrnehmung können beispielsweise verschiedene Farben im Rahmen der visuellen Wahrnehmung sowohl einer physikalisch meßbaren Dimension (Wellenlänge des Lichts) als auch einem überschaubaren subjektiven Kategoriensystem (Grundfarben) zugeordnet werden *(Burdach, 1988, S. 30)*.

Einen weiteren Erklärungsansatz für diese „Sprachlosigkeit“ liefert *Cain*, der die menschliche Fähigkeit zur Identifizierung von Gerüchen untersuchte. Er kommt zu folgendem Ergebnis: In denjenigen Fällen, in denen Testpersonen Schwierigkeiten haben, einen Geruch zu erkennen, liegt das weniger an den Unzulänglichkeiten der Geruchswahrnehmung, sondern vielmehr an der Unfähigkeit, die Bezeichnung des Geruchs aus dem Gedächtnis abzurufen. Hieraus folgt, daß das olfaktorische System zwar die erforderlichen Informationen zur Identifizierung eines Geruchs bereitstellt, diese Informationen können jedoch erst durch die unterstützende Funktion des Gedächtnisses mit der exakten Bezeichnung des Geruchs in Einklang gebracht werden *(Cain, 1979, S. 467-470)*. Diese Erkenntnisse werden im Rahmen der deskriptiven Verfahren der sensorischen Produktforschung sowohl bei der Auswahl geeigneter Testpersonen durch entsprechende Geruchsgedächtnistests als auch während der Schulungsphase durch die referenzreizgestützte Entwicklung einer exakten Terminologie zur Identifizierung und Benennung aller relevanten Gerüche der Testprodukte systematisch genutzt (vgl. hierzu Kap. 6.2.2.).

2.2. Psychologische Wirkungen von Duftstoffen

In einem grundlegenden Abschnitt soll zunächst ein theoretisches Duftwirkungsmodell vorgestellt werden, dann werden einige generalisierende Thesen zur Duftwirkung, die aufgrund praktischer Erkenntnisse und Erfahrungen formuliert worden sind, präsentiert. Die Aroma Chology schließlich stellt einen neuen Wissenschafts- und Forschungszweig dar, der sich mit den Beziehungen zwischen der Psychologie und der modernen Riechstoff-Technologie beschäftigt.

Ein weiterer Abschnitt befaßt sich anhand von ausgewählten empirischen Beispielen mit den durch Düfte hervorgerufenen Verhaltensänderungen sowie Stimmungs- und Emotionswirkungen. (Auswirkungen von Gerüchen auf die Gehirnströme und andere physiologische Funktionen des Organismus - mit anderen Worten: ein Teil der Forschungsfelder der Aroma Chology - werden an dieser Stelle nicht erörtert (vgl. hierzu Kap. 2.2.1.3.). Der Abrundung dient ein letzter Abschnitt über Interferenzen und Synästhesien, der spezielle Aspekte der Stimulierung durch Geruchsstoffe, die Überlagerung von Sinneseindrücken, behandelt.

2.2.1. Theoretische Grundlagen

2.2.1.1. Duftwirkungsmodell

In Anlehnung an das verhaltenspsychologische Modell von *Mehrabian und Russell* soll zunächst ein theoretisches Duftwirkungsmodell dargestellt werden (*Mehrabian/Russell, 1974*). Den Autoren zufolge löst die Umwelt bei einem Menschen bestimmte emotionale Reaktionen aus, die entscheidend dafür sind, ob sich der Mensch dieser Umgebung mehr oder weniger nähert oder sie meidet *(Mehrabian, 1978, S. 14ff.)*.

Bei diesem Verhaltensmodell handelt es sich um ein sogenanntes S-O-R-Modell. Umweltreize bzw. Stimuli (S) lösen Gefühle aus oder verändern Stimmungen. Diese emotionalen Reaktionen beeinflussen als intervenierende Variablen (I) das Verhalten gegenüber der Umwelt (R). Individuelle Persönlichkeitsmerkmale (P) bewirken unterschiedliche Reaktionen gegenüber einer Umwelt. Diese komplexen Variablen (S I P R) sollen kurz erläutert werden:

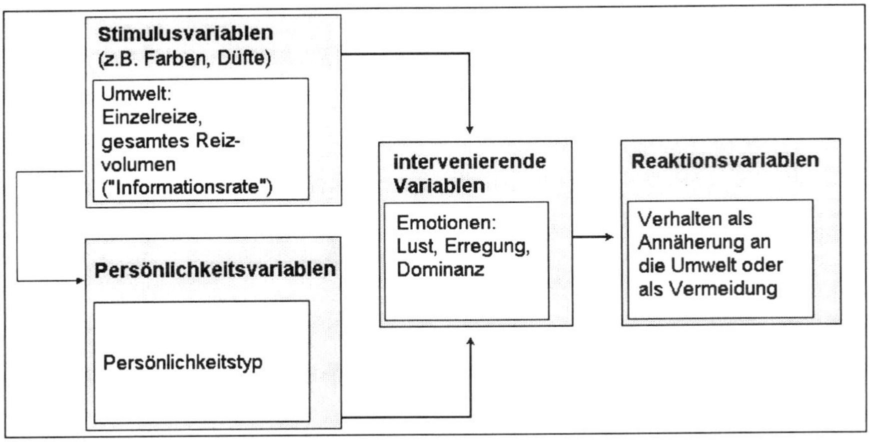

Abb. 2-6: Umweltpsychologisches Verhaltensmodell
(Quelle: Mehrabian/Russel, 1974)

Als **Umweltvariablen** werden mehrere zusammenwirkende Einzelreize unterschiedlicher Modalität bezeichnet. Dies können Farben, Musik oder auch Düfte sein. Sie bilden eine einheitliche Reizkonstellation, die eine ganzheitliche Betrachtungsweise erfordert (*Kroeber-Riel, 1992, S. 428*). Ein Reizverbund kann so z.B. eine andere Reaktion erzeugen als die aus dem Verbund isolierten Einzelreize. Dennoch lassen sich aus empirischen Forschungsarbeiten zu einzelnen Farb-, Musik- und Duftwirkungen wesentliche Erkenntnisse für die Gestaltung der Umwelt ableiten.

Zur Kennzeichnung der Umweltreize führen *Mehrabian/Russell* den Begriff der "Informationsrate" ein. Sie wird definiert als "die Menge von Informationen, die in einer Zeiteinheit in der Umwelt enthalten sind oder wahrgenommen werden" (*Mehrabian, 1978, S. 16*). Ihre Besonderheit liegt darin, daß sie eine Vielzahl von Umweltreizen integriert und eine eindimensionale Beschreibung von Wirkungskonstellationen der Umwelt zuläßt. Eine hohe Informationsrate kennzeichnet eine reizstarke Umgebung.

Umweltreize erzeugen beim Menschen zunächst Emotionen. Darunter sind -subjektiv als angenehm oder unangenehm empfundene- Erregungsvorgänge zu verstehen, die eine Aktivierung bewirken (*Kroeber-Riel, 1996, S. 58ff.*). Ferner lösen Umweltreize kognitive Vorgänge aus, welche eine gedankliche Steuerung des Verhaltens umfassen. Beide Reaktionsweisen interagieren miteinander und beeinflussen komplexe Wahrnehmungs- und Gedächtnisprozesse, welche sich letztlich auf das beobachtbare Verhalten auswirken.

Bei der Erklärung der **intervenierenden Variablen** (I) geht *Mehrabian* davon aus, daß das Verhalten der Menschen letztlich von ihren Gefühlen (Emotionen) bestimmt wird. Aufgrund der Komplexität der Gefühle ist es nicht möglich, sämtliche Gefühle einer Umwelt zu erfassen. Dem Modell liegen daher folgende Gefühlsdimensionen (Komponenten) zugrunde, durch die sich alle Emotionen klassifizieren lassen und die seiner Meinung nach ausschlaggebend dafür sind, ob man von einer Umwelt angezogen oder abgestoßen wird: Erregung - Nichterregung, Lust - Unlust, Dominanz - Unterwerfung.

Die Gefühlsdimension Erregung - Nichterregung gibt die Stärke der emotionalen Reaktion an. Die Lust - Unlust - Dimension spiegelt die positive oder negative Richtung von Gefühlen wider. Die Gefühlskomponente Dominanz - Unterwerfung soll zum Ausdruck bringen, ob sich ein Individuum frei und unabhängig (überlegen) oder aber kontrolliert (unterlegen) von einer Emotion fühlt.

Die **Persönlichkeitsvariablen** (P) dienen dazu, unterschiedliche Persönlichkeitstypen zu beschreiben, die auf die gleiche Umwelt verschieden reagieren (*Mehrabian, 1978, S. 27*). Es gibt Personen, die mehr als andere lustbetont oder unlustbetont sind, die sich gegenüber erregenden Reizen öffnen oder abschirmen und die sich überlegen oder unterlegen fühlen.

Die **Reaktionsvariable** (R) stellt das Ergebnis der Umweltwirkungen dar. Sie äußert sich in einem Annäherungs- oder Vermeidungsverhalten. Unter Annäherungsverhalten verstehen wir Aktivitäten, in denen eine positive Haltung gegenüber der Umwelt zum Ausdruck kommt. Dazu zählen Erkundungsverhalten, die Bereitschaft, mit anderen zu kommunizieren, verstärkte Leistungen beim Problemlösen (*Kroeber-Riel, 1992, S. 429*). Das Vermeidungsverhalten drückt jeweils das Gegenteil aus.

Das Modell von *Mehrabian/Russell* findet vor allem in der Gestaltung von Räumen Anwendung (*hierzu auch Bost, 1986, S. 21ff.*). Hier interessiert z.B. die Wirkung, die von bestimmten Farben, der Beleuchtung, der Temperatur, der starren oder variablen Anordnung von Raumelementen oder Einrichtungsgegenständen, von Musik oder Düften ausgeht. Ein wichtiges Anwendungsfeld ist die Schaffung einer angenehmen und unverwechselbaren Ladenatmosphäre (*Weinberg, 1986, S. 97 - 102*).

In diesem Zusammenhang ist auf das "integrative Duftwirkungsmodell" von *Stöhr* hinzuweisen, das speziell die Zusammenhänge im Rahmen "beduftteter POS-Umwelten", damit ist die Anreicherung der Kaufatmosphäre im Ladengeschäft durch emotional wirkende Düfte gemeint, untersucht (*Stöhr, 1995, S. 28ff.*). Es soll überprüft werden, "inwieweit insbesondere durch olfaktorische Reize eine Kaufatmosphäre geschaffen werden kann, die bei den Kunden positive Emotionen weckt und sie somit eher positive Verhaltens- und Bewertungstendenzen zeigen" (*Stöhr, 1995, S. 28*).

Es wird eine Reihe von Hypothesen formuliert, die die Beziehungen zwischen der Stimulusvariablen Duft und den intervenierenden Variablen (Erregung, Lust und Dominanz) sowie den Reaktionsvariablen (Annäherungs- oder Meidungsverhalten, Bewertungstendenzen) aufzeigen sollen. Die Hypothesen lauten in zusammengefaßter Form: Wenn am POS Duftstimuli zum Einsatz kommen, dann

- ist die POS-Anmutung positiver und die Gefühlslage der Kunden wird positiv verändert (H1)
- zeigen die Kunden ein stärkeres Annäherungsverhalten (H2)

- wird das Sortiment in emotionaler und kognitiver Hinsicht positiver bewertet (H3) (*Stöhr, 1995, S. 39*).

Zum Duft als Mittel der Raumgestaltung vgl. im einzelnen das 5. Kapitel.

2.2.1.2. Thesen zur Duftwirkung

Ausgangspunkt ist die - allerdings nicht explizit formulierte - Theorie von *P. Jellinek*, die dieser 1951 in seinem Werk "Die psychologischen Grundlagen der Parfümerie" entwickelt hat und die in der 4. Auflage von 1994 durch seinen Sohn *J.S. Jellinek* einer Neubewertung unterzogen wurde (*Jellinek, 1994a, S. 235ff.*). Die Theorie beruht auf den langjährigen Beobachtungen eines erfahrenen Parfümeurs und ist in eine - mehr oder weniger - allgemeingültige Form gebracht worden sind.

Die erste These von *P. Jellinek* lautet: "Geruchsempfindungen bewirken Änderungen in der augenblicklichen psychologischen Verfassung des Wahrnehmenden" *(Jellinek, 1994a, S. 236)*. Geruchswirkungen definiert er als die "physischen und psychischen Reaktionen auf Geruchsempfindungen" *(Jellinek, 1994a, S. 88)*. Diese Definition wird von ihm - dies ist auch unsere Sichtweise - allerdings begrenzt, indem er physiologische Wirkungen, wie Änderungen der Pulsfrequenz, der Hirnströme oder des Hormonspiegels aus seinen Betrachtungen ausklammert. Auch Langzeitwirkungen, die etwa nach einer "Aromatherapie" auftreten können, bleiben außer Betracht; Geruchswirkungen sind bei ihm stets "momentane Reaktionen auf einen (olfaktorischen) Stimulus" *(Jellinek, 1994a, S. 237)*.

Die oben zitierte Basisthese zu den Geruchswirkungen kann wie folgt differenziert werden:

(a) Die Wirkung eines bestimmten Riechstoffes ist, von individuellen Sonderfällen abgesehen, bei allen Menschen die gleiche.

(b) Geruchswirkungen sind kontextabhängig; d.h. von äußeren Umständen (Temperatur, Lichtverhältnisse) ebenso wie von inneren Dispositionen (Ermüdung, Hunger, gute Stimmung).

(c) Die psychologische Wirkung eines Geruchsstimulus ist, oft auch in seiner Qualität, konzentrationsabhängig; d.h., Riechstoffe werden in konzentrierter Form ganz anders beurteilt als in verdünnten Lösungen.

Während die Thesen b und c im Prinzip unbestritten und auch vielfach empirisch bestätigt worden sind, wird die These a von verschiedenen Seiten, vor allem von der behavioristischen Schule, in Frage gestellt. Ihre Gegenposition lautet: Die menschlichen Reaktionen auf Gerüche sind nicht angeboren sondern erlernt; die Prägung erfolgt bereits im Kindesalter. Als Beispiel wird hier häufig auf die Präferenz für den Duft von Johnson & Johnson Babypuder in den USA hingewiesen, die von Generation zu Generation weitergegeben wird.

Engen als Vertreter der behavioristischen Schule stellt fest: "What appears to be biologically significant is not the odours, but the existence of a system whereby children learn to adapt to a complex chemical world.... The olfactory system is a tabula rasa which prevents unadaptive rigidity and permits flexibility in dealing with the environment" *(Engen, 1988, S. 90)*.

Die beiden konträren Positionen erscheinen übrigens nicht ganz unvereinbar. "Das Erlernen der Bedeutung von Gerüchen aus Situationen .... schließt die von *Jellinek* postulierten weitreichenden Gemeinsamkeiten des Geruchserlebens nicht aus" *(Jellinek, 1994a, S. 237)*.

Eine Einschränkung bzw. Klarstellung der These von *P. Jellinek* wird in der Neubewertung von *J.S. Jellinek* insoweit vorgenommen, als kulturspezifische Geruchswirkungen grundsätzlich anerkannt werden. Mit anderen Worten: Man sollte die Gültigkeit von Duftwirkungen zunächst auf den Kulturkreis beschränken, innerhalb dessen sie gefunden worden sind *(Jellinek, 1994a, S. 238)*. Besonderheiten gelten z.B. für den arabischen und den indisch-ostasiatischen Kulturkreis.

Allerdings gibt es auch hier empirische Gegenbefunde: Ein interkultureller Vergleich zwischen 166 deutschen und 88 japanischen Testpersonen zeigte beispielsweise bei beiden Kulturen sehr ähnliche Ergebnisse bei der Duftqualität und -quantität angenehmer und unangenehmer Gerüche. Die Befragten sollten aus dem Gedächtnis angenehme und unangenehme Gerüche nennen und dazu assoziieren.

Die zweite These von *P. Jellinek* zu den Geruchswirkungen lautet: "Die Wirkung eines Gemisches von Riechstoffen entsteht aus der Summe der Wirkungen ihrer Bestandteile". Er weist darauf hin, daß die meisten Geruchserfahrungen im Alltag nicht Einzelriechstoffe, sondern Riechstoffmischungen betreffen, von denen somit auch die Duftwirkungen ausgehen. Obwohl sich der Parfümeur in seiner praktischen Arbeit auf diese Erkenntnis stützt, sind empirische Beweise für diese These noch immer spärlich.

Drei Komponenten haben Anteil an der Gesamtwirkung: die Wahrnehmungssituation, frühere Lern- oder Konditionierungsprozesse (Duftassoziationen) und die Bestandteile der Riechstoffmischung. Der Anteil dieser drei Komponenten an der Gesamtwirkung ist von Fall zu Fall verschieden.

Die dritte These wird von *P. Jellinek* wie folgt formuliert: "Die Geruchswirkung läßt sich aus den Polaritäten erogen - anti-erogen und stimulierend - narkotisch erklären". Dies sind die wesentlichen Dimensionen der Wirkung von Blütendüften und Parfüms. Die empirischen Befunde zu dieser These sind allerdings bislang ebenfalls noch widersprüchlich.

Aus seiner beruflichen Erfahrung heraus entwickelte Jellinek ein **Geruchswirkungsschema**, das alle bekannten Geruchseffekte wiedergibt. Es zeigt in anschaulicher Weise - und darin liegt sein praktischer Wert - durch welche Riechstoffgruppen "gewisse Geruchseffekte verstärkt, abgerundet oder gemildert werden können".

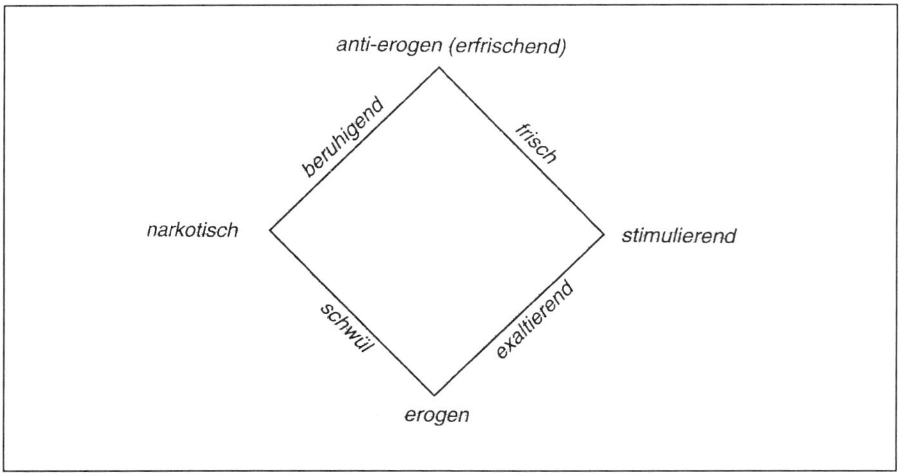

Abb. 2-7: Geruchswirkungsschema
(Quelle: Jellinek, 1994a, S. 87)

In einem zweiten Schema sind gängige Geruchsbezeichnungen aus der Sprache der Parfümeure den verschiedenen Positionen des Geruchswirkungsschemas zugeordnet. Sie geben Auskunft über die spezifischen Wirkungen eines Geruchs bzw. Riechstoffs. So riecht z.B. Citronenöl, dem eine anti-erogene Wirkung zugesprochen wird, sauer; Bergamottöl hat einen beruhigend wirkenden Geruch; (natürlicher) Moschus, der an den menschlichen Körpergeruch erinnert, wird als basisch (ammoniakalisch) beschrieben und gilt als erogen. Moschusnoten fehlen deshalb in kaum einem modernen Parfüm. Dieser letzte Befund wird ebenfalls in eine Regel umgesetzt; sie lautet: "Riechstoffe, deren Duft an den Geruch des menschlichen Körpers gemahnt, wirken erogen" *(Jellinek, 1994a, S. 243f.)*. Auch für diese Hypothese stehen jedoch experimentelle, empirische Beweise noch aus.

Die vierte These von *P. Jellinek* befaßt sich detailliert mit den sexuellen Reizwirkungen eines Parfüms: "Die moderne Parfümerie sucht eine sexuelle Reizwirkung zu schaffen oder zu verstärken" *(Jellinek, 1994a, S. 245)*. Eine solche Aussage kann allerdings nicht allein vom Standpunkt des Parfümeurs aus gemacht werden; es müssen dazu die Verbraucher über die Gründe für ihre Parfümverwendung befragt werden.

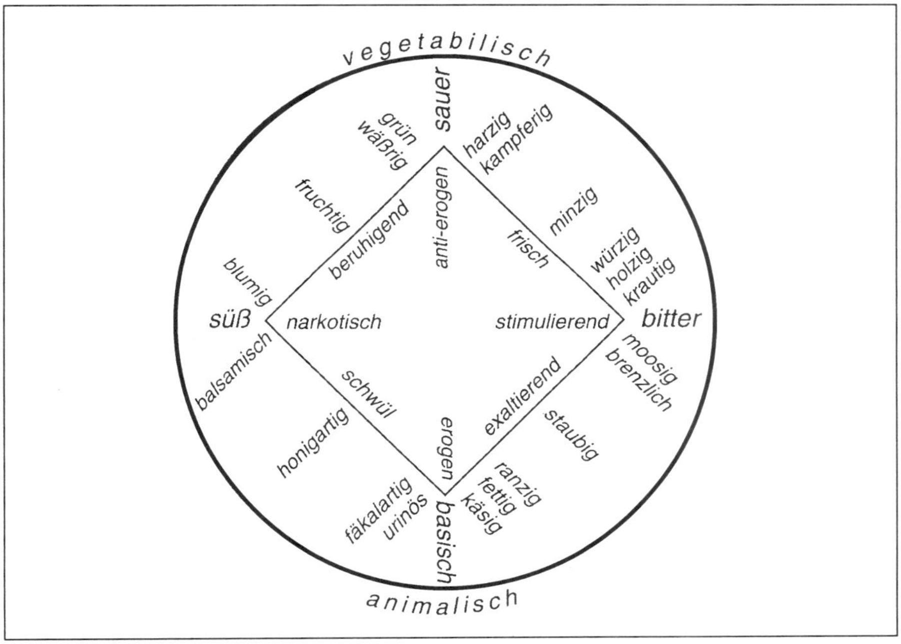

Abb. 2-8: Geruchsbezeichnungen der Parfümeure
(Quelle: Jellinek, 1994a, S. 89)

Ohne hier auf die methodischen Probleme der verschiedenen Erhebungsweisen (etwa direkte versus indirekte Befragung) eingehen zu wollen, lassen sich die Ergebnisse einer Reihe von Befragungen in der Weise zusammenfassen, daß es wohl neben der sexuellen Reizwirkung andere plausible Motive für eine Parfümverwendung gibt: etwa "Abstand zu anderen Menschen schaffen", "Wirkung auf den Verwender selbst (Selbstsalbung)" *(vgl. hierzu auch Dollase, 1994, S. 214ff.; Bain, 1994, S. 227ff.)*.

Im Rahmen dieser vierten These werden weitere Tendenzaussagen zur sexuellen Wirkung von Duftstoffen vorgetragen, die allerdings aus heutiger Sicht infolge der Wandlungen im Verbraucherverhalten relativiert werden müssen bzw. ihre Gültigkeit weitgehend verloren haben.

Das Fazit, das in der kritischen Neubewertung des Buches von *P. Jellinek* gezogen wird, besteht darin, daß die Gültigkeit der von ihm formulierten Geruchswirkungen auf die Epoche und die Kultur beschränkt werden muß, der sie entspringen *(Jellinek, 1994a, S. 249)*. Die Entwicklung einer neuen Theorie, die die neuesten Forschungsergebnisse der Psychologie und Physiologie verarbeitet, stößt jedoch auf Schwierigkeiten. Fast resignierend stellt *Dollase* fest: Das Mehr an Wissen führt stets zu einer exponentialen Zunahme von ungeklärten Fragen *(Dollase, 1994, S. 214)*.

2.2.1.3. Aroma Chology

Der Begriff "Aroma Chology" wurde 1982 geprägt; er ist eine "service mark" der Fragrance Research Fund Ltd. Er soll eine neue Wissenschaft benennen, die sich mit der Erforschung der Zusammenhänge zwischen der Psychologie und der modernen Riechstoff-Technologie befaßt *(Green, 1988, S. 231; Jellinek, 1994b, S. 83ff.)*. Von besonderem Interesse ist dabei die Entstehung von bestimmten Gefühlen und Emotionen durch Stimulation olfaktorischer Nervenbahnen im Gehirn *(o. V., 1992, S. 21)*.

Mit der Einführung dieses Begriffs gelang die dringend erforderliche Abgrenzung zum älteren Begriff der Aromatherapie. Aroma Chology und Aromatherapie unterscheiden sich in wichtigen Punkten. Zum einen bedeutet der wissenschaftliche Anspruch der Aroma Chology, daß die (quantitativen) Ergebnisse durch reproduzierbare Experimente verifizierbar sein müssen, deren statistische Signifikanz bestimmt werden kann. Zum anderen geht es in der Aroma Chology nicht um therapeutische Wirkungen von Geruchsstoffen, sondern um deren temporäre Effekte auf Gefühle und Emotionen, ausgelöst eben durch Stimulierung der olfaktorischen Nervenbahnen. Sie ist also keine therapeutische Heilmethode, mit der etwa chronische Depressionen, Schlafstörungen oder somatische Leiden behandelt werden.

Ein weiterer Unterschied zwischen Aroma Chology und vielen Anhängern der Aromatherapie wird darin gesehen, daß sich die Aroma Chology nicht auf natürliche Riechstoffe beschränkt, sondern Riechstoffmischungen genauso wie natürliche und synthetische Einzelriechstoffe in ihre Untersuchungen einbezieht. Außerdem schließt die Aroma Chology ausdrücklich eine Wirkung von Duftstoffen über kognitive Prozesse ein, wogegen die Aromatherapie meist von einer direkten Einwirkung auf das zentrale Nervensystem ausgeht *(Jellinek, 1994b, S. 83)*.

Infolge des gestiegenen Interesses in der Öffentlichkeit und der Wissenschaft an der Wirkungsweise von Gerüchen sind in den letzten 10 - 15 Jahren, besonders in den USA, in Japan und Europa, zahlreiche Forschungsprojekte auf diesem Gebiet realisiert worden. Von besonderer Bedeutung sind dabei die Möglichkeiten der Messung von Stimmungs- und Gefühlsreaktionen auf Düfte. Aber auch die Beobachtung der elektrischen Gehirnaktivitäten, physiologischer Auswirkungen (wie etwa Pulsfrequenz, Hautwiderstand) und kognitiver Funktionen (etwa Erinnerungsleistung) sind Gegenstand der Forschung.

2.2.2. Durch Düfte hervorgerufene Verhaltens-, Emotions- und Stimmungsänderungen

Die durch Duft ausgelösten Wirkungen auf Verhalten und Stimmungslage des Menschen sollen durch eine Reihe von empirischen Befunden der Aroma Chology veranschaulicht werden. Es handelt sich dabei um Experimente mit Pilotstudiencharakter (in der Regel relativ kleine Gruppen von Versuchspersonen), so daß allein von da her eine Allgemeingültigkeit der Studien in Frage gestellt werden muß. Auch die Schwankungen in der Präzision der Meßmethoden und externe Störvariable, die nicht völlig kontrolliert werden können, beeinträchtigen die Genauigkeit der Ergebnisse.

(Vgl. hierzu auch die diesbezüglichen Dokumentationen im Rahmen der Fallbeispiele im 8. Kapitel).

2.2.2.1. Verhaltensänderungen

Warm et al. ermittelten den Einfluß von Pfefferminz- und Maiglöckchenduft auf die Leistung von 36 Testpersonen in einem 40-minütigen visuellen Leistungstest. Die Probanden mußten bei bestimmten Signalen mit Tastendruck reagieren. Dabei hatten sie Masken auf und erhielten während des Tests Duftgaben oder reine Luft von 30 Sekunden Dauer. Da in einem Vortest Pfefferminzduft als anregend und Maiglöckchenduft als entspannend eingestuft worden war, erwarteten die Wissenschaftler einen unterschiedlichen Einfluß der beiden Düfte auf die Leistung. Ein Unterschied in der Wirkung der Gerüche war allerdings nicht festzustellen; bei beiden ergab sich eine signifikante Verbesserung der Ergebnisse des Leistungstests *(Warm et al., 1992, S. 199ff.)*.

In anderen Untersuchungen beeinflußten Jasmin- und Lavendelgeruch die Reaktionszeit in unterschiedlicher Weise: *Karamat et al.* führten Studien mit visuellen, computergestützten Reaktionstests durch und stellten fest, daß sich die Reaktionszeit bei Lavendelduft signifikant verlängerte, während sie sich bei Jasmin signifikant verkürzte. Diese Ergebnisse beweisen nach Ansicht der Autoren, daß Lavendelduft beruhigt und Jasminduft anregt *(Karamat et al., 1992, S. 847)*.

Steiner maß die Wirkung eines von den Versuchspersonen positiv eingestuften Duftes auf die Gedächtnisleistung. Der fruchtig-frische Duft war mit Hilfe von Zellstoffscheiben an verschiedenen Stellen eines Raumes angebracht worden und wurde als Raumduft unterhalb der Wahrnehmungsschwelle beschrieben. Zunächst sahen die Testpersonen 20 verschiedene Dias (Werbeanzeigen für Zigaretten und alkoholische Getränke), dann sollten sie diese auf einer Skala danach beurteilen, wie gut sie ihnen gefielen. Nach der Bearbeitung anderer Aufgaben wurden die Testpersonen etwa eine halbe Stunde später dazu aufgefordert, die Dias -wenn möglich mit Produktnamen, sonst durch eine Beschreibung- zu reproduzieren.

Den Ergebnissen *Steiners* zufolge gelang dies der Gruppe im bedufteten Raum deutlich besser als derjenigen ohne Duft *(Steiner, 1986, S. 8ff.)*. Bei einem anderen Duft, der zwar auch frisch, aber eher nach Meer und Sauberkeit roch, konnte er dagegen keine verbesserte Gedächtnisleistung feststellen. Laut *Steiner* könnte dies daran liegen, daß sich zwar bei beiden Düften die Erregtheit erhöhte, bei Duft A aber die Stimmung und Extrovertiertheit stiegen und die Deprimiertheit sank, während bei Duft B die Stimmung und die Selbstsicherheit sanken und Deprimiertheit, Introvertiertheit und Verträumtheit stiegen *(Steiner, 1986, S. 20f.)*.

Die Wirkung von unangenehmen und angenehmen Raumdüften auf die Leistung bei Kreativitätsaufgaben erfaßten *Ehrlichman/Bastone*. Die Testpersonen sollten ein Wort finden, das jeweils drei Begriffe, zwischen denen sonst keine Beziehung besteht, verbindet (z.B. verbindet "night" die Worte "club", "gown" und "mare"). Das Ergebnis war, daß die Leistungen der Gruppe mit angenehmem Duft bei mittelschweren Aufgaben signifikant besser waren als die der Gruppe, die bei unangenehmem Duft arbeitete *(Ehrlichman/Bastone, 1992, S. 154f.)*.

Knasko, die einen Kreativitätstest durchführen ließ, der auch Zeichnen umfaßte, stellte dagegen keinen Unterschied in der Leistung bei den Raumgerüchen Zitrone, Lavendel und Dimethylsulfid fest. Die Wissenschaftlerin achtete darauf, daß die Konzentrationen nur schwach bis mäßig stark waren. In Vortests war bestätigt worden, daß der Raum bei Zitronen- und Lavendelgeruch leicht angenehm, bei Dimethylsulfid leicht unangenehm roch *(Knasko, 1992, S. 33)*.

In einer Studie von *Baron*, in der Versuchspersonen bei einer Verhandlungsaufgabe getestet wurden, steckten sich die Teilnehmer im bedufteten Raum höhere Geldziele und waren eher zu Zugeständnissen bereit als diejenigen im unbeduftetem Raum *(Baron, 1990, S. 369 - 394).*

Baron hat außerdem mehrere Studien zum Thema „Parfümierung und Bewerbungsgespräche“ durchgeführt. Parfüm spielt eine Rolle im "Impression Management": Bei parfümierten Bewerbern, die regen Gebrauch von positiver Körpersprache machten (Lächeln, Zuwendung zu dem Gegenüber) waren besonders die männlichen Personalverantwortlichen weniger in der Lage, sich an die Worte der Bewerber zu erinnern. Will man also einen guten Eindruck durch Körpersprache hinterlassen, dann sollte man eine Parfümierung vermeiden *(Vroon, 1997, S. 154f.).*

Storp untersuchte die Wirkung von Zitronen- und Beifußöl auf das Abschneiden in einem Konzentrationsleistungstest, auf die Bewertung von Bildmotiven und auf die Anzahl gebildeter Assoziationen. In Vortests mit 94 Probanden wurde Zitronenöl als aktivierend und Beifußöl als beruhigend eingestuft *(Storp, 1994, S. 11).* Bei einem Konzentrationstest (dem sogenannten d2-Test) müssen die Probanden auf einem Testbogen mit vierzehn Zeilen jeweils die richtige Kombinationsmöglichkeit von Buchstaben und Zeichen durchstreichen. Jede Zeile mit 47 Zeichen darf 20 Sekunden lang bearbeitet werden. Das Ergebnis war jeweils bei Zitronenduft das beste: Die Gesamtzahl der bearbeiteten Zeichen und der Gesamttestwert (die um Fehler reduzierte Gesamtzahl) waren höher als bei der unbedufteten Gruppe und der Gruppe, die mit Beifußgeruch arbeitete. Die Leistungen der "Beifuß-Gruppe" waren signifikant schlechter als die der anderen Gruppen *(Storp, 1994, S. 12ff.).*

Für die Bewertung von Bildmotiven im gleichen Experiment waren acht Anzeigen ausgewählt und den Versuchspersonen für jeweils zwei Sekunden gezeigt worden. Dann sollten die Probanden die Bilder auf einer Ratingskala danach einstufen, wie gut sie ihnen gefielen. Es ergaben sich dabei aber keine signifikanten Unterschiede bei der Bewertung durch die bedufteten Gruppen und derjenigen ohne Duft. Im anschließenden Test wurden nur zwei ausgewählte Bilder jeweils für immer längere Zeiträume gezeigt (1/1000, 1/100, 1/10 und 12 Sekunden). Aufgrund früherer Untersuchungen wurden die Bildmotive einer überschäumenden Flasche (signalisiert Frische und Aktivität) und eines Landschaftsgemäldes von Monet (dieses steht für Ruhe und Entspanntheit) ausgewählt. Nach jeder Reizdarbietung sollten die Probanden angeben, ob sie positive oder negative Empfindungen hätten und ob die Bildmotive aktivierend oder beruhigend wirkten. Bei diesen Dimensionen konnten keine signifikanten Unterschiede nachgewiesen werden *(Storp, 1994, S. 22)*.

Auch sollten die Versuchspersonen aufschreiben, welche Gedanken ihnen beim Betrachten der Dias in den Sinn kamen (Methode der freien Assoziationen). Die Auswertung dieser Assoziationen brachte interessante Ergebnisse: Die Anzahl der Assoziationen war bei beiden Bildern mit Dufteinfluß höher als ohne Duft. Beim Dia "Monet" lag die Anzahl der Assoziationen unter Beifußgeruch etwas niedriger als die beim Dia "Flasche". Ansatzweise konnten die Assoziationen auch qualitativ ausgewertet werden: Wurde das Dia "Flasche" mit dem Zitronenduft kombiniert gezeigt, wurden die meisten positiven Assoziationen gezählt. Eine Kombination des Dias "Monet" mit Zitronengeruch ergab die höchste Anzahl negativer Nennungen.

Weitere Abweichungen bei unterschiedlichen Duftsituationen waren zwar statistisch nicht signifikant, sind aber trotzdem erwähnenswert: Das Dia "Flasche" wurde unter Zitronenduft schneller erkannt als in den anderen Situationen. Abhängig vom Duft ließen sich die Assoziationen inhaltlich unterscheiden: Bei Zitronengeruch gingen sie eher in die Richtung "Frische" und "Action", beim Beifußgeruch wurden negativere Begriffe wie "kalt" und "eisig" genannt. Wurde das beruhigende Bildmotiv allerdings unter Zitronendufteinfluß gezeigt, ergab sich eine ambivalente Bewertung: einerseits kamen die erwähnten negativen Assoziationen auf, andererseits gab es viele positive Nennungen.

Der Autor hält die Diskrepanz zwischen visuellem und olfaktorischem Reiz für die mögliche Ursache *(Storp, 1994, S. 22ff.)*. Ein in der Versuchsabfolge vergleichbares Experiment an der Universität Göttingen wird im 8. Kapitel detailliert dargestellt.

Mehrdeutige Reize benutzte *Steiner* in seinen Versuchen zur Duftwirkung. Er verwendete Dias, auf denen zwei Bilder übereinander projiziert waren, so z.B. eine Stadtansicht und eine unbekleidete Frau, wobei eine graduelle Abstufung vorgenommen wurde: Auf dem ersten Dia dominierte die unerotische Szene, weitere zeigten dann in immer stärkerem Maße auch den erotischen Bildinhalt (insgesamt acht Folgen). In dieser Reihenfolge wurden die Bilder für Sekundenbruchteile gezeigt. Für den Versuch durften sich die Probanden aus drei Parfüms - eines roch nach Moschus, das zweite blumig und das dritte schwer und süß - das aussuchen, das ihrer Ansicht nach am meisten sexuell stimulierte. Dann sollten sie mit und ohne Beduftung angeben, was sie auf dem jeweiligen Dia sahen. Waren die Testpersonen dem Duft ausgesetzt, so sahen fast alle häufiger den erotischen Inhalt als wenn sie die Bilder ohne Beduftung betrachteten. Dies war besonders dann auffällig, wenn erotischer und unerotischer Bildinhalt in etwa gleicher Stärke zu sehen waren *(Steiner, 1982, S. 19ff.)*.

Im Unterschied zu den bisherigen Studien sind in den nun folgenden Feldexperimenten die beobachteten Personen nicht darüber informiert worden, daß sie sich in einer Versuchssituation befanden.

Storp maß per Computer die Leistung regelmäßig trainierender Mitglieder eines Fitneß-Studios unter Zitronen- bzw. Beifußduft oder ohne Beduftung. Die Stichprobe umfaßte 333 Personen (166 weiblich, 167 männlich), und Voraussetzung war, daß jeweils alle sechs Fitneßgeräte während jeder Sitzung genutzt wurden. Die Trainingspunktzahl, die sich daraus errechnete, wie gut die jeweilige Übung ausgeführt wurde, war bei Zitronenduft mit Abstand am höchsten; signifikante Unterschiede ließen sich bei fünf der sechs Geräte feststellen. Interessant ist auch, daß die Personen bei einer Beduftung mit Zitrone signifikant länger, bei Beifußgeruch signifikant kürzer trainierten als ohne Duft. Als Ergebnis hält der Autor fest, daß Zitronengeruch einen leistungssteigernden, Beifußgeruch einen leistungsmindernden Einfluß hatte *(Storp, 1994, S. 28ff.)*.

Den Einfluß zweier Düfte auf das Einkaufsverhalten und die Verweildauer in einem Juweliergeschäft ermittelte *Knasko*. Sie stellte fest, daß die Düfte zwar nicht die Anzahl der getätigten Käufe erhöhten, aber die Verweildauer der Kunden verlängerten. Wurde ein fruchtig-blumiger Geruch verwendet, blieben sowohl Männer als auch Frauen länger im Geschäft. Ein würziger Duft dagegen ließ nur die Männer länger verweilen *(Knasko, 1989, S. 718)*.

Nixdorf et al. kamen dagegen bei einem ähnlichen Versuch in Textilkaufhäusern zu dem Ergebnis, daß die verwendeten Düfte die Anzahl der Einkäufe erhöhten. Außerdem stellten auch sie eine erheblich höhere Verweildauer in den Geschäften mit Duft fest. Besonders ausgeprägt war dies bei älteren Menschen und in den Abendstunden zu beobachten *(Nixdorf et al., 1992, S. 677)*. Allerdings muß bei diesem Experiment die Zuverlässigkeit (Reliabilität) bezweifelt werden: So ist z.B. die Konstanz der Meßbedingungen deshalb nicht gewährleistet, weil für die Beduftung bzw. für die Kontrollsituation ohne Duft drei Geschäfte in unterschiedlichen Städten gewählt wurden.

Ähnlich kritisch muß ein Experiment von *Hirsch* gesehen werden, der von einem enormen Anstieg des in Spielautomaten verspielten Geldes unter Dufteinfluß berichtet. Er beduftete zwei gegenüberliegende Seiten in einem Spielkasino in Las Vegas mit zwei verschiedenen Düften. Eine dritte, unbeduftete Zone diente als Kontrollbereich. Die Konzentration der Duftstoffe lag geringfügig über der Wahrnehmungsschwelle. Es wurde die verspielte Geldmenge an den Spielgeräten an drei aufeinander folgenden Wochenenden gemessen.

Während sich der Umsatz in der Zone des Duftes 2 und in der Kontrollzone nicht erheblich veränderte, erhöhte er sich im Bereich des Duftes 1 um mehr als 45 Prozent. An den beiden Kontrollwochenenden veränderte sich die Umsatzrelation nicht wesentlich *(Hirsch, 1993, S. 578)*.- Kritisch anzumerken ist, daß weder die Beschaffenheit noch die Konzentration der verwendeten Duftstoffe bekannt gegeben wurden *(Jellinek, 1994b, S. 17)*.

2.2.2.2. Stimmungs- und Emotionsänderungen

In empirischen Studien vermißt man häufig eine klare Abgrenzung zwischen Stimmungen und Emotionen. *Kroeber-Riel* versteht unter Emotionen innere Erregungen, die angenehm oder unangenehm empfunden und mehr oder weniger bewußt erlebt werden. Beispiele für Emotionen sind Angst, Glück, Eifersucht und Sympathie. Stimmungen dagegen können eher als Hintergrunderlebnisse beschrieben werden; sie stellen länger andauernde, diffuse Emotionen dar *(Kroeber-Riel, 1992, S. 97ff.)*.

Die Wirkung von Düften auf die Emotion "Angst" ermittelte *Hanisch*. Er führte ein Experiment mit 24 spinnenängstlichen, weiblichen Personen durch. In Augenhöhe wurden präparierte, vermeintlich echte Spinnen an einer Seilbahn hängend an die Versuchspersonen herangeführt. Mit dem Angstreiz wurde gleichzeitig ein olfaktorischer Reiz dargeboten. Dazu konnte jede Versuchsperson vor Testbeginn aus 20 handelsüblichen Parfüms eine ihr angenehme, aber nicht bekannte Duftkomposition auswählen. Zwei verschiedene Duftkonditionen wurden geschaffen. Die Probanden wurden angewiesen, mehrere Wochen lang ein gut duftendes Taschentuch mit sich zu führen und immer, wenn sie sich besonders wohl fühlten, daran zu riechen ("Selbstkonditionierung"). Somit erhielt man einen konditionierten und einen unkonditionierten Duftreiz *(Hanisch, 1982, S. 11ff.)*.

Die Angstreaktionen und ihre Veränderungen wurden auf der subjektiven, der physiologischen und der Verhaltensebene gemessen. Die Versuchspersonen hatten ihre subjektive Angst auf einer 100-Punkte-Skala einzuschätzen. Es wurde der elektrische Hautwiderstand gemessen und die Veränderung der Herzfrequenz aufgezeigt. Auf der Verhaltensebene galt die Distanz zu den Spinnen als Angstmaß. Auf allen drei Meßebenen wurde eine signifikante Wirkung der beiden Duftkonditionen bezüglich der Angstreduzierung festgestellt. Allerdings stellte *Hanisch* bei der Betrachtung der individuellen Kurvenverläufe fest, daß der Mittelwert darüber hinwegtäuschte, daß die Düfte bei manchen Frauen überhaupt keine Wirkung zeigten *(Hanisch, 1982, S. 11ff.)*.

In den von *Steiner* durchgeführten Experimenten, von denen schon berichtet wurde, legte dieser seinen Testpersonen neben anderen Aufgaben auch eine Eigenschaftswörterliste vor, auf der die Probanden ankreuzen sollten, welche der aufgezählten Adjektive (z.B. "glücklich", "erregbar", "nervös", "unbeschwert") auf ihr Befinden zutrafen. Diese Aufgabe wurde von jedem Teilnehmer einmal in einer Duftsituation und einmal ohne Duft bearbeitet. Es wurde dabei mit zwei unterschiedlichen Düften getestet: Duft A wurde als frisch und fruchtig, Duft B als frisch im Sinne von Meeresfrische bezeichnet *(Steiner, 1986, S. 8ff.)*.

Steiner stellte jeweils signifikante Unterschiede zwischen Duftsituation A und B und der Situation ohne Duft fest. Bei Duft A stiegen die Erregtheit, die gehobene Stimmung und die Extrovertiertheit; gleichzeitig sanken die Deprimiertheit und Introvertiertheit. Keine signifikanten Wirkungen wurden bei den Dimensionen Selbstsicherheit, Desaktiviertheit und Verträumtheit festgestellt. Auch Duft B steigerte die Erregtheit; sonst gab es aber keine Ähnlichkeiten mit Duft A. Duft B steigerte die Deprimiertheit, Introvertiertheit, Desaktiviertheit und Verträumtheit und senkte die gehobene Stimmung und Selbstsicherheit *(Steiner, 1986, S. 17)*.

Auch *Knasko* ließ in einem größeren Experiment mit 90 Versuchspersonen einen Fragebogen ausfüllen, durch den die Stimmung über 18 Skalen anhand der Faktoren Wohlbefinden/Freude, Aktiviertheit und Kontrolle gemessen wurde. Als olfaktorische Stimuli wurden zwei angenehme (Lavendel und Zitrone) und ein unangenehmer Geruch (Dimethylsulfid) bei schwacher bis mäßiger Konzentration verwendet; außerdem wurden die Tests auch ohne Duft durchgeführt. Es wurden zwar keine signifikanten Effekte der Gerüche auf die Faktoren Kontrolle oder Aktivierung gemessen, aber Probanden der Gruppe, die mit Lavendel beduftet wurde, waren - gemessen am Faktor Wohlbefinden/Freude - in einer besseren Stimmung *(Knasko, 1992, S. 27ff.)*.

Interessant ist dabei folgender Befund: Probanden, die in der ersten Sitzung dem schlechten Geruch ausgesetzt waren, zeigten bei der zweiten Sitzung eine viel schlechtere Stimmung, obwohl diesmal gar kein Duft vorhanden war. Dabei spielt wahrscheinlich die Erwartungshaltung der Testpersonen eine Rolle. Knasko hält es für möglich, daß ein schlechter Geruch die Stimmung drückt; schlimmer und deprimierender sei aber vielleicht die Situation, sich in einem Raum zu befinden, in dem zuletzt ein schlechter Geruch wahrgenommen wurde und nicht zu wissen, wann dieser Geruch wiederkommt. Unter Bezug auf *Engens* Hypothesen bezüglich der assoziativen Verknüpfung von Düften und Erlebnissen könnte man aus den Ergebnissen auch schließen, daß der Versuchsraum nach der ersten Erfahrung untrennbar mit dem schlechten Geruch verbunden war und deshalb die Stimmung sank.

In einem weiteren Versuch ermittelte *Knasko* die Stimmung von 65 Versuchspersonen bei Duft nach Schokolade, nach Babypuder und ohne Duft. Die Probanden mußten unter diesen Duftbedingungen Dias (unter anderem waren Babyartikel und Schokolade abgebildet) anschauen und sie danach bewerten, wie gut sie ihnen gefielen. Waren die Testpersonen Duft ausgesetzt, waren sie im Durchschnitt in besserer Stimmung; außerdem waren diejenigen, die Schokoladenduft ausgesetzt waren, erregter als die anderen Testpersonen. Diese Probanden sagten auch aus, daß der Schokoladenduft einen positiven Effekt auf ihre Bewertung der Dias hatte, auf denen Schokolade abgebildet war *(Knasko, 1992, S. 652)*.

Kirk-Smith/Booth ließen Testpersonen ihre momentane Stimmung und außerdem Fotografien von Männern und Frauen in fünf verschiedenen Duftsituationen einschätzen. Nach späterer Aussage der Probanden wurden die Gerüche während des Versuchs nicht bemerkt. Die Ergebnisse wurden mit denen aus der unbedufteten Situation verglichen. Wurden die Teilnehmer mit einer Mixtur aus kurzkettigen Fettsäuren beduftet, fühlten sie sich aktiver, bei Androstenongeruch stärker und bei Pyrrolin aufgeschlossener. Die Versuchspersonen schätzten sich attraktiver und kontaktfreudiger ein, wenn das Parfüm Shalimar benutzt wurde, und weniger freundlich, wenn Bananenessenz angewendet wurde. Bei den Düften Shalimar und Pyrrolin wurden die Personen auf den Fotos sexuell attraktiver bewertet als bei den anderen Gerüchen *(Kirk-Smith/Booth, 1992, S. 849f.)*. Die Autoren geben keine Auskunft über den von ihnen verwendeten Fragebogen.

Die Teilnehmer an den Experimenten von *Bastone/Ehrlichman* mußten mehrmals nach gewissen Zeitabständen die Fragebögen zur Stimmungslage ausfüllen. Die verwendeten angenehmen Gerüche waren Mandel- und Maiglöckchenduft, als unangenehme Stimuli wurden Thiopen und Buttersäure benutzt. Zwischen den bedufteten und unbedufteten Gruppen wurden auf einer fünfstufigen bipolaren Stimmungsskala signifikante Unterschiede bei den Skalen verärgert - erfreut (annoyed - pleased) und empört - entzückt (disgusted - delighted) festgestellt *(Ehrlichman/Bastone, 1992, S. 148ff.)*.

Während aber das Ergebnis des nach einer Minute Beduftung ausgefüllten Fragebogens für die angenehmen Gerüche noch eine bessere Stimmung anzeigte als vor der Beduftung, war die angegebene Stimmung nach 28 Minuten schon erheblich schlechter, sogar schlechter als die der Personen ohne Dufteinwirkung. Bei den unangenehmen Gerüchen blieb die schlechte Stimmung bestehen. Die Wissenschaftler erklären dieses Phänomen mit Habituation: Da sich die Probanden an den angenehmen Geruch - nicht dagegen an den unangenehmen - schnell gewöhnten, empfanden sie ihn nach kurzer Zeit weniger intensiv und angenehm und fühlten sich weniger gut.

Eingehend beschäftigten sich auch *Warren/Warrenburg* mit den Wirkungen von Düften auf die Stimmung. Sie entwickelten einen Test, mit dem Stimmungsänderungen in den Dimensionen Glück, Sinnlichkeit, Entspannung, Stimulation, Ärger, Streß, Depression und Apathie gemessen werden können. Verschiedene Panels - jeweils 35 bis 50 Frauen - beurteilten in regelmäßigen Abständen fünf als angenehm empfundene, naturgetreue Blumendüfte, indem sie auf Skalen ihre Stimmungsänderung nach der Beduftung anzeigten *(Warren/Warrenburg, 1993, S. 9 - 16)*. Maiglöckchenduft erreichte die höchsten Werte in der Dimension Glück und steigerte sowohl Entspannung als auch Stimulation. Diese ungewöhnliche Mischung von Stimmungen war nicht selten (z.B. hatte auch Hyazinthe eine ähnliche Wirkung); die Wissenschaftler nennen diesen Zustand "ruhige Vitalität". Außerdem reduzierten die meisten getesteten Düfte - besonders Hyazinthe und Douglasfichte - die negativen Stimmungen und Zustände.

Eine andere experimentelle Variante führte *Schiffman* durch, die die Wirkung von Duftstoffen auf die Stimmung von Frauen und Männern mittleren Alters unter normalen, alltäglichen Lebensbedingungen untersuchte. Dabei konnten die Versuchspersonen das für sie angenehmste aus fünf verschiedenen Parfüms auswählen. Diese Duftstoffkomposition sowie ein duftloses Spray (nur Alkohol) als Kontrollbedingung sollten sie jeweils fünf Tage lang verwenden und zweimal pro Tag den Stimmungsfragebogen POMS (Profile of Mood States) ausfüllen.

Bei den Frauen ergab sich folgender Befund: Sowohl das Parfüm als auch das Placebo-Präparat verbesserten signifikant die Stimmung. Jedoch war die Wirkung des Duftstoffes signifikant stärker. Bei den Männern fand sich annähernd das gleiche Ergebnis *(Schiffman, 1993a, S. 1ff.; Schiffman, 1993b, S. 1ff.)*. Die positive Wirkung des geruchlosen Alkoholduftwassers verdeutlicht die Rolle, welche die Autosuggestion bei Duftstoffexperimenten spielt.

Die Verwendung von Parfüms könnte damit zusammenhängen, daß ihnen streßvermindernde Eigenschaften zugesprochen werden. Bei der Entscheidung für ein Parfüm scheint der eigene sensorische Genuß eine wichtige Rolle zu spielen. Man verwendet es, weil man den Geruch selber mag, weil man sich dadurch frisch und gepflegt fühlt *(Vroon, 1997, S. 152)*. Frauen kaufen sich häufig Parfüms, weil sie diese mögen und nicht vorrangig deshalb, um Männern zu gefallen. In Parfümerien kann man beobachten, daß Frauen auch die Düfte für ihre Partner auswählen oder sogar selbst Herrendüfte verwenden, weil sie sie attraktiver finden *(Vroon, 1997, S. 156)*.

Das verwirrende und zum Teil widersprüchliche Bild der referierten Ergebnisse von Duftwirkungsstudien darf nicht darüber hinwegtäuschen, daß durchaus auch fundierte Aussagen gemacht werden können. Folgende Schlußfolgerungen aus den vorliegenden Forschungsarbeiten erscheinen gerechtfertigt:

Bewußt oder unbewußt wahrgenommene olfaktorische Reize können Einfluß auf Leistung, Angst, Streß, Erregung, Aufmerksamkeit, Wahrnehmung und Gemütsverfassung haben. Empfindet die jeweilige Person den Geruch als angenehm, kann von positiven Wirkungen ausgegangen werden. Es ist hingegen noch nicht hinreichend bewiesen, daß Düfte komplexes Verhalten, wie z.B. das Kaufverhalten, beeinflussen. Allerdings können bestimmte Duftstoffe die Verweildauer in einem Geschäft verlängern, was unter Umständen indirekt zu Mehrkäufen führen kann. Welche

Wirkung ein Duftstoff zeigt, hängt dabei wesentlich von den Eigenschaften und Erfahrungen der jeweiligen Person ab *(Jellinek, 1994a, S. 97)*. Außerdem gibt es, wie schon im Kapitel 2.1 gezeigt wurde, Unterschiede in der Geruchswahrnehmung von Frauen und Männern sowie zwischen verschiedenen Kulturen.

2.2.3. Multisensuale Wahrnehmung: Interferenzen und Synästhesien

2.2.3.1. Die sensorischen Systeme im Wahrnehmungsprozeß des Menschen

Die Wahrnehmung ist das Zusammenspiel von aktuellen Informationen aus der Umwelt und den gespeicherten Informationen aus dem Langzeitgedächtnis, die in früheren Wahrnehmungsvorgängen gesammelt wurden. Innerhalb der physiologischen und psychologischen Literatur zur Wahrnehmung werden die Sinne, die sensorischen Systeme des Menschen, in der Regel isoliert betrachtet, wobei das visuelle und auditive System im Mittelpunkt sowohl der Theorie als auch experimenteller Untersuchungen stehen *(vgl. etwa Neisser, 1979, S. 22ff.)*. Der Begriff "**multisensuale Wahrnehmung**" soll dem Eindruck entgegenwirken, daß der Mensch ausschließlich über eines dieser beiden Sinnessysteme Informationen aufnimmt; er soll verdeutlichen, daß an einem Wahrnehmungsvorgang meist mehrere Sinne beteiligt sind.

Die Umwelt des Menschen besteht aus komplexen Gegenständen und Vorgängen, und bereits bei einfachsten Wahrnehmungen wirken die unterschiedlichsten Eindrücke mehrerer Sinnesmodalitäten zusammen. So fließen z.B. in die Wahrnehmung eines Pfirsichs nicht nur Eindrücke über den Geschmack und Geruch ein, sondern auch über Form, Farbe und Oberfläche.

Die über die räumlich voneinander getrennten Sinnesorgane, über getrennte Sinneskanäle aufgenommenen Informationen werden im Zuge des Wahrnehmungsprozesses zu einem ganzheitlichen

Bild vereinigt *(Schönpflug/Schönpflug, 1983, S. 93)*. Der Wahrnehmende schenkt Ereignissen oder Objekten seine Aufmerksamkeit und nicht einzelnen sensorischen Systemen. Dabei benutzt er sinnesübergreifende Wahrnehmungsschemata und akzeptiert alle sich ihm bietenden Informationen, ungeachtet der Sinnesmodalitäten *(Neisser, 1979, S. 33)*.

Nachdem lange Zeit davon ausgegangen wurde, daß es zwischen den verschiedenen Sinneseindrücken keine Verwandtschaft gebe, wird heute die Meinung vertreten, daß doch gewisse Ähnlichkeiten zwischen ihnen bestehen *(Katz/Katz, 1979, S. 134)*. Besonders anschaulich wird diese Annahme für den Hell-Dunkel-Gegensatz, der nicht nur bei Farben zu finden ist. Temperatureindrücke, Gerüche, Geschmack und besonders Töne kennen diesen Gegensatz auch. So ist z.B. Kälte hell und Wärme dunkel, Pfefferminzgeruch hell und Teergeruch dunkel.

Jedes Sinnesorgan vermittelt jeweils in seiner Qualität ähnliche Sinneseindrücke. Eine Gruppe ähnlicher Sinneseindrücke wird als Sinnesmodalität bzw. Modalität bezeichnet; entsprechend Reize ähnlicher Qualität als Reizmodalität *(vgl. etwa Dudel, 1985, S. 2)*. Ein Sinneseindruck, wie z.B. die Farbe "blau" oder der Geschmack "süß", ist die einfachste Einheit der Sinneserfahrung. Der Mensch nimmt Eindrücke allerdings selten isoliert auf, sondern meist in Kombinationen wie Farbe und Form, Geschmack und Geruch. Die Summe mehrerer Sinneseindrücke wird Sinnesempfindung genannt; wird eine Sinnesempfindung gedeutet und interpretiert, spricht man von Wahrnehmung *(Birbaumer/ Schmidt, 1989, S. 307)*.

Aus welchen Informationen sich ein Wahrnehmungsbild zusammensetzt, hängt zunächst einmal von der jeweiligen Übertragungskapazität der Sinnessysteme ab. So kann jedes sensorische System pro Zeiteinheit nur eine begrenzte Anzahl von Informationen an das Zentralnervensystem übertragen *(Birbaumer/ Schmidt, 1989, S. 485f.)*. Weiterhin geht man heute davon aus, daß es für die jeweiligen Reizmodalitäten verschiedene Kurzzeitspeichersysteme gibt, innerhalb derer eine gleichzeitige Aufgabendurchführung ebenfalls beschränkt ist. Demzufolge stößt die Informationsverarbeitung von vielen und komplexen Aufgaben innerhalb einer Sinnesmodalität an Kapazitätsgrenzen.

2.2.3.2. Interferenzen

Wenn der Mensch gleichzeitig vielen Reizen der gleichen oder unterschiedlicher Modalität ausgesetzt ist, kann es zu Reizüberflutungen und damit zu Störungen im Wahrnehmungsprozeß kommen. Man spricht von Überlagerungen, von Interferenzen, wenn gleichzeitig komplexe Aufgaben unterschiedlicher Sinnesmodalität gelöst werden müssen. So kann z.B. eine visuelle Aufgabe (Zeitung lesen) durch simultane akustisch-musikalische Reize (Nachrichten im Radio hören) in erheblichem Maße gestört werden *(Birbaumer/Schmidt, 1989, S. 486f.)*.

Inwieweit es bei der Wahrnehmung zu Interferenzen kommt, hängt somit in erster Linie von der Komplexität und der Neuartigkeit der zu lösenden Aufgaben ab. Sind die Aufgaben geübt, d.h. liegen bereits gespeicherte Reiz-Reaktionsmuster vor, laufen die Prozesse weitgehend automatisch ab *(Anderson, 1988, S. 54)*. In solchen Fällen steht für die Verarbeitung zeitlicher Aufgaben genügend Aufmerksamkeit zur Verfügung und es kommt nicht zu Störungen.

Auf dieser Grundlage lassen sich die scheinbar widersprüchlichen Ansichten über die multisensuale Beeinflussung von Verbrauchern in der Konsumentenforschung erklären. *Kafitz* stellte z.B. in einer Untersuchung fest, daß musikalische Reize von den visuellen ablenken können *(Kafitz, 1977, S. 151ff.)*, während *Barton-von Keitz* eine größere Verarbeitungskapazität annimmt, wenn unterschiedliche Sinnessysteme angesprochen werden *(Barton-von Keitz, 1981, S. 695)*.

Es läßt sich vermuten, daß insgesamt mehr Informationen verarbeitet werden können, wenn eine Informationsmenge auf mehrere Sinnessysteme verteilt wird. Dabei ist allerdings zu beachten, daß nur ein Teil der Informationen einer starken kognitiven Kontrolle bedarf.

2.2.3.3. Synästhesien

Unter Synästhesien versteht man die Tatsache, daß Eindrücke von einer Sinnesmodalität (z.B. Töne) auf eine andere (z.B. Farben) überspringen. Der Begriff Synästhesie läßt sich auch mit "Doppel- oder Mitempfinden" übersetzen und bedeutet, daß ein durch einen adäquaten Reiz ausgelöster sinnlicher Ausdruck im Bewußtsein des Wahrnehmenden einen zweiten Eindruck hervorruft. "Töne können zu farblichen Assoziationen, Farben zu Geruchswahrnehmungen, Düfte zu visuellen Eindrücken .... führen" *(Kroeber-Riel/Weinberg, 1996, S. 123f.).*

Synästhesie tritt offenbar überall auf der Welt etwa mit der gleichen Häufigkeit auf: bei einer von 1000 bis 2000 Personen, wobei Frauen dreimal so oft betroffen sind wie Männer. Es gibt auch Hinweise darauf, daß Synästhesie im Säuglingsalter bei allen Menschen vorkommt, daß dort noch eine gewisse "Durchlässigkeit" der Sinneskanäle besteht *(o.V., 1997, S. 35).* Synästhetiker sind im allgemeinen -zumindest bei einfacher Synästhesie, d.h. der Überlagerung von nur zwei Modalitäten- in ihrem Wohlbefinden nicht beeinträchtigt.

Man unterscheidet Synästhesien, die im Vorstellungsbereich entstehen, und solche, die aufgrund von reinen Empfindungen zustandekommen. Letztere folgen dem Wortsinn und werden auch als echte Synästhesien bezeichnet. In diesem Fall wird sowohl die ausgelöste (primäre) Empfindung als auch die (sekundäre) Mitempfindung den sinnlichen Charakter einer unmittelbaren Wahrnehmung haben. Der am häufigsten untersuchte Fall echter Synästhesien ist das "Farbhören", bei dem durch Darbietung eines akustischen Reizes neben der adäquaten Wahrnehmung ein optischer Eindruck entsteht *(Argelander, 1927, S. 1)*, z.B. die Farbe "rot" bei einem Trompetenton. Weitere Synästhesien sind etwa das Farbriechen oder das Tönesehen.

Diese echten Synästhesien sind relativ selten. Häufiger treten die unechten Synästhesien auf, die aufgrund von Verknüpfungen innerhalb des Vorstellungsbereichs entstehen. Für die multisensuale Wahrnehmung sind besonders solche Synästhesien von Interesse, die auf einen externen Reiz zurückgehen und eine Mitempfindung oder eine Vorstellung auslösen.

Synästhetische Wirkungen von Farben wurden vor allem von *Frieling* untersucht, unter anderem die Zugehörigkeit der verschiedenen Geschmacks-/Geruchsqualitäten zu bestimmten Farben *(Frieling, 1980, S. 29ff.)*. Gesetzmäßigkeiten für die bereits angesprochene Beziehung zwischen Farb- und Gehörempfindungen sind ihm zufolge wesentlich weniger eindeutig. Die Beziehung von Farbe und Temperatursinn geht in erster Linie auf Erfahrungen des Wahrnehmenden zurück. Die Farbe grünblau wird z.B. als kalt empfunden, weil damit Eis und Schnee assoziiert werden. Die Abbildung 2-9 zeigt in Ausschnitten die Befunde von *Frieling*.

Eindeutig synästhetisch ist die sensorische Wahrnehmung von Nahrungs- und Genußmitteln: Sie besteht aus gustatorischen, olfaktorischen, haptischen, optischen und akustischen Empfindungen. Besonders interessant ist hier das gemeinsame Empfinden von Geruch und Geschmack. Der Sinnesapparat der Mund- und Nasenhöhle ermöglicht die sogenannte "retronasale Aromawahrnehmung" *(Burdach, 1988, S. 106; vgl. hierzu auch Kapitel 2.1.)*. Dieses Zusammenspiel von Geruch und Geschmack läßt sich daran beobachten, wie sich der Geschmack einer Speise verändert, wenn man sich bei ihrem Verzehr die Nase zuhält und damit die olfaktorische Wahrnehmung ausschließt *(Eyfferth, 1966, S. 250)*. Der Geschmack der Speise wird dadurch auf die vier Geschmacksqualitäten reduziert und häufig als fade empfunden.

Farbton	**Hörsinn**	**Tastsinn**	**Temperatursinn**	**Geruch/ Geschmack**
Rot	laut/ Trompete	fest	warm/heiß	kräftig
Rosa	zart/ leise	fein		süßlich/ mild
Orange	laut/ Dur	trocken/ flammig	warm	herzhaft
Braun	dunkel/ Moll	trocken/ schlammig		modrig/ muffig
Gelb	gellend/ Dur	glatt/ lichthaft		sauer
Grün	gedämpft	glatt bis feucht	kühl	sauer-saftig
Grünblau	weich	weich-glatt	kalt	frisch bis salzig
Blau	fern/Flöte bis Violine	glatt bis unantastbar	kalt	geruchslos
Violett	traurig / Moll	samtig		herb-bitter

Abb. 2-9: Synästhetische Wirkungen von Farben
(Quelle: Frieling, 1980)

Für das Marketing sind unechte synästhetische Wirkungen von Reizen besonders dann von Bedeutung, wenn man bei den Gestaltungsmaßnahmen (etwa in der Produktpolitik und der Werbung) nur auf eine einzige Reizmodalität angewiesen ist; z.B. auf visuelle Reize in Anzeigen *(Kroeber-Riel/Weinberg, 1996, S. 123)*. Mittels Duft kann die Wirkung anderer Reizmodalitäten verstärkt werden, wie dies etwa bei der Beduftung von Werbematerial mittels Mikroverkapselung der Fall ist (vgl. hierzu Kapitel 3.2.4). Umgekehrt kann auch die Wirkung des Duftes durch geeignete Reize anderer Modalität verstärkt werden, etwa durch die Wahl einer bestimmten Farbe für ein Stück Seife oder einen Parfümflacon.

Natürlich ist auf die "Verträglichkeit" der auf diese Weise kombinierten Ausprägungen von Sinneseindrücken zu achten. Ein grüner Orangensaft wird vom Verbraucher nicht akzeptiert, auch wenn er intensiv nach Orange schmeckt. Und die zitronengelbe Flasche eines Duftwassers könnte über die Vorstellung eines entsprechenden zitronigen Geruchs ebenfalls Irritationen hervorrufen.

3. Düfte als Mittel der Produktgestaltung

3.1. Zielsetzungen beim Einsatz von Düften in der Produktgestaltung

Die Vorstellungen der Konsumenten über die im Markt angebotenen Produkte beeinflussen das Kaufverhalten. Je höher die Produktqualität und der Nutzen, den ein Produkt stiften kann, eingeschätzt werden, desto größer ist die Kaufwahrscheinlichkeit. Die Einschätzung erfolgt anhand von Kriterien, deren Subjektivität dem Konsumenten aber in der Regel nicht bewußt wird.

Maßgebend für die Hinwendung zum Produkt ist die Einstellung, d.h. die innere Bereitschaft eines Individuums, auf bestimmte Stimuli konsistent positiv oder negativ zu reagieren. Einstellungen werden vor allem auf gesättigten Märkten durch Emotionen geprägt, denn bei ausgereiften Konsumgütern finden die Konsumenten kaum noch Qualitätsunterschiede zwischen den führenden Marken. Der "**emotionale Erlebniswert**" (vgl. auch Kap. 8.5.) wird zum Mittelpunkt der Produktwahrnehmung und des Produkterlebnisses; das Produkt vermittelt dem Konsumenten emotionale und sinnlich wahrnehmbare Anregungen *(Kroeber-Riel/Weinberg, 1996, S. 113ff; Schubert/Wolf 1993, S. 121ff.).*

Die Produkteigenschaft "Duft" findet in der traditionellen Literatur zur Produktgestaltung noch wenig Beachtung. Erst der aktuelle Trend zum erlebnisorientierten Marketing hat zu einer stärkeren Berücksichtigung auch des Duftes als präferenzbildende Eigenschaft beigetragen. Dabei scheint die Reaktion auf Duftstoffe stärker als bei anderen Reizen biologisch bestimmt zu sein *(Kroeber-Riel/Weinberg, 1996, S. 121).*

Eine Parfümierung, die primär emotional erlebt wird, soll das Produkt in den Augen der potentiellen Konsumenten attraktiver erscheinen lassen. Sie soll das Aktivierungspotential des Produkts erhöhen und bestehende oder latente Bedürfnisse ansprechen; sie soll spezifische produktbezogene Konsumerlebnisse vermitteln.

Diese latente Beeinflussungskraft des Duftes tritt in ihrer Funktion und Bedeutung zurück, wenn ein Produkt einzig und allein wegen seines Duftes gekauft wird, dieser also quasi den "emotionalen Hauptnutzen" bildet *(Kroeber-Riel/Weinberg, 1996, S. 121)*, wie dies bei vielen Produkten der Feinparfümerie der Fall ist.

Der Duft eines Produkts kann aber auch als Qualitätsindikator interpretiert werden, ohne daß diese Beurteilung bewußt auf die Produktparfümierung zurückgeführt wird. Diese anfangs nichtverbalen, emotional gesteuerten Prozesse können zur Entstehung, Verarbeitung und Speicherung von "**inneren Bildern**", sogenannten Gedächtnisbildern, führen, die wiederum auf die Einstellungen und Präferenzen gegenüber den Produkten einwirken *(Kroeber-Riel, 1986, S. 84)*. Die Gedächtnisbilder können jederzeit durch eine Vielzahl von Reizen, u.a. durch Gerüche, ausgelöst werden, die den Konsumenten aktivieren und in seinen Entscheidungen beeinflussen.

Die bisherigen Ausführungen stellen auf die "Aktivierungsfunktion" von Duftstoffen in der Produktgestaltung ab, auf ihren (bewußten oder unbewußten) Einfluß auf die Produktbeurteilung. Daneben kann jedoch das Ziel einer Produktbeduftung auch in der Maskierung oder Neutralisierung unerwünschter Produkt-Eigengerüche bestehen. Hier dient sie also dem Abbau von möglichen -geruchsbedingten- Akzeptanz- oder Kaufhindernissen.

Wir gelangen somit zu folgender Unterscheidung hinsichtlich der **Zielsetzungen** beim Einsatz von Duftstoffen in der Produktgestaltung:

(1) Maskierung bzw. Neutralisierung unerwünschter Produkteigengerüche;

(2) Signalisierung von produktimmanenten Eigenschaften oder Wirkungen;

(3) Simulierung nicht vorhandener Produkteigenschaften;

(4) Aktivierung der Konsumenten und Schaffung von Präferenzen für bestimmte Produkte, wobei der Duft entweder als dominanter Bestandteil im Produktkonzept oder als Produktkonzept selbst betrachtet werden kann.

3.1.1. Maskierung bzw. Neutralisierung unerwünschter Produkteigenschaften

Der Beginn der modernen Parfümerie wird auf die Zeit Ludwigs XIV. im 17. Jahrhundert datiert. An seinem Hof in Versailles wurden große Mengen von Parfüm in erster Linie für die Maskierung von Körpergerüchen verwendet *(Jellinek, 1976, S. 177)*. Auch die Sauberkeit des Schlosses und die Qualität der Raumluft ließen nach heutigen Maßstäben sehr zu wünschen übrig *(Mundorf, 1986, S. 2)*.

Anstelle von Körperreinigung oder Ventilation wurden Körper, Kleidung, Gebrauchsgegenstände und Räume mit der Absicht parfümiert, den Gestank der mangelnden Hygiene zu überdecken *(Schulz, 1986, S. 8)*. Diese Formen der Maskierung haben den Nachteil, daß der Deckgeruch teilweise sehr stark sein muß; angesichts der Geruchsintensität tritt lediglich ein Übel an die Stelle des anderen, von oft unerträglichen "Duftmischungen" ganz abgesehen.

Das Problem der **Maskierung** unerwünschter und unangenehmer Gerüche, das hier am Beispiel der Parfümierung des menschlichen Körpers und des unmittelbaren Umfelds des Menschen plakativ aufgezeigt wurde, gilt in gleicher Weise für die Überdeckung von Eigengerüchen verschiedener Produkte, die von ihrer stofflichen Zusammensetzung oder produktionstechnischen Besonderheiten verursacht sind und für die "normale" menschliche Nase unangenehm sind: Schaumstoffe zum Beispiel haben ursprünglich oft einen Fischgeruch, der beseitigt werden muß; den unangenehm riechenden Dieselkraftstoffen werden Geruchsverbesserer zugesetzt; bei Klebstoffen stört das scharf riechende Azeton. Auch die

Raumluft in vielfrequentierten öffentlichen Toiletten oder Verkehrsmitteln bedarf der Verbesserung durch geeignete Raumsprays auf Aerosolbasis.[1]

Wenn ein Produkt einen unerwünschten Eigengeruch hat, sollte zunächst versucht werden, am Ort der Entstehung (also etwa in der Produktion) die anstößigen Bestandteile durch geruchsneutrale zu ersetzen, hochgereinigte Grundstoffe zu verwenden oder den Beigeruch durch eine zusätzliche Verarbeitungsstufe zu beseitigen *(Jellinek, 1976, S. 177)*. Erweist sich dies als nicht durchführbar, so kann -der gleichen Quelle zufolge- eine Beseitigung übelriechender Substanzen auf chemischem oder physikalischem Weg versucht werden (zum Beispiel Aerosole für Luftreinigung).

Maskierungen sollten stets als letzte Möglichkeit angesehen werden, wenn die eben genannten Mittel nicht greifen. Dazu gibt es verschiedene Wege, die sich in ihrer Anwendungsbreite, Erwünschtheit und "Eleganz" unterscheiden: die Neutralisierung von Gerüchen, die Erhöhung der Wahrnehmungsschwelle und das Übertönen *(Jellinek, 1976, S. 178)*.

Bei der **Neutralisierung** wird ein unerwünschter Geruch durch entgegenwirkende Chemikalien ausgeschaltet, so daß beim Zusammentreffen der beiden Stoffe kein Geruch mehr wahrgenommen wird, das maskierte Objekt also nahezu geruchlos wird. Die Möglichkeiten für eine solche Neutralisierung scheinen in der Praxis allerdings eher begrenzt zu sein.

Ähnliches gilt auch für die Erhöhung der Wahrnehmungsschwelle. Gewisse flüchtige Stoffe, wie etwa Formaldehyd oder Azetaldehyd, haben die Eigenschaft, den Geruchssinn eine Zeitlang generell abzustumpfen und damit die Schwelle der Wahrnehmung unangenehmer Gerüche zu erhöhen. Als nachteilig wirkt sich die Tatsache aus, daß diese "Geruchsbetäuber" nicht

[1] Für die Pariser Metro wurde zum Beispiel 1994 ein eigenes Parfüm "Francine", eine Mischung aus Lavendel, Minze und Eukalyptus, eingeführt.

neutral wirken und zum Beispiel Haut und Schleimhaut reizen können. Das ähnlich wirkende Menthol ist nicht geruchsneutral.

Übertönung bedeutet, daß ein störender Geruch (zum Beispiel Zigarettenrauch in einem Raum) durch einen hinreichend starken, angenehmen Duft (zum Beispiel nach Rosen) überdeckt wird. Dieses Vorgehen hat den Vorteil, daß es allgemein angewendet werden kann und tatsächlich wirksam ist. Als nachteilig kann sich herausstellen, daß zur Erreichung des Zwecks der Deckgeruch in hoher Intensität verwendet werden muß, was dann ebenfalls als lästig empfunden werden kann.

Es kommt deshalb entscheidend auf die "richtige Maskierung" an. Die unerwünschte Geruchsnote wird dabei nicht völlig überdeckt (dies auch im Unterschied zur Übertönung), sondern so mit anderen Düften umgeben, daß sie nicht mehr zu identifizieren ist. Zum Beispiel kann Schweißgeruch mit Zitrusnoten umgeben werden. Das Ergebnis einer gelungenen Maskierung ist ein neuer Duftkomplex, der keine negativen Assoziationen hervorruft *(Jellinek, 1976, S. 178)*.

Ein wirksam maskierter Geruch ist oft weniger erkennbar als ein unmaskierter. Dies liegt an der menschlichen Eigenart, auf unangenehme Reize stärker zu reagieren als auf angenehme. Erschwert werden Maskierungen durch die Notwendigkeit, für jeden unerwünschten Geruch einen spezifischen Maskierungskomplex bereitzustellen. Für manche Gerüche (etwa Fischgeruch) sind noch keine wirksamen Lösungen gefunden worden.

In der Praxis wird man meist Ausschaltungs- und Maskierungsmethoden kombiniert zur Problemlösung heranziehen. Die Maskierung unerwünschter Produkteigenschaften ist im übrigen ein Problembereich der Produktgestaltung, der in der Regel nicht "ins Blickfeld" des Konsumenten rückt und seine Aufmerksamkeit gewinnt. Die Notwendigkeit einer Maskierung kann mit jedem neuen Produkt, jeder veränderten Zusammensetzung des Produkts oder dem Einsatz anderer Rohstoffqualitäten entstehen.

3.1.2. Signalisierung von produktimmanenten Eigenschaften und Wirkungen

Anders als noch vor einigen Generationen ist der Konsument heute nicht (mehr) in der Lage, die objektive Qualität von Produkten zu beurteilen. Die auf der Vertrautheit mit Naturprodukten (Wolle, Leder, Gewürze; natürliche Tierhaltung) beruhende Warenkenntnis hat sich angesichts der ständigen Zunahme synthetisch gewonnener Stoffe, die in alle Lebensbereiche Eingang gefunden haben, wie auch der Vielfalt des Produktangebots generell, ständig zurückgebildet.

Der Verbraucher ist daher auf der Suche nach Ersatzkriterien für die Produktqualität. Im Prinzip geht es hier um die Frage, welche Produkteigenschaften besonderen Einfluß auf die Kaufwahrscheinlichkeit für ein Produkt haben. Sie nehmen die Funktion einer **Schlüsselinformation** wahr. Unter diesen Ersatzkriterien spielt -wie bereits erwähnt- der Geruch als Qualitätsindikator eine besondere Rolle. Er beeinflußt die Produktwahl, indem er vom Konsumenten unbewußt als Ankerpunkt für sonst schwer verifizierbare Produkteigenschaften, wie etwa Milde einer Baby-Hautcreme oder Wirksamkeit eines Desinfektionsmittels, herangezogen wird. Er signalisiert dem Konsumenten die erwarteten Produkteigenschaften, indem er Gefühle und Assoziationen hervorruft, die mit dem Produkt und seinen Wirkungen in Verbindung gebracht werden (können). Diese Feststellung schlägt sich in der alltäglichen Beobachtung nieder, daß Käufer im Ladengeschäft häufig vor ihrer endgültigen Kaufentscheidung eine "Geruchsprobe" machen (und eben durchaus nicht nur bei "parfümistischen" Produkten i.e.S.).

Ein Klebstoff, der nicht stechend eben wie Klebstoff, sondern nach Blumen oder Karamelbonbons riecht, wird mit Sicherheit wegen vermuteter mangelhafter Klebfähigkeit abgelehnt, auch wenn nur der Geruch des Produkts geändert wurde. (Wir haben hier übrigens auch ein Beispiel für eine mißlungene Maskierung des scharfen Azetongeruchs in Haushaltsklebern vor uns: Die Käufer lehnten das neutral riechende Produkt ab!).

Ein Haushaltsreiniger, der nicht nach Zitrone oder ähnlich frischen Duftnoten sondern zum Beispiel nach Zwiebeln riecht, wird es ebenfalls sehr schwer haben, den Konsumenten von seiner unveränderten Reinigungskraft zu überzeugen *(Gibbons, 1986, S. 360)*. Sein Geruch entspricht nicht den Erfahrungen und Erwartungen der Verbraucher; er signalisiert ihm nicht die gewohnten und gewünschten Produkteigenschaften.

Aber was ist nun der "richtige", überzeugende, die Kaufbereitschaft erhöhende Geruch eines Produkts? Es gibt einige allgemein anerkannte Duftnoten, wie etwa Zitrusduft für Haushaltsreiniger. Aber schon die Frage, wie wohl ein umweltfreundliches Waschmittel riechen sollte, führte zu recht unterschiedlichen, länderspezifischen Ergebnissen in Deutschland, den USA und Rußland. Die Probandinnen einer Pilotstudie waren sich zwar einig, daß ein solches Produkt "frisch" riechen müsse, verstanden jedoch unter Frische alle etwas anderes (vgl. hierzu im einzelnen Kap. 8.4.).

Die mögliche Signalwirkung von Gerüchen bedeutet für die Produktgestaltung konkret, den Einfluß des Faktors Duft bei der Präferenzbildung von Produkten zu ermitteln. Stellt sich heraus, daß dieser Einfluß groß ist, muß bei der "Duftgestaltung" eines Produkts besondere Sorgfalt herrschen. Interessant wird die Problematik dann, wenn Duftstoffe in Produkten verwendet werden sollen, bei denen sie bislang keine Rolle spielten und bei denen man nicht weiß, ob der Duft überhaupt maßgeblichen Einfluß auf die Präferenz hat.

Eine erste aufschlußreiche Pilotstudie zur Ermittlung der Bedeutung von Duft als Mittel der Produktgestaltung wurde bereits 1987 am Institut für Marketing und Handel der Universität Göttingen durchgeführt *(vgl. Knoblich/Schubert, 1989, S. 128ff.)*. Ermittelt wurde der Einfluß der Produkteigenschaft „Duft“ (drei verschiedene Duftnoten) im Vergleich zu den Produkteigenschaften „Farbe“ (Ausprägungen: „blau“, „grün“, „weiß“) und „Imagekonzept“ (Ausprägungen: „sportlich“, pflegend“, „natürlich“) auf die Gesamtpräferenz für ein innovatives Shampoo-Konzept. Die relative Wichtigkeit wurde zum einen direkt ermittelt, d.h., die Befragten mußten für jede einzelne Produkteigenschaft angeben, wie wichtig sie für die individuelle Präferenzbildung ist. Zum anderen wurden den Befragten in den drei Merkmalen systematisch variierte ganzheitliche Produktkonzepte zur Beurteilung vorgelegt. Mittels Conjointanalyse ließ sich anschließend die relative Wichtigkeit der einzelnen Produkteigenschaften aus den Gesamturteilen ableiten (zur Conjointanalyse vgl. auch Kap. 8.5.). Die Abbildung 3-1 veranschaulicht die Ergebnisse der Pilotstudie: Die relative Wichtigkeit der Produkteigenschaft „Duft“ beträgt bei direkter Ermittlung 38,5 Prozent, bei indirekter Ermittlung mittels Conjointanalyse hingegen nur 24,0 Prozent.

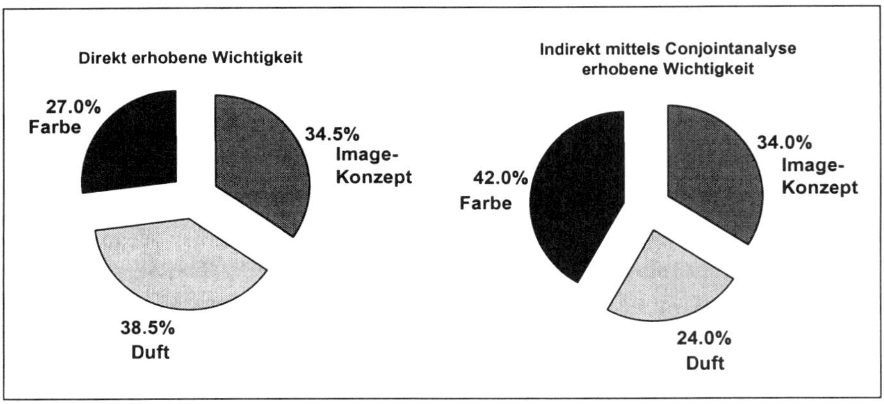

Abb. 3-1: Relative Wichtigkeit von Produkteigenschaften für die Präferenzbildung bei Shampoo

3.1.3. Simulation nicht vorhandener Produkteigenschaften

Das Simulieren nicht vorhandener Produkteigenschaften oder Produktwirkungen mit Hilfe von Duftstoffen kann sowohl positiv als auch negativ beurteilt werden. Maßgeblich für die Beurteilung sind die mit der Simulierung verfolgten Ziele der Hersteller/Anbieter und der Nutzen bzw. Schaden, die der Konsument durch die Simulierung erfährt.

So ist es zum Beispiel üblich, Gebrauchtwagen mit Lederaroma zu beduften, sie damit aufzuwerten und den Käufer davon zu überzeugen, daß das Fahrzeug wenig genutzt und gut gepflegt ist. - Es ist aber natürlich auch möglich, den Wagen eines starken Rauchers, in dem sich Zigarettenrauch hartnäckig festgesetzt hat, auf diese Weise für einen Nichtraucher wieder attraktiv zu machen.

Weitere Beispiele für Simulierungen sind die Beduftung von Kunststoffen mit Lederaroma oder Raumsprays mit Fliederduft, der dem Anwesenden bei geschlossenen Augen suggeriert, sich in einem Blumengarten zu befinden. Auch in Verkaufsstellen von Bäckereien, in denen nicht mehr Brot gebacken wird, läßt sich der Geruch nach frischem Brot, der eine stark aktivierende, positive Wirkung hat, künstlich erzeugen.

Wie die Beispiele zeigen, muß die Zulässigkeit der Simulierung von Produkteigenschaften mit Hilfe von Geruchsstoffen unter dem Aspekt der Irreführung und Täuschung des Verbrauchers beurteilt werden. In den Bestimmungen des Gesetzes gegen den unlauteren Wettbewerb (UWG) etwa werden irreführende Angaben über die Beschaffenheit von Waren oder Leistungen, auch das Erwecken eines falschen Eindrucks, unter Strafe gestellt (vgl. hierzu auch Kapitel 7 über die ethischen und rechtlichen Rahmenbedingungen).

3.1.4. Aktivierung der Konsumenten und Schaffung von Präferenzen für bestimmte Produkte

Das letzte und sicher wichtigste Ziel der Produktgestaltung mit Hilfe von Duftstoffen ist die Aktivierung des Konsumenten und - im Endeffekt- die Schaffung von Präferenzen. Unter **Aktivierung** verstehen wir den psychischen Antriebsprozeß, der den Organismus mit Energie versorgt; die Erregung, die den Organismus zum Aktivsein stimuliert *(Kroeber-Riel/Weinberg, 1996, S. 58)*.

Aktivierung ist in unserem Fall zunächst einmal das Auslösen von Reaktionen über die Rezeptoren der Riechschleimhaut. Aktivierung bedeutet nicht, daß ein Geruch bewußt wahrgenommen wird und auch nicht das Erkennen des auslösenden Geruchs. Die Wahrnehmungsschwelle, die Sensibilität für Duftstoffe hängt von der Konzentration der Riechstoffe ab und ist inter- wie auch intraindividuell verschieden *(Burdach, 1988, S. 37f.)*. Eine zu starke Duftkonzentration kann negative Wirkung haben.

Kontrovers diskutiert wird die Frage der (ethischen) Zulässigkeit der unterschwelligen Beeinflussung durch Duftstoffe (etwa in der Raumluft). Man weiß zum Beispiel, daß nur subliminal wahrgenommene Sexualreizstoffe (Pheromone) auch beim Menschen eine starke Aktivierung herbeiführen können. - Auch Moschus- und Vanillinduft sind hochaktivierend und bewirken unbewußte Hinwendungsreaktionen zu einem mit solchem Duft ausgestatteten Produkt.

Aktivierung durch Duftstoffe besagt noch nichts über deren qualitative Einschätzung (angenehm oder unangenehm). **Präferenz** für einen Duft bedeutet hingegen stets die positive, emotionale Hinwendung zu einem mit ihm ausgestatteten Produkt; sie ist also mehr als bloße Aktivierung. Präferenzen werden in der Literatur traditionell als das Ergebnis rationaler Auswahl- und Beurteilungsprozesse dargestellt *(Böcker, 1986, S. 553)*.

Für das eingangs genannte "erlebnisorientierte Marketing", für die Präferenzbildung im Rahmen der erlebnisorientierten Produktgestaltung, trifft dies allerdings nur bedingt zu. Hier werden die Produkte mit Erlebniswerten ausgestattet, die im Gegensatz zum bewußten Denken und Wollen einer eher tieferen, unbewußten Schicht der menschlichen Psyche zuzuordnen sind. Sie entstehen aus dem Zusammenspiel einer Vielzahl von "erlebten" Emotionen *(Schmitz-Maibauer, 1976, S. 37)*.

Ein Marketing, das den Präferenzbildungsprozeß durch die Ausstattung der Produkte mit emotionalen Erlebniswerten (und olfaktorische Produktkomponenten gehören zu den wirksamsten Auslösern emotionalen Verhaltens!) zu beeinflussen sucht, stützt sich damit gerade auf eine nicht-kognitive Ansprache der Konsumenten *(Schubert/Wolf, 1993, S. 132)*. Man könnte geradezu von einem durch die Emotionalisierung bedingten Verzerrungsfaktor im rationalen Präferenzbildungsprozeß sprechen.

Bei sonst gleicher Produktqualität können also Erlebniswirkungen in starkem Maße die Präferenz für ein bestimmtes Produkt, eine bestimmte Marke bedingen. Duft kann als "unsichtbare" Produkteigenschaft gelten. Gerade hierin liegt die Erklärung für den stark zunehmenden, gezielten Einsatz von Duftstoffen im Marketing. Man will - begünstigt durch das stabile Geruchsgedächtnis des Menschen (vgl. hierzu Kapitel 2.1) - beim Verbraucher eine Duftkonditionierung auf die eigene Marke und damit den Aufbau langfristiger Präferenzen erreichen.

Unter den Aspekten der Präferenzbildung mit Hilfe von Duftstoffen und deren Rolle im Produktkonzept lassen sich zwei Fälle unterscheiden: der Duft als dominanter Bestandteil im Produktkonzept und der Duft selbst als Produktkonzept.

In manchen Produktbereichen ist der Duft die wichtigste Produkteigenschaft, der dominante Bestandteil des Produktkonzepts. Das Produkt liefert zwar Problemlösungen wie Reinigung, Pflege, Frische (sie können als "Grundnutzen" des Produkts gesehen werden), diese treten aber hinter dem Duft als dem (emotionalen) "Zusatznutzen" deutlich zurück *(Busse, 1982, S. 2)*.

Duftseifen, Parfümdeos oder Rasierwässer werden vom Konsumenten entsprechend seiner Duftvorlieben ausgewählt. Er erwartet von der Parfümierung, daß sie seine Persönlichkeit, seine Stimmungen unterstreicht. Er erwartet nicht, daß sie ihm Informationen über die Produktqualität vermittelt, denn er setzt voraus, daß das gewählte Produkt seine eigentlichen Funktionen

(Grundnutzen!) zufriedenstellend erfüllt. Produkte aus solchen Bereichen lehnen sich parfümistisch immer mehr an erfolgreiche Kompositionen an oder sind Bestandteil von "Duftserien", d.h. von Produktreihen, die mit jeweils gleich riechenden Parfümierungen ausgestattet sind.

Duft als Produktkonzept besagt, daß der Konsument im Duft nicht eine von mehreren Produkteigenschaften sieht; er ist vielmehr einzig und allein am Duft in Form von Produkten der Feinparfümerie interessiert. Die Branche erfüllt ihm diese Wünsche mit einem überaus reichlichen Angebot. In den 80er Jahren wurden über 500 Duftnoten für Damen und Herren angeboten mit - speziell im Bereich der Herrendüfte - steigender Tendenz *(o. V., 1986, S. 3 und S. 72ff.).*

Parfümverwender wollen durch den Duft Gepflegtheit demonstrieren und mit der Wahl eines bestimmten Parfüms ihre ganz persönliche Note zum Ausdruck bringen, ihre Persönlichkeit unterstreichen. Auch der Wunsch nach sozialer Anerkennung, sich einen gewissen Luxus zu gönnen oder einen besonderen Anlaß olfaktorisch hervorzuheben, sind Gründe für die Parfümverwendung. Ganz allgemein wird auf die erotisierende Wirkung von Riechstoffen hingewiesen, die bereits im Altertum der Parfümierungskunst bekannt war. *Jellinek* meint sogar: "Der Zweck, den unsere moderne Parfümerie zu erreichen sucht, besteht darin, eine sexuelle Reizwirkung zu schaffen oder zu verstärken" *(Jellinek, 1994a, S. VII).*

Die Wahl des Parfüms hängt allerdings nicht nur von der Riechstoffmischung ab sondern auch vom Namen des Parfüms und des Herstellers, der Aufmachung des Flacons, der Gestaltung der Werbung und der Präsentation am "Point of Purchase". Alle diese Faktoren geben einem Parfüm sein besonderes Flair und vermitteln seine spezifischen Möglichkeiten der Bedürfnisbefriedigung.

Nach ähnlichen Kriterien wie Parfüms werden übrigens auch Raumdüfte ausgewählt; auch sie stellen für sich allein das Produktkonzept dar. Ihr Anteil am Feinparfümeriemarkt wird zum Beispiel in Japan auf etwa 25 Prozent geschätzt. Ziel der Raumbeduftung ist nicht die Maskierung unerwünschter Gerüche (etwa mit Hilfe eines WC-Frischluftspenders), sondern die Schaffung oder das Unterstreichen der Raumatmosphäre und der "Persönlichkeit" eines Raumes.

Es bleibt festzuhalten, daß wir einen verstärkten Einsatz von Duftstoffen in der Produktgestaltung konstatieren können. Ganz pauschal läßt sich sagen, daß die Hinwendung zum emotionalen Produkterlebnis zu einer größeren Offenheit gegenüber Düften geführt hat und eine verstärkte Duftverwendung "gelernt" worden ist.- Aus der Vielzahl der zur Verfügung stehenden Riechstoffe ergibt sich eine fast unbegrenzte Zahl an Möglichkeiten zur Herstellung von Duftkompositionen. Herauszufinden, welche davon der potentielle Käufer im konkreten Fall präferiert, ist Aufgabe der Marktforschung, vor allem der Präferenzmessung und ihrer Methoden (vgl. hierzu Kap. 6.2.3.).

3.2. Einsatz von Duftstoffen in verschiedenen Produktbereichen

Die nachfolgende Darstellung lehnt sich nicht an eine amtliche Branchen- oder Warensystematik an. Die Auswahl der Produktbereiche folgt rein pragmatischen Überlegungen und ist insofern auch nicht ganz frei von Überschneidungen. Mit der Übersicht sollen in erster Linie konkrete Anschauungsbeispiele für die vielfältigen Verwendungsmöglichkeiten von Duftstoffen in der Produktgestaltung gegeben werden.

Das zusammengetragene Material stützt sich -mangels einer umfassenden Bestandsaufnahme der Anwendungsbereiche der Produktbeduftung- im wesentlichen auf kurze Hinweise in der Literatur zur Parfümerie, auf Berichte in der Presse (Tageszeitungen und Fachzeitschriften), auf Veröffentlichungen oder Auskünften von Unternehmen der Riechstoffbranche sowie auf eigene Recherchen der Autoren. Es kann daher nicht vollständig sein, zumal innovative Produktbeduftungen an der Tagesordnung sind. Die nachfolgenden Informationen können auch nicht in jedem Fall belegt werden.

Es erscheint nützlich, dieser "Faktensammlung" einige Zahlenangaben zur wirtschaftlichen Bedeutung der Duftstoffe voranzustellen. Sie sollen die Rolle der Riechstoffindustrie als Lieferanten für Parfümöle und andere duftende Substanzen ebenso veranschaulichen wie die riechstoffverarbeitenden Industrien mit ihren Produktions- und Absatzwerten oder Verbrauchsangaben der Konsumenten.

3.2.1. Wirtschaftliche Bedeutung der Duftstoffe in Produkten der Körperpflege-, Waschmittel - und Reinigungsmittelindustrie

Der Gesamtmarkt für **Körperpflegemittel** in der Bundesrepublik Deutschland hatte 2001 ein Volumen von 11,2 Mrd. Euro; das bedeutet eine Zunahme von etwa 1 Prozent gegenüber 2000 (*Industrieverband Körperpflege- und Waschmittel e.V.*). Europaweit war Frankreich 1999 mit einem Umsatz von 11,7 Mrd. Euro der größte Markt, gefolgt von Deutschland, Großbritannien, Italien und Spanien. Beim Pro-Kopf-Verbrauch lagen die Deutschen 2001 mit 127 Euro an 11. Stelle, auf Platz eins befand sich die Schweiz mit 208 Euro, gefolgt von den Franzosen, Norwegern und Schweden *(Axel Springer Verlag, 2002, S. 3).*

Der Gesamtmarkt für Kosmetik kann nach den wichtigsten Produktgruppen in **Teilmärkte** gegliedert werden, deren Marktanteile in Deutschland 2001 aus der folgenden Abbildung 3-2 hervorgehen.

Der Gesamtmarkt für **Wasch-, Putz- und Reinigungsmittel** in der Bundesrepublik Deutschland verzeichnete 2001 einen Produktionswert von knapp 3,8 Mrd. Euro; das war ein Plus von etwa

0,4 Prozent gegenüber dem Vorjahr. Die Anteile der einzelnen Teilmärkte veranschaulicht die Abbildung 3-3.

Teilmärkte	**Anteil am Gesamtmarkt 2001 in Prozent**
Haarpflegemittel	25,5
Hautpflegemittel	20,9
Bade- und Duschzusätze	6,8
Zahn- und Mundpflege	10,7
Deodorantien	6,1
Damen-Parfüms und –Düfte	7,1
Herren-Kosmetik	6,0
Dekorative Kosmetik	11,5
Seifen / Syndets	2,0
Sonstiges (Baby-, Kinder-, Fuß- und Intimpflege)	3,4

Abb. 3-2: Anteile verschiedener Teilmärkte am Gesamtmarkt für Körperpflegeprodukte *(Quelle: www.ikw.org)*

In der noch immer mittelständisch strukturierten Branche sind u.a. folgende führende Unternehmen als Produzenten von Parfüms, Körperpflege-, Wasch- und Reinigungsmitteln vertreten: Unilever, Chanel, L'Oréal, Benckiser, Louis Vuitton Moët Hennessy (LVMH), Procter & Gamble , Estée Lauder, Mäurer & Wirtz, Wella, Douglas, Henkel und Baiersdorf (mit seiner Sparte Cosmed). Die größten Marktanteile haben Benckiser mit 15,6 Prozent (hierzu gehören u.a. die Firmen Adidas, Davidoff, Jil Sander, Joop und Chopard), Procter & Gamble mit 9,5 Prozent und Wella mit 7,4 Prozent *(Euromonitor, 1999, S. 53)*.

Teilmärkte	Anteil am Gesamtmarkt 2001 in Prozent
Universalwaschmittel	30,7
Spezialwaschmittel	6,9
Waschhilfsmittel	15,3
Geschirrspülmittel	13,2
Haushaltsreiniger	15,6
Wohnraumpflege	2,7
Lederpflege	2,5
Autopflege	6,1
Spezial-Putz- und Reinigungsmittel	7,0

Abb. 3-3: Anteile verschiedener Teilmärkte am Gesamtmarkt für Wasch-, Putz- und Reinigungsmittel *(Quelle: www.ikw.org)*

3.2.2. Duftstoffe in Körperpflegemitteln und Kosmetika

Kosmetika sind Stoffe oder Stoffzubereitungen, die vom Menschen äußerlich oder in der Mundhöhle angewendet werden. Sie dienen zur Reinigung und Pflege des Aussehens, zur Beeinflussung des Körpergeruchs bzw. zur Vermittlung von Geruchseindrücken (vgl. §4 des Lebensmittel- und Bedarfsgegenständegesetzes, LBGG).

Gerade bei Produkten, die in irgendeiner Weise mit der Haut in Berührung kommen, wird die Bedeutung des Duftes oft unterschätzt. Dabei zeigt schon die Beobachtung eines Kunden im Ladengeschäft, daß er bei der Beurteilung kosmetischer Produkte fast immer – vielleicht unbewußt – eine kurze "Riechprobe" vornimmt *(Jellinek, 1992, S. 214)*. Er versucht dabei, seine Duftwahrnehmung mit Nutzenerwartungen zu verknüpfen.

Wie eine Pilotstudie zum "Einfluß des Duftes und der Farbe einer Seife auf die Wahrnehmung und die Präferenzbildung der Verwender", die im Januar 1992 am Institut für Marketing und Handel der Universität Göttingen in Zusammenarbeit mit der Fa. Dragoco, Holzminden, durchgeführt wurde, ergab, waren die Testpersonen sehr wohl dazu in der Lage, zwischen zum Teil ähnlichen Seifendüften zu differenzieren und Unterschiede zu beschreiben. Bei Seifen, die hautschonend reinigen sollen, werden z.B. eine vergleichsweise geringe Duftkonzentration und Duftnoten, die subjektiv als dezent und mild beurteilt werden, akzeptiert; nicht dagegen aufdringliche, süße oder auch herbe Duftnoten *(Scharf, 1993, S. 169ff.)*.

Es muß also auch bei typischen "low-interest-Produkten", wie einem Stück Seife, darauf geachtet werden, daß der Duft optimal auf den beabsichtigten Produktnutzen abgestimmt wird. Gerade auf dem stark umkämpften Markt für Körperpflegeartikel lassen sich – in bestimmten Segmenten – über besonders ansprechende Düfte Wettbewerbsvorteile realisieren. (Natürlich gibt es auch Verbraucher, die einen Duft völlig ablehnen; sie stellen jedoch nur ein relativ kleines Segment dar).

Auf den Sektor der **Feinparfümerie für Damen** entfielen 2001 etwa 787 Mio. Euro Umsatz. Der Markt ist stark zersplittert, so daß auch erfolgreiche Marken nur minimale Marktanteile erzielen *(Axel Springer Verlag, 2001, S. 14f.)*. 2001 wurden etwa 100 neue Düfte in den Markt eingeführt; die Flop-Rate, d.h. die Düfte, die nach zwei Jahren nicht mehr beworben werden, liegt zwischen 90 und 95%!- Tendenziell konnten die hochpreisigen Düfte ihre Umsatzbedeutung leicht erhöhen zu Lasten der "Mass-Market-Düfte"; begünstigt auch durch das verstärkte Angebot kleiner Flacongrößen (bis 50 ml). Das Einstiegsalter der Verwenderinnen liegt übrigens zwischen 11 und 12 Jahren. Für letztere Zielgruppe werden eigene Parfüms und Pflegeserien entwickelt, die altersadäquat parfümiert und vermarktet werden.

Auf die **pflegende und dekorative Kosmetik** entfielen 2001 ca. 3.242 Mio. Euro des Umsatzes der Branche; das sind mehr als ein

Viertel des Gesamtvolumens. Zu den Pflegeprodukten gehören Hautcremes und Hautlotionen, Produkte für spezielle Hautpartien, -typen und -probleme, Sonnenschutz- und Badepflegeserien. Das bedeutendste Segment ist die Gesichtspflege mit rund 1,2 Mrd. Euro Umsatz.

Die Parfümierung dieser Produkte hat die Aufgabe, die Wirkung des Pflegeprodukts herauszustellen oder eine unangenehm riechende Produktgrundmasse zu maskieren. Neben ihrer Signalfunktion kann die Parfümierung bei kosmetischen Produkten auch noch andere vorteilhafte Wirkungen haben. Jellinek bemerkt, daß die Parfümierung z.B. Anreiz für eine regelmäßige Anwendung von Produkten sein kann, die ihre Wirkung erst nach einer Langzeitanwendung entfalten *(Jellinek, 1992, S. 214ff.)*. Durch eine Parfümierung können bestimmte Inhaltsstoffe – etwa Kamillenextrakt - für den Konsumenten wahrnehmbar gemacht und so sein Vertrauen in die Wirksamkeit des Produkts gestärkt werden.

Wie bereits im Abschnitt über die Ziele der Produktgestaltung mit Hilfe von Duftstoffen ausgeführt, können Düfte bei den verschiedenen Erzeugnissen eine unterschiedliche Rolle spielen. Bei Parfüms oder Deos wird der Duft i.d.R. den emotionalen Hauptnutzen des Produkts darstellen; bei Shampoos wohl eher emotionalen Zusatznutzen. Für die erste Kategorie von Produkten ist es empfehlenswert, Parfümnoten zu wählen, die von möglichst wenigen Personen nicht gemocht werden (sogenannte nicht-polarisierende Düfte); bei der zweiten Kategorie dagegen können auch innovative Riechstoff-Kombinationen eingesetzt werden. Häufig werden die Düfte gerade aktueller Parfüms von Wettbewerbern kopiert, was als "trickle-down-Phänomen" bekannt ist *(Calkin/Jellinek, 1994, S. 148f.)*.

Die dekorative Kosmetik, zu der Gesichts- und Augen-Makeup, Lippen- und Nagelpflegeprodukte gehören, dient ästhetischen Zwecken und soll die Persönlichkeit der Verwenderin positiv unterstreichen.

Die **Haarpflege** ist der zweitgrößte Teilmarkt der Kosmetik; er erreichte 2001 einen Umsatzwert von ca. 2,8 Mrd. Euro mit einem überdurchschnittlichen Wachstum. Mit 538 Mio. Euro sind hier Shampoos der bedeutendste Produktbereich *(Axel Springer Verlag, 2002, S. 19)*. Dabei setzt sich der Trend zu sogenannten "Kombi-Produkten" (z.B. Shampoo und Haarspülung in einem) weiter fort. Die Produkte dieses Bereichs werden als Einzelmarken, als Teil gleich parfümierter Pflegeserien oder als Produktreihen mit je nach Verwendungsanlaß unterschiedlichen Parfümierungen angeboten.

Der Markt für **Feinseifen, Dusch- und Badezusätze** verzeichnete 2001 Gesamtumsätze von etwa 975 Mio. Euro. Seine Entwicklung ist jedoch nicht einheitlich: Während das Segment der Duschbäder deutlich wächst, ist der Seifenmarkt weiterhin leicht rückläufig *(Axel Springer Verlag, 2002, S. 21)*. Auf das Segment der Duschbäder entfällt ein Anteil von 53 Prozent. Zunehmend bevorzugt werden Duschzusätze, die neben der Reinigungsleistung auch den Pflegeaspekt berücksichtigen.

Die sich aus dem Rasierbedarf heraus entwickelnde **Herrenkosmetik** galt lange Zeit als Wachstumsmarkt schlechthin innerhalb des Gesamtmarktes der Körperpflege/Kosmetik. Von 1976 bis 1985 etwa stieg der Umsatz in diesem Segment von 184 Mio. Euro auf 359 Mill. Euro, d.h. um 95 Prozent, während der Gesamtmarkt in diesem Zeitraum nur um 55 Prozent zunahm. Nach den 1993 und 1994 mit jeweils 723 Mio. Euro erreichten Spitzenumsätzen waren allerdings Einbrüche zu verzeichnen, die auch durch das kräftige Umsatzwachstum von 1997 auf 1998 (715 Mio. Euro) noch nicht ganz ausgeglichen werden konnten. 2001 wurden rund 667 Mio. Euro für Herrenkosmetik ausgegeben.

Die beiden großen Segmente sind Eau de Toilette/Eau de Cologne mit 45 Prozent und After/Pre Shave mit 38 Prozent mit einem Umsatzplus von 2,1 Prozent bzw. einem Umsatzrückgang von 2,9 Prozent *(Axel Springer Verlag, 2002, S. 17)*. Das Segment der Rasiermittel (Rasiercremes, -seifen, -schaum) hat mit 11 Prozent einen relativ stabilen Anteil am Markt der Herrenkosmetik. Ein gutes Drittel der deutschen Männer bevorzugt die Naßrasur.

Diese recht positive Entwicklung wird sowohl auf ein erhöhtes Pflegebewußtsein als auch auf eine veränderte Einstellung des männlichen Geschlechts zur Kosmetik, die bis in die 60er Jahre hinein als "unmännlich" galt, zurückgeführt *(Schulz, 1986, S. 8B; o. V., 1986, S. 33)*. Schon Ende der 80er Jahre gab es auf dem deutschen Markt 224 Herrenserien und Einzelprodukte, die neben Rasierbedarf auch Duftwässer, Parfüms, Dusch- und Badezusätze, Gesichts- und Körperpflegeprodukte umfaßten. Mehr und mehr werden Herrendüfte, die aus Häusern internationaler Modedesigner stammen und im höherpreisigen Segment angesiedelt sind, zum Rückhalt dieses Marktes.

Als besonderer Bereich in der Kosmetik können **Aromen** gelten. Sie können als Zusammenspiel von Geruchs- und Geschmacksstoffen charakterisiert werden. Die deutsche Aromenverordnung (vgl. dazu Kapitel 7.2.) unterscheidet natürliche, naturidentische und künstliche Aromastoffe.

Aromen sind in erster Linie Bestandteile von Lebens- und Genußmitteln, sie sind aber auch in Kosmetik wie Zahnpasten, Mundwässern oder Lippenpflegeprodukten enthalten. Die Aromenverordnung und das LBBG (§4) regeln die zulässigen Rohstoffe und die Herstellverfahren für solche Produkte. Aber auch psychologische Aspekte begrenzen das Spektrum der jeweils verwendbaren Aromen. Zahnpasta z.B. hat üblicherweise einen frischen, minzigen oder leicht "medizinischen" Geschmack. Versuche, eine Zahncreme mit Whiskygeschmack auf den Markt zu bringen, würden sicher auf Ablehnung stoßen, weil der Konsument das erwartete erfrischende oder anregende Geschmackserlebnis nicht mit Whisky verbindet *(Jellinek, 1961, S. 178)*.

3.2.3. Duftstoffe in Haushaltsprodukten

Erzeugnisse dieser Produktgruppe sind Geschirrspülmittel, Putz- und Reinigungsmittel für Küche und Bad, Fußboden- und Teppichbodenreiniger, Waschpulver und Weichspüler, Schuhputzmittel und Produkte zur Möbelpflege. Im Bereich der Haushaltsprodukte haben Düfte entweder die Aufgabe, unerwünschte Produkteigengerüche und Gerüche im Haus zu maskieren, oder aber besondere Produkteigenschaften (z.B. Reinigungskraft) bzw. generell einen "gepflegten" Haushalt zu signalisieren. In diesen letzten Fällen stiftet der Duft emotionalen Zusatznutzen.

Mit Hilfe von Raumluftverbesserern können störende Küchengerüche maskiert werden. Der Duft eines Fußbodenreinigers kann einerseits hygienische Reinigungskraft ("... mit der kraftvollen Frische der Zitrone"), andererseits auch Schutz für Boden und Hände ("Schont die Hände, nicht den Schmutz") signalisieren. Bezüglich der Duftnote sind Geschirrspülmittel, aber auch andere Putz- und Reinigungsmittel weltweit stark auf Zitrusdüfte festgelegt. Bemühungen, andere Duftnoten zu lancieren, waren bislang wenig erfolgreich *(Gibbons, 1986, S. 360).*

Die Dresdner Fa. Eg-Gü brachte nach zweijähriger F&E-Arbeit duftende Schuhpflegemittel auf den Markt, welche die Geruchsbildung im und am Schuh langanhaltend hemmen sollen. Das Label "Lady Flowers" ist mit einem blumigen Duft erhältlich, "Men Fresh" mit einem frischen Duft.

3.2.4. Duftstoffe in Papier- und Schreibwaren

Die Idee, Papier zu beduften, ist nicht neu; erinnert sei an die alte Sitte, Liebesbriefe mit Parfüm zu beträufeln. Relativ neu hingegen ist die Anwendung der Mikroverkapselung von Duft- und Aromastoffen zur Herstellung duftender Drucksachen. Nach ihrer Entwicklung in den 40er Jahren wird diese Technik in größerem Umfang in den USA seit 1969, in Europa seit 1971 wirtschaftlich genutzt.

Mikroverkapselung bedeutet die Umhüllung von Substanzen, in unserem Fall von Parfümölen, in mikroskopisch kleinen Kugeln. Diese 0,002 - 0,02 mm großen Kapseln enthalten bis zu 98% aktives Duftmaterial, das vor Umwelteinflüssen vollständig geschützt und über Jahre stabil ist. Bei der Applikation der Mikrokapseln auf das Papier können Duftnote und -intensität bestimmt werden. Je cm^2 werden etwa 2 - 3 Mill. Kapseln aufgetragen, die mit bloßem Auge nicht erkennbar sind. Je nach Duftkonzentration werden pro m^2 Duftfläche 5 - 10 g Parfümessenz benötigt (Launert, 1992, S. 93).

Beim Reiben der bedufteten Stelle oder beim Aufreißen einer bedufteten Klebefläche werden die Duftstoffe in ihrer ursprünglichen Form freigesetzt. Dieser Vorgang kann mehrmals wiederholt werden, da bei jedem Reiben nur ein kleiner Teil der Kapseln geöffnet wird *(o. V., 1994, S. 94)*.

In der Vergangenheit wurden zunächst Verpackungen, Haushalts-, Toiletten- und Briefpapier beduftet. Heute ermöglicht die "Mikroscent-Duftbeschichtung" vor allem den Einsatz von Duft als "3. Werbedimension" neben Wort und Bild. Mit Duft können Werbeprospekte und -anzeigen effektiver gestaltet, kann ihre Werbewirkung erhöht werden. Untersuchungen in den USA haben ergeben, daß duftenden Werbebotschaften weitaus mehr Aufmerksamkeit geschenkt wird als nicht duftenden *(o. V., o.J., S. 4)*. Auch für Direct Mails bieten sich neue Möglichkeiten, deren Vorteil darin liegt, daß die Duftnote speziell auf ein bestimmtes Segment abgestimmt werden kann.

Die Anwendungsmöglichkeiten der Mikroscent-Duftbeschichtung sind so zahlreich wie die Verwendungsmöglichkeiten von Papier. Als Beispiele seien genannt:

- Produktwerbung mit der jeweils charakteristischen Duft- oder Aromanote für Kosmetika und Lebensmittel
- Selbstklebende Etiketten für die Außenverpackung, damit der interessierte Konsument das Produkt riechen kann, ohne die Verpackung selbst öffnen zu müssen
- Duftende Mal-, Koch- oder Schulbücher
- Glückwunschkarten und Geschenkpapier mit einer dem Anlaß entsprechenden Duftnote
- Visitenkarten mit der persönlichen (privaten oder berufsbezogenen) Note des Überreichenden.

In all diesen Fällen erwartet man von der Beduftung - gestützt durch die Erkenntnisse der Physiologie - eine lange Gedächtniswirkung. Eine Assoziation, die einmal mit einem Duft gemacht worden ist, wird nicht so schnell durch eine andere ersetzt.

Bei den Schreibwaren gibt es zum Beispiel beduftete Fasermaler, Filzschreiber, Radiergummis, Dufttinte, sowie Bleistifte und Buntstifte, die während des Gebrauchs und/oder beim Anspitzen duften. Für derartige Produkte werden Blumendüfte am meisten empfohlen, da es in der Vergangenheit bei Radiergummis in Fruchtform und mit entsprechender Parfümierung zu Unfällen kam: Kinder hielten die wie Früchte aussehenden und auch so riechenden Radiergummis für eßbar und verzehrten sie.

Erwähnenswert erscheint in diesem Zusammenhang eine Studie, in der die Idee, Jugendfüller zu beduften, aufgegriffen wurde *(Schubert/Wolf, 1993, S. 136 ff.)*. Basierend auf einem Erlebniswertkonzept für Jugendfüller mit dem Thema "Sportlichkeit" wurden im Rahmen eines Marktforschungsprojekts 120 Schüler im Alter von 12 bis 14 Jahren danach gefragt, welche Bedeutung die ausgewählten Gestaltungsmittel des Füllers -Motiv, Feder, Clip, Duft- für sie haben.

Ohne auf den (segmentspezifischen) Informationsbedarf, das Erhebungsdesign und die Auswertungsmethoden dieser Studie im einzelnen einzugehen, sei als Ergebnis festgehalten, daß -allerdings mit deutlichem Abstand auf das Element "Motiv" - die Beduftung den zweitstärksten Einfluß auf das Gesamturteil der Schüler ausübt. Im Durchschnitt wird ein bedufteter Füller einem solchen ohne Duft vorgezogen. Eine Auswertung nach Segmenten ergab, daß bei einem der gebildeten Segmente (überwiegend Mädchen und jüngere Schüler) die Beduftung des Füllers stark präferenzfördernd war; ein anderes Segment lehnte dagegen den bedufteten Füller eindeutig ab.

Es kann also durchaus sinnvoll sein, Bedarfsgegenstände wie Füller zu beduften, sofern diese Maßnahme klar auf die anzusprechende Zielgruppe ausgerichtet ist. Bei der innovativen Anwendung von Duft in bisher unbedufteten Produkten ist außerdem zu beachten, daß diese neue Eigenschaft auch zu starker Ablehnung führen kann *(Knobloch, 1992, S. 39)*.

3.2.5. Duftstoffe in Kraftfahrzeugen

Bei Automobilen geht es zunächst nicht darum, sie mit dem Zusatznutzen eines guten Dufts attraktiver zu gestalten, sondern darum, bestimmte schlechte Gerüche zu entfernen oder zu überdecken. Es ist bekannt, daß im Automobilbau verwendete Kunststoffe (bzw. die darin enthaltenen Weichmacher) und Kleber besonders bei Wärmeeinwirkung sehr unangenehme Gerüche entwickeln. Ein spezielles Problem ist außerdem, daß es zwischen den verschiedenen Einsatzstoffen im Fahrzeug zu chemischen Reaktionen kommen kann, die zu unangenehmen Gerüchen führen.[1]

---

[1] Vor einigen Jahren kam es beim Opel Corsa zu solchen Reaktionen zwischen Schaumstoff und Sitzbezug, weil ein Lieferant eigenmächtig die Zusammensetzung des Stoffes für den Sitz geändert hatte *(Alex, 1994, S. 141)*.

Die Automobilindustrie -bekannt ist es von BMW und Mercedes-versucht, gegen diese Gerüche anzugehen, indem sie jedes Kunststoffteil, das sie in ihre Fahrzeuge einbaut, sowie das fertige Auto in der sogenannten Klimakammer aufheizt und dann sowohl mit technischen Geräten als auch mit Hilfe von Geruchstests durch Experten die Ausdünstungen feststellt *(Alex, 1994, S. 142)*. Bei einer Befragung der Zulieferer wurde zumindest von einer Firma bestätigt, daß sie durch auf die Armaturenbretter geklebte Folien entstehende Gerüche mittels Duftstoffen maskiert *(Schröer, 1994, S. 45)*. Grundsätzlich wird versucht, schlechte Gerüche dadurch zu beseitigen, daß eine andere stoffliche Zusammensetzung des jeweiligen Bauelements gewählt wird. Da dies im Automobilbau aber bisher nicht immer möglich ist, bleibt nur der Ausweg, die unangenehmen Gerüche zu überdecken oder zu neutralisieren.

Für die zukünftige Entwicklung der Beduftung von Kraftfahrzeugen könnten die Ergebnisse einer schriftlichen Befragung zum Thema "Sensorik im Automobilbau" von Bedeutung sein *(Schröer, 1994, S. 62ff.)*. Vierzig Personen aller Altersgruppen wurden dabei unter anderem gebeten, die Innenraumgerüche von sechs Neuwagen zu beurteilen. Als Ergebnis wurde festgestellt, daß alle Versuchsteilnehmer unterschiedliche Gerüche in den einzelnen Wagen wahrnahmen. Bei der Frage, welchen Innenraumgeruch die Probanden angenehm und welchen sie unangenehm fanden, gingen die Meinungen auseinander. Im Extremfall wurde der Geruch desselben Autos von einem Teil der Befragten als angenehm, von einem anderen Teil als unangenehm empfunden.

Jeder der Teilnehmer gab aber ein Auto an, dessen Geruch er gar nicht mochte. Die Begründungen waren unterschiedlich: Bei einem Fahrzeug wurde der Geruch als zu stark, aufdringlich und nach Fisch oder Lösungsmitteln riechend beschrieben, bei einem anderen roch es nach Angaben der Versuchspersonen nach Chemie oder Plastik. - Ein anderes interessantes Ergebnis der Untersuchung war, daß für die Hälfte der Befragten der Geruch sehr oder eventuell kaufentscheidend wäre. Die Frage, welchen Duft sie im Auto bevorzugen würden, beantworteten sechzehn mit "neutral", acht mit "natürlich", fünf mit "frisch" oder "nach Leder" und fünf mit "dezent".

Obwohl die Grundgesamtheit bei dieser Untersuchung sehr klein war, Störeinflüsse nicht ganz ausgeschaltet werden konnten und außerdem die Autos nur im unbenutzten Zustand getestet wurden (eine Geruchsentwicklung ergibt sich oft erst nach einigen Fahrkilometern unter Sonneneinstrahlung!), könnten die Ergebnisse als Hinweis darauf gedeutet werden, daß von den Käufern ein möglichst neutral oder dezent riechendes Fahrzeug bevorzugt wird. Innenraumgerüche werden deutlich abgelehnt.

Zwar wurde und wird schon damit experimentiert, die Gerüche in Autos nicht nur zu neutralisieren, sondern auch jedem Fahrzeug seine spezifische Duftnote zu verleihen, doch wird dieses Konzept von deutschen Herstellern bislang nicht verfolgt *(Schröer, 1994, S. 44f.)*. BMW gab eine einleuchtende Begründung für diesen Verzicht auf eine Beduftung: Das Unternehmenskonzept laute in allen Bereichen, jeden möglichen Komfort - etwa in der Ausstattung - zu bieten, um die Individualität des Autobesitzers hervorzuheben. Ein "Einheitsduft" würde diesem Konzept wiedersprechen.

In anderen Ländern jedoch werden Autos bereits beduftet. Im Lancia Kappa befand sich beispielsweise vor einigen Jahren ein "Geruchskiller" in Form eines Kissens unter dem Sitz, der nicht nur unangenehme Gerüche neutralisieren sollte, sondern auch einen Holzduft verströmte. Dieser Duft hielt allerdings nur ein halbes Jahr an *(Alex, 1994, S. 142)*. In diesem Bereich ist der Übergang von der Produkt- zur Raumbeduftung fließend (vgl. hierzu auch Kapitel V).

3.2.6. Andere Anwendungsbereiche der Produktbeduftung

Neue Entwicklungen in Wissenschaft und Technik werden in Zukunft weitere Möglichkeiten der Produktbeduftung aufzeigen. Es ist zu erwarten, daß diese sich mit der zunehmenden Bedeutung von multisensualen Konsumerlebnissen noch stärker ausbreitet.

Ein Beispiel ist die Weiterverarbeitung der Trockenmasse von mikroverkapselten Parfümölen in Textilien. Ein europäisches Patent für "graduell duft-abgebende Textilien" wurde bereits angemeldet.

Südkoreanische Hersteller stellen Stoffe mit mikroverkapselten Düften her, aus denen sie Anzüge schneidern. Die ersten Anzüge kamen in den Duftnoten Lavendel, Pfefferminz und Kiefer auf den Markt. Durch die Bewegungen beim Tragen oder durch Abklopfen öffnen sich die Kapseln und geben Duftstoffe ab. Sobald der Anzug abgelegt ist, schließen sich die Kapseln weitgehend. Die Mikrokapseln halten durchschnittlich drei Jahre bzw. 15 - 20 Reinigungen.

Eines der Unternehmen will diese Technologie künftig auch auf Vorhänge, Sofas, Polster und Bettücher anwenden. So könnten bei der Verkapselung von Bettwäsche Schlafstörungen behoben werden, bei Anzügen ließe sich der "Kneipengeruch" nach Zigarettenrauch und Alkohol maskieren *(Reuters/CNN, 13.4.1999)*.

Die Ergebnisse der Untersuchungen *Storps*, nach denen Personen unter Dufteinwirkung im Fitneß-Studio mit größerer Ausdauer trainierten, legen nahe, daß eine Beduftung von Sportartikeln im Interesse der Konsumenten sein könnte (*Storp, 1994, S. 7ff.*). Laut *Kroeber-Riel* wird eine solche Beduftung tatsächlich bereits durchgeführt; ebenso sind übrigens auch schon duftende Tennisbälle im Handel. Außerdem werden auch Medikamente beduftet, was besonders bei von Kindern ungeliebter Medizin eine große Hilfe sein kann *(Kroeber-Riel, 1992, S. 116)*. Allerdings muß gerade in solchen Anwendungsbereichen beachtet werden, daß Allergien entstehen können. Kinder sind auch die Zielgruppe bei Puppen und Gummispielzeugtieren, die nach Vanille oder Erdbeeren riechen.

Eine Beduftung technischer Geräte wurde bei der Wella AG angedacht: Das Unternehmen beliefert Friseure nicht nur mit Haarpflegeprodukten, sondern auch mit anderer, für die Kundenbetreuung notwendiger Ausstattung. Es wurde damit experimentiert, Trockenhauben zu beduften; allerdings ist nicht bekannt, ob solche Geräte in Produktion gegangen sind.

Unter europäischen Patentanmeldungen finden sich weitere Neuheiten aus dem Bereich der Produktbeduftung: So wurden zum Beispiel Patente für einen duftenden Ballon mit Ventil, für eine Polstergarnitur mit Duftprobe oder für dufterzeugende Glühlampen angemeldet. Entwickelt wurde auch eine Innenfarbe mit Apfelaroma.

3.2.7. Kritik an der Produktbeduftung

Mit der wachsenden Bedeutung der Produktbeduftung treten in zunehmendem Maße Probleme auf, die bisher nur im Kosmetikbereich zu beobachten waren: sogenannte "Duftkollisionen". Bei der Morgen- oder Abendtoilette kann es vorkommen, daß die verschiedensten Reinigungs-, Pflege- und Schminkprodukte mit den unterschiedlichsten Düften kurz hintereinander benutzt oder aufgetragen werden, so daß der resultierende Gesamtduft nicht immer positiv ist *(Jellinek, 1976, S. 179f.)*.

Solche Duftkollisionen können in Zukunft auch bei anderen Produktarten vorkommen: Es ist denkbar, daß beispielsweise bei der Textilbeduftung die Düfte der verschiedenen Kleidungsstücke nicht harmonieren oder daß die unvermeidlich schlechten Gerüche von Farben, Lacken und Schädlingsbekämpfungsmitteln mit solch aufdringlichen "angenehmen" Düften maskiert werden, daß noch lange nach Beendigung der Benutzung dieser Produkte ein irritierender "Duft-Mix" herrscht.

Ein anderes Problem betrifft beduftete Werbeanzeigen in Zeitschriften. So wurde in einer Umfrage in den USA festgestellt, daß 29% der Befragten beduftete Anzeigen nicht mögen, weil die oft aufdringlichen Düfte schon gerochen werden konnten, bevor man beim Durchblättern der Zeitschrift bei der Anzeige angelangt war *(Miller, 1993, S. 2)*. Da in den USA parfümierte Anzeigen sehr verbreitet sind, kann es dabei auch zu lästigen Vermischungen der einzelnen Düfte verschiedener Anzeigen in einer Zeitschrift kommen. Neue Techniken bei der Papierbeduftung können diese Probleme künftig unter Umständen verringern.

Das vielleicht gravierendste Problem, das vor allem den Kosmetik- und Waschmittelbereich betrifft, ist die mögliche Schädlichkeit und die mangelhafte biologische Abbaubarkeit von Duftstoffen. Sie müssen in Zukunft verstärkt überprüft werden *(Calkin/Jellinek, 1994, S. 189)*. Bekannt geworden ist der "Moschus-Xylol-Fall": Für diesen künstlichen Duftstoff war der Anfangsverdacht geäußert worden, daß er krebserregend sei (vgl. hierzu auch Kap. 7.3.). Überhaupt entsteht durch die Berichterstattung in den Medien oft der Eindruck, die Belange von Konsumenten und Umwelt würden von den Herstellern vernachlässigt.

Der genannte Fall macht deutlich, daß eine offene Information der Konsumenten durch die Hersteller über Umweltschutzmaßnahmen und Überprüfung aller verwendeten Duftstoffe von großem Nutzen wäre. Die Unternehmen sollten in dieser Hinsicht auch deshalb aktiv werden, weil das Umweltbewußtsein der Verbraucher stark gewachsen ist und - wie Umfragen ergeben haben - die ökologische Verantwortung der Unternehmen als besonders hoch angesehen wird.

3.3. Internationale Produktgestaltung mit Duftstoffen

Angesichts des Wettbewerbsdrucks und der Sättigungserscheinungen auf den nationalen Märkten sind die internationalen Unternehmensaktivitäten in den letzten Jahrzehnten immer stärker geworden. Sowohl auf dem Weg des traditionellen Güterexports als auch über Auslandsniederlassungen werden die Erzeugnisse der Unternehmen jenseits der Landesgrenzen angeboten.

Ein maßgeblicher Entscheidungstatbestand im Rahmen dieser Internationalisierung ist die Wahl zwischen einer Standardisierungs- oder Differenzierungsstrategie in der Produktgestaltung. Es geht folglich um die Beantwortung der Frage, ob die Produkte in unveränderter Gestalt und Zusammensetzung wie im Inland auch auf den Auslandsmärkten verkauft werden können, oder ob Anpassungen an die jeweiligen nationalen Besonderheiten der Auslandsmärkte erforderlich sind. Ein Kriterium, das in der Literatur zum internationalen Marketing eine große Rolle spielt, ist die "Kulturgebundenheit der Produkte" mit den Ausprägungen "culture-free-Produkte" und "culture-bound-Produkte". Je nach der kulturellen Gebundenheit eines Produkts ist somit eine Standardisierung eher möglich oder nicht *(z.B. Berekoven, 1985, S. 81).*

Im Gegensatz zu High-tech-Produkten (etwa Computer, Flugzeuge), die in der Regel auf einem globalisierten Weltmarkt in standardisierter Form angeboten werden können, dürfte gerade bei solchen Konsumgütern, bei denen der Duft eine mehr oder weniger starke präferenzbildende Eigenschaft darstellt, eine Produktdifferenzierung sinnvoll erscheinen. Mit einem an die jeweiligen nationalen Bedürfnisse und Verhaltensweisen angepaßten Produkt, das vor allem den länderspezifischen Duftpräferenzen Rechnung trägt, können Wettbewerbsvorteile realisiert werden.

Um den Duft als präferenzbildende Produkteigenschaft im Rahmen des internationalen Marketing wirksam einsetzen zu können, müssen zunächst differenzierte Verfahren zur Ermittlung der Duftpräferenzen in den verschiedenen Ländern entwickelt werden. Dabei müssen länderspezifische Einflußfaktoren, die die Bildung der Duftpräferenzen prägen können, und die Erkenntnisse der physiologischen und psychologischen Duftforschung - auch in ihrem Zusammenspiel - berücksichtigt werden. Für eine spätere Umsetzung der Düfte in emotionale Erlebniswerte ist nicht allein das Erkennen der bevorzugten Duftnoten in einem Land wichtig, sondern auch die Aufgeschlossenheit gegenüber Düften überhaupt. Erst in einem zweiten Schritt kann eine Zusammenfassung der ermittelten Duftpräferenzen in länderübergreifende Teilmärkte bzw. Segmente erfolgen.

3.3.1. Einfluß länderspezifischer Merkmale auf die Duftpräferenzen

Geographische Besonderheiten eines Landes können sich unmittelbar auf das Verhalten der Menschen, ihre Konsumgewohnheiten und darüber hinaus auf die kulturellen Umweltbedingungen auswirken. Dies gilt zum Beispiel für Kleidung, Arbeit, Wohnkultur, Eßgewohnheiten und auch für die Vorliebe bestimmter Düfte in einem Land *(Dülfer, 1991, S. 219; Meffert/Althans, 1982, S. 41)*.

Zu den geographischen Gegebenheiten, die einen entscheidenden Einfluß auf die Duftpräferenzen haben, gehören vor allem die klimatischen Bedingungen eines Landes. So haben die Bewohner heißer Regionen oft ein ganz besonderes Bedürfnis nach Frische und Sauberkeit *(Disdet, 1993, S. 45ff)*. Düfte, die Frische und Sauberkeit suggerieren, werden daher in diesen Ländern bevorzugt.

In Spanien wird zum Beispiel ein dem klassischen "Eau de Cologne" ähnlicher Duft in vielen Varianten verwendet; er wird zum Teil mit lebhaften, zum Teil mit stark anhaltenden und erfrischenden Noten kombiniert. Im Laufe der Zeit haben sich daneben zwar auch Parfüms mit fruchtig-blumigen Akzenten entwickelt, aber selbst diese sind in der Regel auch durch eine frische Note gekennzeichnet. Diese frischen Blütendüfte werden von fast allen Mittelmeervölkern bevorzugt *(Nallet et al., 1986, S. 140)*.

Auch die Verflüchtigungsgeschwindigkeit eines Parfüms wird durch das Klima beeinflußt, so daß in warmen Ländern meist besonders langanhaltende Parfüms mit sehr betonten Fondnoten bevorzugt werden, da leichte Parfüms bei hohen Lufttemperaturen in Verbindung mit hoher Luftfeuchtigkeit sehr schnell verfliegen.

Die Pflanzenwelt eines Landes kann ebenfalls die Duftpräferenzen prägen. Grundsätzlich läßt sich sagen, daß die natürlichen Düfte, die in der Natur des jeweiligen Landes "dominieren", von den dort lebenden Menschen im allgemeinen als positiv und angenehm empfunden werden. In Großbritannien handelt es sich zum Beispiel um Sandelholznoten, früher auch um Schilfgras und duftende Zweige, in Frankreich und Spanien um würzige Noten wie Rosmarin, Lavendel, Jasmin und Piniengeruch. Orientalen hingegen schätzen den Baldrian, einen Wurzelauszug, dessen Geruch für Europäer nicht unbedingt angenehm ist *(Nallet et al., 1986, S.139)*.

Von ebenfalls großer Relevanz für die Bevorzugung bestimmter Duftnoten sind die **sozio-kulturellen Merkmale** eines Landes. Hierzu zählen die Zugehörigkeit zu einem bestimmten Kulturkreis oder einer Volksgruppe mit ihren Traditionen und Religionen sowie die damit verbundenen Werte und Einstellungen. Am Beispiel ausgewählter Länder sollen einige dieser sozio-kulturellen Komponenten in ihren Auswirkungen auf die Duftpräferenzen aufgezeigt werden.

Frankreich zum Beispiel ist geprägt durch eine starke künstlerische Tradition und eine hohe Qualität des künstlerisch-kreativen Gewerbes. Dies gilt im besonderen für die Parfümerie: Das Parfüm ist eine typische Schöpfung der Franzosen, die aus deren traditionsreicher Lebenskunst hervorgegangen ist. Es stellt noch heute ein Element des Luxus dar und weniger einen Gegenstand des täglichen Konsums *(Roudnitzka, 1986, S. 151f.; Disdet, 1993, S. 45f.)*. Die Franzosen legen großen Wert darauf, daß ihre Parfüms einzigartig sind und sich durch Exklusivität und Ästhetik auszeichnen. Aufdringliche, intensive Düfte werden als störend empfunden. - An erfolgreichen Duftkreationen wird lange festgehalten. Als Beispiel sei die Marke "Chanel No. 5" genannt, die es bereits seit 1923 gibt und die noch immer den ersten Platz auf der "Hitliste der Parfüms" einnimmt.

Im Vergleich zu den Franzosen sind die Italiener im allgemeinen offener für neue Einflüsse und Ideen. Sie zeigen Interesse für fremde Kulturen und sind eher bereit, sich anderen Ländern anzupassen, ohne dabei an eigenen Traditionen festzuhalten. Italiener haben viel Sinn für Improvisation; sie sind ein Volk von Individualisten, die eher "für den Augenblick" leben *(Disdet, 1993, S. 46f.)*.

Die Lebensart der Italiener führt einerseits zu deutlichen Duftpräferenzen, andererseits erlaubt sie ihnen aber auch eine größere Offenheit gegenüber neuen Duftnoten *(Clare, 1989, S. 174f.)*. Besonders geschätzt werden bei den Damen -im Gegensatz zu den Französinnen- intensive, lebhaft-strahlende Blütendüfte. Bei den Herren herrscht eine Vorliebe für frische und würzige Akzente. Die Italiener haben gerade in den letzten Jahren viele neue Düfte auf den Markt gebracht und dabei sehr viel Fantasie bewiesen.

Verglichen mit den Italienern können die Deutschen als eher zurückhaltend bezeichnet werden. Sie legen größeren Wert darauf, ihre Gefühle unter Kontrolle zu halten und ausgeglichen auf ihre Umwelt zu wirken. Die deutschen Frauen bevorzugen daher eher aldehydisch-blumige Noten, die bis zu orientalischen Dufttendenzen reichen, und Chypre-Noten, die zu frisch-blumigen Ausprägungen tendieren *(Blomberg, 1990, S. 32)*.

Einen großen Einfluß auf die Parfümerie hat in den letzten Jahren in Deutschland die Ökologiebewegung, die vor allem die Verpackungen, die Auswahl der Inhaltsstoffe und die Produktionsverfahren beeinflußt *(Adlwarth/Wimmer, 1986, S. 167f.; Disdet, 1993, S. 49)*. Sie wirkt sich auch immer stärker auf die Duftpräferenzen der Deutschen aus. So werden zunehmend Deodorants oder Shampoos bevorzugt, die nicht nur "natürlich" riechen, sondern deren Duftkomponenten auch aus natürlichen Inhaltsstoffen hergestellt werden. Auch bei nicht - kosmetischen Produkten (wie etwa Haushaltsreinigern und Waschmitteln) werden verstärkt Duftnoten eingesetzt, die "Natürlichkeit" und "Umweltfreundlichkeit" suggerieren.

Großbritannien hat sich schon immer durch eine "splendid isolation", d.h. durch eine Abgetrenntheit vom europäischen Kontinent ausgezeichnet. Noch heute bestehen die Briten auf einer gewissen Sonderstellung gegenüber den anderen europäischen Kulturen *(Disdet, 1993, S. 51 ff.)*. Diese Haltung des bewußten "Andersseins" wird noch verstärkt durch den Volkscharakter der Briten, der neben seiner geschichtlich geprägten Weltoffenheit auch durch Konservatismus, ein gewisses Phlegma und eine Vorliebe für Häuslichkeit ("My home is my castle") gekennzeichnet ist.

Die Briten sind Gewohnheitsmenschen, die Überraschungen nicht lieben. Für ihr Gefühlsleben bedeutet dies, daß nichts allzu demonstrativ oder extravagant sein darf. Die als "Understatement" zu kennzeichnende Lebenseinstellung führt dazu, daß bei den Briten Äußerlichkeiten eine geringere Rolle spielen. Die gewisse Kargheit des Lebensstils wirkt sich auch auf ihr Verhältnis zu Düften aus.

Für die Briten sind Parfüms eher ein Attribut der Neureichen, nicht der Traditionalisten. Wenn überhaupt Parfüms verwendet werden, so handelt es sich vorwiegend um dezente Blütendüfte, die nicht luxuriös oder extravagant wirken *(Disdet, 1993, S. 53; Nallet et al., 1986, S. 139)*. Daher spielt auch die eigene Produktion von Parfümeriewaren eine vergleichsweise geringe Rolle. Die englische Oberschicht orientiert sich an importierten französischen Parfüms.

Während die eben dargestellten geographischen und sozio-kulturellen Bedingungen in erster Linie die unterschiedlichen Ausprägungen bzw. Ähnlichkeiten der Duftpräferenzen zwischen den Ländern erklären, können die sozio-demographischen und sozioökonomischen Merkmale eher die unterschiedlichen Ausprägungen der Duftpräferenzen innerhalb eines Landes herausarbeiten.

So bevorzugen zum Beispiel junge Leute andere Düfte als alte Menschen und Frauen andere Düfte als Männer *(Nallet et al., 1986, S. 139)*. Frauen kaufen Parfüms hauptsächlich deshalb, weil sie ihnen gefallen und nicht, um Männern zu imponieren. Aus diesem Grund kommt es auch vor, daß Frauen für sich selber Herrendüfte kaufen. Auch der Bildungsgrad einzelner Konsumentengruppen führt zu unterschiedlichen Einstellungen gegenüber Düften. Gemäß der *Spiegel-Dokumentation „Outfit“* werden mit steigendem Bildungsniveau nicht nur weniger sondern auch dezentere Düfte verwendet *(o.V., 1986, S. 267f.)*. Aus dieser Studie geht ferner hervor, daß mit zunehmender Größe des Wohnorts der Bekanntheitsgrad, die Verwendungshäufigkeit und die Kaufbereitschaft für Duftwässer steigen.

Analog zu dieser Erkenntnis ist davon auszugehen, daß dies auch besonders für Länder mit hohem Verstädterungsgrad zutrifft. Der Bekanntheitsgrad und die Verwendungshäufigkeit von Parfüms in großen Städten können zu vielfältigeren, aber unter Umständen weniger ausgeprägten Duftpräferenzen beitragen.

Generell kann man wohl davon ausgehen, daß mit steigendem Wohlstand in einem Land auch das Interesse an Parfüms und Kosmetika steigt. Es entsteht eine höhere Sensibilität für Düfte allgemein und eine größere Offenheit gegenüber Einflüssen anderer Länder. Existieren innerhalb eines Landes Regionen mit unterschiedlicher wirtschaftlicher Leistungsfähigkeit (etwa das Nord-Süd-Gefälle in Italien und Spanien oder die Unterschiede zwischen west- und ostdeutschen Bundesländern), so kann dies zu einer Differenzierung der länderspezifischen Duftpräferenzen führen.

3.3.2. Möglichkeiten der Umsetzung länderspezifischer Duftpräferenzen in internationale Nutzensegmente

Die Marktsegmentierung versucht allgemein, einen (heterogenen) Gesamtmarkt mittels bestimmter Merkmale in homogene Teilmärkte (= Segmente) aufzuteilen und die einzelnen Segmente gezielt mit spezifischen Marketingprogrammen zu bearbeiten. In dieser Definition werden sowohl die Markterfassungsseite (Informationsseite) als auch die Marktbearbeitungsseite (Aktionsseite) der Segmentierung angesprochen.

Eine moderne Variante der Segmentierung ist die **Nutzensegmentierung** („benefit segmentation"), bei welcher Personen, die in Bezug auf ein bestimmtes Objekt ähnliche Präferenzstrukturen besitzen, zu einem Segment zusammengefaßt werden. Für eine internationale Nutzensegmentierung bedeutet dies, Konsumenten mit vergleichbaren Nutzenerwartungen zu Nutzensegmenten zusammenzufassen *(Stegmüller, 1995, S. 221ff)*.

Oben wurde gezeigt, daß länderspezifische Einflußfaktoren zur Entstehung recht unterschiedlicher Einstellungen gegenüber Düften und Duftpräferenzen in den einzelnen Ländern führen können. Da sich der Duft wegen seiner gefühlsmäßigen Intensität und der damit verbundenen Assoziationsfähigkeit für eine spezifische Produktgestaltung besonders eignet, ergeben sich dadurch unter Umständen sehr interessante Teilmärkte. Zudem ist anzunehmen, daß gerade länderspezifische Duftpräferenzen aufgrund ihrer natürlichen, sozio-kulturellen und sozio-ökonomischen Bestimmungsfaktoren eine hohe zeitliche Stabilität aufweisen, was vorteilhaft für eine erfolgreiche Bearbeitung der Segmente sein dürfte.

Im Fall einer Nutzensegmentierung aufgrund länderspezifischer Duftpräferenzen empfiehlt sich ein stufenweises Vorgehen *(Kreuzer, 1991, S. 6; Meffert/Althans, 1982, 58f.; Stegmüller, 1995, S. 78f.)*: In der ersten Stufe wird mit Hilfe sozio-kultureller, politisch-rechtlicher und demographischer Kriterien eine Auswahl der Länder getroffen, die für ein bestimmtes Marketingkonzept überhaupt in Frage kommen (= Länderselektion). Auf dieser Grundlage kann dann anschließend in der zweiten Stufe eine Abnehmersegmentierung erfolgen, der auch die Nutzensegmentierung zuzuordnen ist.

Zunächst müssen also Länder ausgewählt werden, die für eine Marktbearbeitung auf der Grundlage eines erlebnisorientierten Marketingkonzepts grundsätzlich in Frage kommen. Dabei wird es sich im wesentlichen um solche Länder handeln, die sich -ähnlich wie Deutschland- auf einem relativ hohen Verbraucherniveau befinden und deren Märkte einen vergleichbar hohen Sättigungsgrad aufweisen *(Berekoven, 1985, S. 137)*.

Dies sind in der Regel Wohlstandsgesellschaften, deren Grundbedürfnisse weitgehend gestillt sind und die sich daher durch einen Wandel der Bedürfnisstruktur auszeichnen. Es entstehen "höhere" Bedürfnisse nach verfeinertem emotionalen Erleben und sensueller Anregung, die den Trend zum erlebnisorientierten Marketing verstärken. Nur in solchen Ländern wird es möglich sein, ein Marketingkonzept zu verwirklichen, das Duftstoffe als präferenzbildende Eigenschaft in die Produktgestaltung mit einbeziehen kann.

Für eine Nutzensegmentierung auf internationaler Ebene besteht zum Beispiel die Möglichkeit, jeweils ein Land als ein Segment zu betrachten, wobei dann Länder mit vergleichbarer Duftpräferenz zu länderübergreifenden Segmenten zusammengefaßt werden können. Nimmt man die (in ihrer Aussage freilich begrenzten) Beispiele im Abschnitt 3.3.1 als Ausgangspunkt, so ließe sich etwa vermuten, daß eine Zusammenfassung von Italien und Spanien zu einem Nutzensegment möglich ist, da die Duftpräferenzen der Menschen in diesen beiden Ländern vor allem aufgrund ähnlicher klimatischer Bedingungen vergleichbar erscheinen.

Umgekehrt würde sich wohl eine Zusammenfassung von Großbritannien und Frankreich zu einem Segment als problematisch erweisen, da die langen nationalen Traditionen in den beiden

Ländern zu einem verschiedenen Umgang mit Düften und anderen Duftpräferenzen geführt haben. Es könnte möglicherweise sinnvoller sein, im Sinne der zweiten Stufe der "Abnehmersegmentierung" nur die englische und französische Oberschicht als homogene Zielgruppe zusammenzufassen, wobei zu überlegen wäre, inwieweit auch noch Gruppen aus anderen Ländern (etwa Deutschland) zu diesem Nutzensegment hinzugezählt werden könnten.

Selbst in den eher vergleichbaren Ländern Italien und Spanien ist davon auszugehen, daß sich in ihren nördlichen Teilen aufgrund des gegenüber dem Süden höheren Wohlstandes und Urbanisierungsgrades vielfältigere und zum Teil andere Duftpräferenzen herausgebildet haben. Diese Teilmärkte könnten sich jedoch für eine wirtschaftlich sinnvolle Marktbearbeitung als zu klein erweisen. Erst die länderübergreifende (transnationale) Zusammenfassung homogener Teilmärkte innerhalb der einzelnen Länder könnte ausreichendes Potential für eine wirtschaftliche Marktbearbeitung ergeben.

4. Düfte als Mittel der Kommunikationspolitik

Im Kap. 2.2 wurde gezeigt, welche psychologischen Wirkungen olfaktorische Reize auf den Menschen haben. Sie können emotionale Reaktionen, wie z.B. Wohlbefinden oder Unwohlsein auslösen. Durch neuere Untersuchungen sind vor allem auch kognitive Reaktionen wie Veränderungen in der Leistungsfähigkeit oder im Lern- und Erinnerungsvermögen nachgewiesen (*Aggleton/Waskett, 1999; Algom/Cain, 1991; Engen, 1991*). Weiterhin ist davon auszugehen, daß Duftreize auch direkte Verhaltensreaktionen (konative Reaktionen) auslösen können, die sich zum Beispiel in Veränderungen im Annäherungs- und Erkundungsverhalten oder in spontanen Hinwendungsreaktionen äußern (*Stöhr, 1998, S. 142*). Eine besonders starke Wirkung wird den Düften bezüglich des emotionalen Verhaltens zugesprochen. Diese zum Teil erst in den letzten Jahren gewonnenen Erkenntnisse machen deutlich, warum das Thema Duft in der Marketingwissenschaft und -praxis zunehmend an Bedeutung gewinnt und gerade im Bereich der Kommunikationspolitik über Einsatzmöglichkeiten von Duft zur Beeinflussung von Konsumenten nachgedacht wird.

4.1. Ziele und Rahmenbedingungen beim Einsatz von Düften in der Kommunikationspolitik

4.1.1. Ziele beim Einsatz von Düften

Die Maßnahmen der Kommunikationspolitik zielen darauf ab, Kenntnisse, Einstellungen und Verhaltensweisen von Marktteilnehmern - im allgemeinen sind das die Konsumenten - gegenüber den Unternehmensleistungen zu beeinflussen. Der Zweck kommunikationspolitischer Maßnahmen ist letztlich immer die Beeinflussung des Kaufverhaltens. Der Einfluß der Kommunikationspolitik kann dabei direkt oder indirekt erfolgen. Eine direkte Beeinflussung des Kaufverhaltens mittels Duft liegt z.B. dann vor, wenn ein Konsument unmittelbar nach einer Beeinflussung mit

Duft dazu bewegt wird, dieses Produkt auch zu kaufen, z.B. durch eine Beduftung am Verkaufsort (PoS). So lassen Bäckereien, in denen noch gebacken wird, die Backgerüche direkt im Laden oder vor dem Eingangsbereich ausströmen, um damit Spontankäufe auszulösen. Eine französische Supermarktkette mit eigenen Bäckereien in den Geschäften hat signifikante Umsatzerhöhungen in den Filialen festgestellt, in denen die Backgerüche in die Geschäfte geleitet wurden. Die Umsatzerhöhungen waren nicht nur bei Brot- und Backwaren zu verzeichnen, sondern auch bei den angrenzenden Warengruppen. Eine direkte Verhaltensbeeinflussung kann auch durch die Beduftung von Displays erreicht werden. Die aktivierende Wirkung von Düften kann Hinwendungsreaktionen auslösen und damit Spontankäufe begünstigen.

In den meisten Fällen zielen die Instrumente der Kommunikationspolitik auf die **indirekte Beeinflussung** des Kaufverhaltens ab. So führt z.B. eine Anzeigenkampagne, die ein neues Produkt bekanntmachen will, bei vielen Personen nicht gleich zum Kauf dieses Produktes. Die Kenntnis über das neue Produkt ist aber die Voraussetzung dafür, sich näher mit ihm zu beschäftigen und es später vielleicht auch einmal zu kaufen.

Duftende Werbemittel können bei Produkten, bei denen der Duft eine kaufentscheidende Rolle spielt (z.B. Körperpflege- und Kosmetikprodukte) erste Produktkontakte herstellen und über eine neue Duftnote informieren. Emotionale Bilder zusammen mit entsprechenden Düften können dem Konsumenten emotionale Erlebniswerte (z.B. Frische) vermitteln, die als innere Markenbilder im Gedächtnis gespeichert werden und einen starken Einfluss auf das Verhalten ausüben (*Kroeber-Riel/Weinberg, 1996, S. 345; Weinberg, 1992, S. 57f.*).

Besondere Aufgaben der Kommunikationspolitik leiten sich aus den Positionierungszielen für die Produkte einer Unternehmung ab. Wird eine spezifische Positionierung angestrebt, wie z.B. Natürlichkeit, Sportlichkeit, Reinheit etc., so besteht eine zentrale

Aufgabe der Kommunikationspolitik darin, das angestrebte Image für eine Marke aufzubauen. Besonders erfolgreich sind die Kommunikationsmaßnahmen, wenn es gelingt, klare, lebendige und eigenständige innere Bilder für die Marke beim Konsumenten zu erzeugen.

Innere Bilder werden im wesentlichen durch visuelle Reize erzeugt und können durch akustische oder olfaktorische Reize aktiviert werden. So entstehen bei vielen Menschen innere Bilder von ihrem letzten Urlaub in Griechenland, wenn sie im Radio griechische Musik hören. Besonders klare und vor allem sehr emotionale Gedächtnisbilder können noch Jahre später allein durch den Geruch erzeugt werden, wenn dieser zusammen mit visuellen und/oder akustischen Reizen in einer stark emotionalen Situation erlebt wurde. So berichten viele Menschen, daß sie den Duft des Parfums ihrer ersten Freundin bzw. des ersten Freundes noch nach Jahren wieder erkennen und mit inneren Bildern und Gefühlen verbinden. Sehr häufig werden in diesem Zusammenhang auch Gerüche genannt, die mit positiven Erlebnissen aus der Kindheit in Verbindung gebracht werden *(vgl. Storp, 1997, S. 54; Vroon, 1997, S. 103-108)*.

4.1.2. Gründe für die zunehmende Bedeutung von Duft im Rahmen der Kommunikationspolitik

Die Bedingungen für eine erfolgreiche Kommunikationspolitik haben sich in den letzten Jahren drastisch verändert. Die derzeitigen Kommunikations- und Marktbedingungen zwingen viele Unternehmen zur Überprüfung bzw. Anpassung ihrer bisherigen Kommunikationsstrategien, da andernfalls zu befürchten ist, daß die beabsichtigen Wirkungen kaum zu erzielen sind *(vgl. Kroeber-Riel/Esch, 2000)*.

Im Zusammenhang mit der bereits erwähnten Erlebnisorientierung suchen viele Unternehmen nach neuen Kommunikationswegen, die eine multisensuale Ansprache der Konsumenten ermöglichen. In Berlin hat die TUI AG in jüngster Vergangenheit das erste „multisensuale Reisebüro“ eröffnet. Hier werden die Reiseangebote an multimedialen Terminals mittels kurzer Filme visuell, anhand ländertypischer Musik akustisch und durch eine szenengenaue Beduftung auch olfaktorisch präsentiert. Der Kunde kann dann an der im Reisbüro integrierten Bar länderspezifische Getränke oder Snacks konsumieren, womit auch der Geschmackssinn angesprochen wird.

Im Folgenden soll aufgezeigt werden, aufgrund welcher Rahmenbedingungen der Kommunikationspolitik der Einsatz von Duft geeignet erscheint, um die Wirkung kommunikationspolitischer Maßnahmen zu verbessern. Als wichtigste Rahmenbedingung der Kommunikationspolitik ist die Informationsüberlastung (information overload) durch Werbung zu nennen. Darunter versteht man den Anteil der nicht beachteten Informationen an den insgesamt angebotenen Informationen. Verschiedene Untersuchungen belegen, daß die Informationsüberlastung in Deutschland zum Teil über 98 Prozent beträgt (*Esch/Wicke, 2000, S. 17*). Das bedeutet, daß die meisten Werbebotschaften überhaupt nicht oder nur flüchtig wahrgenommen werden (periphere Wahrnehmung). Die selektive Wahrnehmung schützt den Organismus vor einer Reizüberflutung. Der Beeinflussung durch olfaktorische Reize kann sich der Umworbene allerdings kaum entziehen, weil der Duft bei der Atmung aufgenommen wird. Für den Fall, daß die in der Werbung eingesetzten Düfte von den Umworbenen bereits mit spezifischen Marken bzw. Produkterlebnissen assoziiert werden, können selbst unter Low-Involvement Bedingungen (*vgl. dazu Lachmann, 2002, S. 27 ff.*) innere Markenbilder beim Konsumenten aktiviert werden. Dadurch kann das zentrale Werbeziel, eine Marke im top of mind der Zielgruppe zu halten, erreicht werden, ohne daß sich die Umworbenen bewußt mit der Botschaft auseinandersetzen.

In engem Zusammenhang mit der Informationsüberlastung steht die wachsende Dominanz der nicht verbalen Kommunikation, wobei insbesondere Bilder in der Werbung ständig an Bedeutung gewinnen. Bilder reduzieren die Informationsüberlastung, da sie eine besonders schnelle und gedanklich bequeme Informationsaufnahme ermöglichen. Dieser Aspekt ist vor allem deswegen wichtig, weil die Umworbenen der Marktkommunikation im allgemeinen wenig Interesse entgegenbringen und deswegen auch nicht bereit sind, viel Zeit und gedankliche Anstrengungen für die Aufnahme von Werbebotschaften aufzuwenden (Low-Involvement-Situation). Wirksamer als bruchstückhaft aufgenommene Textinformationen sind ganzheitliche Bildbotschaften, die prägnant, glaubwürdig und schnell das Wichtigste sagen. Auch aus theoretischer Sicht haben Bilder erhebliche Vorteile gegenüber Worten, denn sie werden fast immer zuerst betrachtet, werden schneller verarbeitet und gelernt und sind glaubwürdiger *(vgl. Meyer-Hentschel 1988, S. 18; ausführlich dazu auch Kroeber-Riel 1986).* Der zusätzliche Einsatz von Duftstoffen, die zu den Bildern passen, kann die Wahrnehmung, Verarbeitung und Speicherung der visuellen Reize deutlich verbessern (*vgl. Paivio, 1986, S. 69; Sarfarazi et al., 1999*).

Die vorherrschenden Marktbedingungen, insbesondere der Verdrängungswettbewerb und die zunehmende Marktdifferenzierung, haben erheblichen Einfluß auf die Kommunikationspolitik der Unternehmen. Die Situation des Verdrängungswettbewerbs führt zu austauschbaren Produkten, die nur geringe Qualitätsunterschiede aufweisen, so daß die objektive und funktionale Qualität für die Konsumenten zur Selbstverständlichkeit wird. Für die Kommunikationspolitik, insbesondere für die Werbung, hat das gravierende Folgen, da in solchen Situationen das Informationsinteresse nachläßt.

Das geringe Interesse an Informationen über Produkteigenschaften hat weiterhin zur Folge, daß die informative Kommunikation zugunsten einer emotionalen Kommunikation an Bedeutung verliert. Es besteht nämlich die Gefahr, daß bei austauschbarer Qualität der konkurrierenden Produkte auch deren Werbeauftritt austauschbar wird, weil sich die Information auf ähnliche Produkteigenschaften bezieht. Da die emotionale Beeinflussung des Menschen wiederum vorwiegend über nicht verbale Reize erfolgt, werden sowohl die Dominanz der Bildkommunikation als auch der zunehmende Einsatz olfaktorischer Reize deutlich.

Die Marktsättigung führt in vielen Branchen zur Marktdifferenzierung. Mit der Einführung immer neuer Produktvarianten für ganz spezielle Zielgruppen sehen viele Unternehmen ihre Chance, sich gegenüber der Konkurrenz Vorteile zu verschaffen. Diese Entwicklung hat zur Folge, daß auch die Marktkommunikation zunimmt. Die Abnehmer müssen über das zum Teil sehr unübersichtliche Angebot informiert werden, d.h., die Informationskonkurrenz nimmt zu. Durch eine innovative und originelle Duftkommunikation können sich die Anbieter gegenüber der Informationskonkurrenz abheben. Allerdings müssen dabei die zielgruppenspezifischen Besonderheiten beachtet werden. Ein Beispiel für eine originelle zielgruppenspezifische Duftkommunikation ist eine Duftanzeige in einer Pferdezeitschrift mit dem typischen Geruch eines Pferdestalls.

Zur Erreichung der Kommunikationsziele stehen einer Unternehmung verschiedene Kommunikationsinstrumente zur Verfügung. Im Folgenden wird der Einsatz von Düften in der Werbung und Verkaufsförderung genauer dargestellt, da hier die praktische Relevanz für den Einsatz von Duftstoffen am größten ist. Anschließend wird auf die z.T. bereits praktizierte Beduftung von Messeständen eingegangen. Messen spielen im Rahmen der persönlichen Kommunikation von Investitionsgütern eine große Rolle. Abschließend sollen einige neuere Entwicklungen beim Einsatz von Duftstoffen im Bereich der Gestaltung der Corporate Identity aufgezeigt und auf zukünftig denkbare Möglichkeiten des Einsatzes von Düften im Rahmen des Product-Placements hingewiesen werden.

4.2. Einsatz von Duft in der Werbung

Die Werbung mit Duft ist dadurch gekennzeichnet, daß zur Erreichung der Kommunikationsziele moderne Massenkommunikationsmittel genutzt werden, bei deren Gestaltung Duftstoffe zum Einsatz kommen. Dabei ist in erster Linie an die Schaltung von duftenden Anzeigen in Zeitungen und Zeitschriften, die Verteilung von duftenden Prospekten und Katalogen oder die Versendung duftender Werbebriefe (Direct Mails) zu denken. Seit einiger Zeit wird auch über den Einsatz von Duft in elektronischen Medien nachgedacht. Erste Versuche dazu gibt es in der Kinowerbung und bei der Werbung im Internet.

4.2.1. Grundlegende Werbeziele

Letztendlich zielen alle kommunikationspolitischen Maßnahmen mit Duft fast immer auf die Beeinflussung des (Kauf-) Verhaltens ab. Daher liegt es nahe, die Werbeziele direkt auf das beobachtbare Verhalten zu beziehen. Solche Zielgrößen richten sich auf Umsatz,- Absatz,- Kosten- und Gewinnveränderungen aufgrund der Werbemaßnahmen mit Duft und werden als ökonomische Werbeziele bezeichnet. Die Formulierung ökonomischer Ziele als Handlungsanweisungen für die Werbetreibenden ist jedoch problematisch, da Werbemaßnahmen den ökonomischen Zielgrößen in der Regel nicht direkt zurechenbar sind.

Da aber Zweck aller Werbemaßnahmen letztendlich die Verhaltensbeeinflussung ist, müssen Ziele definiert werden, die außer der Zurechenbarkeit einen direkten, ursächlichen Zusammenhang mit dem Verhalten aufweisen, sozusagen „hinter" dem Verhalten stehen. Solche Ziele werden als kommunikative oder auch psychologische Werbeziele bezeichnet.

Grundlage für die Formulierung **psychologischer Werbeziele** sind Werbewirkungsmodelle, die das Zustandekommen und die

Beeinflußbarkeit des menschlichen Verhaltens begründen. Für die weitere Betrachtung soll ein vereinfachtes Modell der Verhaltensbeeinflussung durch Werbung nach *Kroeber-Riel/Esch (2000, S. 35)* zugrunde gelegt werden. Dieses Modell reduziert die komplexen Wirkungsbeziehungen zwischen den Werbezielen auf drei grundlegende Beeinflussungsziele und erklärt den Verhaltensablauf (vgl. Abb. 4-1).

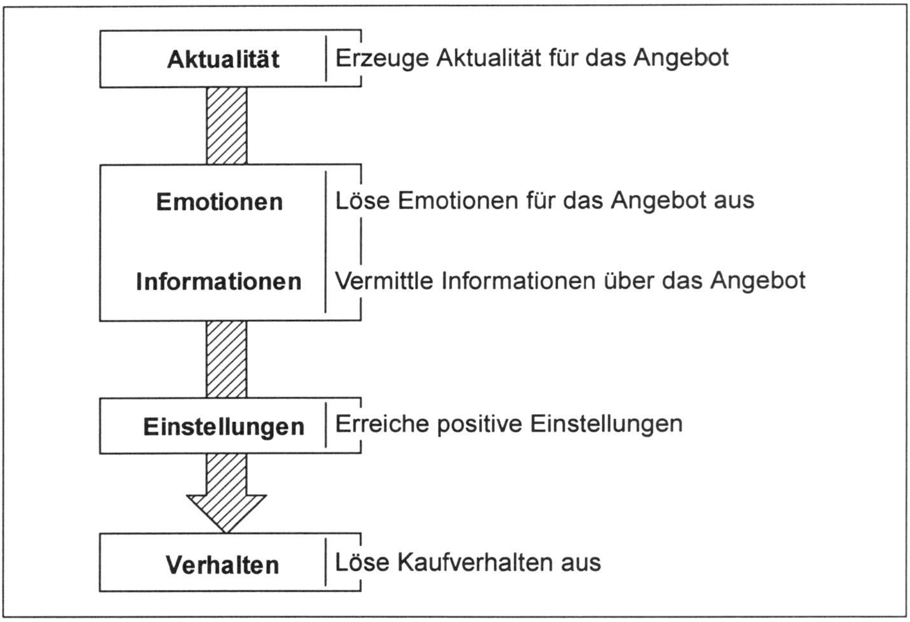

Abb. 4-1: Vereinfachtes Werbewirkungsmodell

Mit Hilfe der Werbung muß sichergestellt werden, daß das Angebot der Unternehmung überhaupt bekannt ist und als aktuelle Alternative wahrgenommen wird. Die Wahrnehmung führt zur **Aktualität** des Angebots. Die Aktualität eines Angebots drückt sich insbesondere in der spontanen Bekanntheit („top of mind") aus. Die Voraussetzung dafür ist, daß es der Werbung gelingt, einen ständigen Kontakt zum Umworbenen herzustellen. Das erreichen aber nur solche Werbemittel, die ein hohes Aktivierungspotential aufweisen. Durch den Einsatz von Düften kann die Aktivierungswirkung von Werbemitteln erhöht werden, womit sich deren Kontaktchancen verbessern. Besonders geeignet dafür sind z.B. der Moschusduft und Vanillin. Auch in einer kaum wahrnehmbaren Konzentration aktivieren diese Düfte besonders stark, so daß sie auch „hinter“ bekannten Duftnoten „versteckt“ werden können.

Die Werbemaßnahmen sollen bewirken, daß für das Angebot positive **Emotionen** ausgelöst und Bedürfnisse geweckt bzw. verstärkt werden. Die emotionale Beurteilung eines beworbenen Produktes erfolgt aufgrund der in der Werbebotschaft dargebotenen (emotionalen) Bedürfnisappelle. Zur Auslösung von Emotionen eignen sich vor allem non-verbale Reize, die die rechte Gehirnhälfte ansprechen. Neben der zentralen Bedeutung von Bildern und Musik ist auch an den Einsatz von Duftstoffen zu denken, denn Gerüche gehören zu den wirksamsten Auslösern des emotionalen Verhaltens (*Herz, 1998; Vroon, 1997, S. 151f.*).

Die Vermittlung von **Informationen** über das Angebot wird über den sachlichen Inhalt der Werbebotschaft erreicht. Dadurch wird eine rationale Beurteilung des Angebots ausgelöst. Informationen über Produkteigenschaften können über Düfte kommuniziert werden, vor allem, wenn es sich um Informationen über solche Produktmerkmale handelt, die für den Konsumenten nicht direkt wahrnehmbar sind (z.B. hygienische Sauberkeit, Wirksamkeit eines Medikaments oder eines Schuppenshampoos).

Emotionen und Informationen zusammen führen zu **Einstellungen** gegenüber Produkten. Einstellungen sind komplexe innere Haltungen, welche die Präferenzen und das **Kaufverhalten** bestimmen. Mit der Erzielung von Einstellungswirkungen beabsichtigen die Unternehmen eine langfristig angelegte Positionierung ihrer Produkte.

4.2.2. Duft in den Printmedien

Die Anwendung von Duftstoffen im Bereich der Papierveredelung läßt sich mehr als 1000 Jahre zurück verfolgen. So wurden bereits zu dieser Zeit in China die Geldscheine von der Staatskasse parfümiert, um eine höhere Akzeptanz für diese Geldscheine zu erzielen.

Heute spielt der Einsatz von Duftstoffen bei den Printmedien zwar immer noch eine geringe Rolle, allerdings wächst das Interesse dafür in der Werbewirtschaft sehr stark. Gegenüber herkömmlichen Werbeanzeigen, Prospekten, Katalogen und Werbebriefen kommt es durch den Einsatz von Düften zu einer Verknüpfung visueller und olfaktorischer Sinneseindrücke. Wird der Duft „offen“ eingesetzt, d.h. der Umworbene wird auf den Duft des Werbemittels hingewiesen („scratch & sniff“), entsteht eine intensivere Auseinandersetzung mit der Werbebotschaft. Das führt in der Regel zu höheren Recall-Werten. Aufgrund der angeborenen Neugier des Menschen kann sich kaum jemand den olfaktorischen Reizen einer Duftanzeige entziehen. Häufig kommt es bei der Entschlüsselung des „Duftgeheimnisses“ zu einer Anregung der Phantasie und zu Assoziationen mit selbst erlebten Situationen.

Nachdem in der Copy-Strategie die Richtlinien für die inhaltliche Konzeption der Werbebotschaft festgelegt sind, müssen Entscheidungen über die Wahl der Werbemedien und Werbemittel getroffen werden. Diese Entscheidungen sind sehr eng miteinander verknüpft, da in den meisten Fällen die Wahl der Werbemittel an ganz bestimmte Werbemedien gebunden ist. Die folgende Abbildung gibt einen Überblick über die wichtigsten Werbemedien mit den entsprechenden Werbemitteln, die für den Einsatz von Duftstoffen in Frage kommen.

Werbemittel	Werbemedien
Anzeigen mit Duft	Zeitungen, Zeitschriften, Broschüren, Tickets Veranstaltungsprogramme,
Prospekte, Kataloge mit Duft	Postversand, Hausverteiler, Verteiler auf der Straße, bei Veranstaltungen, als Beilagen in der Packung, in Zeitschriften etc.
Duftende Plakate	Litfaßsäulen, Verkehrsmittel, Anschlagtafeln, Ladengeschäfte
Werbebriefe mit Duft	Post, Verteiler
Duftproben	Handel, Zeitschriften
Werbefilme mit Duft	Kinos, Theater, Veranstaltungen, Videokassetten
Werbebanner, Werbebuttons	Internetseiten, Seiten von Online-Diensten
Verpackungsmaterial, Duftsticker, Abziehbilder mit Duft	Käufer, Besucher von Veranstaltungen, Personal, Fahrzeuge, Sportler
Werbegeschenke mit Duft	Händler, Unternehmen

Abb. 4-2 : Werbemittel und Werbemedien für den Einsatz von Duftstoffen

Im folgenden soll gezeigt werden, welche Printmedien und Werbemittel für den Einsatz von Duft geeignet sind und welche Besonderheiten dabei zu berücksichtigen sind. Eine besondere Bedeutung für Werbemaßnahmen mit Duft kommt den **Zeitschriften** zu, die man üblicherweise in Publikums-, Special-Interest- und Fachzeitschriften unterteilt.

- **Publikumszeitschriften** wenden sich an breite Bevölkerungsschichten und dienen vorwiegend der Unterhaltung. Sie werden als Kernmedium besonders häufig für Produkte des Massenbedarfs genutzt, die sich an relativ große Zielgruppen richten. Publikumszeitschriften sind gut geeignet, um neue Produkte bekanntzumachen und die Imageprofilierung zu unterstützen. Sie werden besonders genutzt, um eine Marke aktuell zu halten. Vorteile dieser Werbeträger ergeben sich aus dem positiven redaktionellen Umfeld für Werbeanzeigen und den hohen durchschnittlichen Kontaktzahlen pro Leser. Dieses Medium eignet sich aufgrund der hohen quantitativen Reichweite für Duftanzeigen oder die Beigabe sog. Samplings insbesondere für Massenprodukte, bei denen der Duft eine präferenzbildende Eigenschaft darstellt. Außerdem können beduftete Beilagen gestreut werden.

- **Special-Interest-Zeitschriften** sind dadurch gekennzeichnet, daß sie sich mit ganz spezifischen Themen an klar definierte Zielgruppen wenden. Diese Zeitschriften eignen sich besonders für Produkte, die hauptsächlich von speziellen Zielgruppen nachgefragt werden, wie z.B. Angler- oder Computerbedarf. Es ist unmittelbar einsichtig, daß Anzeigen in diesen Zeitschriften eine hohe qualitative Reichweite haben. Die Zielpersonen werden ohne große Streuverluste erreicht. Der Einsatz von Duftanzeigen ist in diesen Medien besonders interessant, da themenspezifische Düfte eingesetzt werden können, die bei den Zielgruppen eine hohe Akzeptanz finden (z.B. Rennstreckenduft für Motorsport-Zeitschriften). Der Duft von Pferdestall bei einer Anzeige für Pferdesport wird sicherlich nur in einer Pferdezeitschrift akzeptiert werden.

- **Fachzeitschriften** dienen einzelnen Berufsgruppen wie z.B. Ärzten, Architekten, Lehrern, Werbefachleuten usw. als Medium, um sich über aktuelle Entwicklungen ihres Gebietes zu informieren, Wissen zu ergänzen oder zu vertiefen. Ihnen wird in der Regel eine hohe Glaubwürdigkeit zugesprochen, was sich zum Teil auch auf die darin geschalteten Anzeigen übertragen kann. Als Werbeträger kommen sie für solche Produkte in Betracht, die zum Bedarf dieser Berufsgruppen gehören oder aber für die die Umworbenen als Meinungsführer fungieren. Bei diesem Medium ist vor allem an die Streuung von Duftproben für professionelle Zielgruppen zu denken, um neue Produkte bekannt zu machen oder über neue Einsatzgebiete für Duft (z.B. Raumdüfte, Corporate Smell) zu informieren.

- **Tageszeitungen** berichten über das aktuelle Geschehen und dienen vorwiegend zur Information der Leser. Als Werbemedium werden sie vor allem für informative Zwecke von lokalen Handelsbetrieben genutzt, die ihre Kundschaft über das aktuelle Angebot informieren wollen. Durch den Einsatz von Duftfarben, die speziell für Zeitungsoffsetmaschinen geeignet sind, bieten sich auch bei Zeitungsanzeigen Möglichkeiten der Anzeigenbeduftung *(o. V., 2000a)*. So könnte die Gärtnerei zur Pflanzzeit im Frühjahr ihre Anzeige mit Blütendüften versehen. Nicht selten werden mit Tageszeitungen auch Beilagen und Prospekte gestreut, die ebenfalls mit Duft gestaltet werden können. Die örtliche Bäckerei könnte ihre Einladung zum Tag der offenen Tür als Beilage mit einem Kuchenduft versehen. Allerdings sind die technischen Möglichkeiten einer Beduftung bei Tageszeitungen weitaus stärker eingeschränkt als bei Zeitschriften, da die drucktechnischen Voraussetzungen durch die Verwendung von Duftlacken bei Zeitschriften sehr viel besser sind *(o. V., 2000b)*.

- **Prospekte und Kataloge** sind Werbemittel, die vor allem dann von Konsumenten genutzt werden, wenn sie sich über geeignete Angebote informieren wollen, d.h. vor allem in High-Involvement-Situationen *(vgl. Lachmann, 2002, S. 202 ff.)*. Mit der Beduftung von Katalogen bzw. einzelnen Katalogseiten und Prospekten können vor allem Informationen über den Duft der beworbenen Produkte (z.B. von Parfums, Kosmetika und Haushaltsprodukten) vermittelt werden. Es gibt aber auch Beispiele für die Beduftung von Katalogen und

Prospekten, bei denen es im wesentlichen um eine stärkere „Emotionalisierung“ der Angebotsdarstellung geht.

Welchen Einfluss ein Sonnencreme-Duft auf die Wahrnehmung eines Reiseangebots für einen Strandurlaub haben kann, zeigte eine Pilotstudie an der Hochschule Harz mit 44 Studierenden. Die Hälfte der Studierenden wurde zu einem unbedufteten Prospekt befragt, die andere Hälfte erhielt dasselbe Prospekt mit dem zum Urlaubsangebot passenden Duft. Während sich das Image durch den Duft inhaltlich nicht beeinflussen ließ, waren vor allem die Imagery-Wirkungen vielversprechend, auch wenn die Ergebnisse noch einer Validierung bedürfen. Es zeigte sich, daß die Vorstellungen der Befragten vom Reiseveranstalter bei dem bedufteten Prospekt nicht nur klarer und lebendiger waren, sondern sich auch tendenziell schneller im Arbeitsgedächtnis der Befragten aufbauten. Gemessen wurde mit verbalen Zustimmungsskalen. Diese ersten Ergebnisse geben interessante Hinweise auf einen möglichen Einfluss von Duft in der Werbung auf die selektive Markenwahl. Sofern Duft tatsächlich in der Lage ist, das Markenwissen der durch einen passenden Duft umworbenen Marke schneller ins Gedächtnis zu rufen als das Markenwissen unbeduftet umworbener Marken, könnte dies dazu führen, daß unbeduftete Marken leichter aus dem Kreis der für den Kauf in Frage kommender Marken („Evoked Set“) verdrängt werden können, weil sie sich nicht so schnell in Erinnerung rufen wie die konkurrierende Marke mit der Duftwerbung. Diese ersten Ergebnisse bedürfen allerdings weiterer empirischer Bestätigungen.

4.2.3. Gestaltung der Werbemittel mit Duft - dargestellt am Beispiel von Anzeigen

Die Formulierung der Werbebotschaft und ihre Gestaltung müssen sich an den Werbezielen und der Werbezielgruppe orientieren. Mit der Formulierung der Werbebotschaft wird die Werbeaussage konkretisiert, und zwar in der Art, wie es in der Copy-Strategie konzipiert wurde. Zunächst muß dafür ein Werbethema bzw. eine Werbeidee gefunden werden. Nach der Selektion eines erfolgversprechenden Themas erfolgt die kreative Umsetzung in Texte und Bilder bzw. Töne, Filme oder Düfte. Häufig kommt es vor, daß der Duft selbst Kern des Werbethemas ist. Beispiele für solche Werbethemen sind „Dufte Fotos", „Schnupperkurs" oder „Dufter Urlaub".

4.2.3.1. Inhaltliche Gestaltung der Werbebotschaft mit Duft

Die Umsetzung der inhaltlichen Werbeaussage durch den kreativen Einsatz von Worten, Bildern, Musik, Geräuschen und Duftstoffen ist in der Regel Aufgabe der „Kreativen" von Werbeagenturen. Dazu zählen vor allem Texter, Grafiker und Fotografen. Für den Einsatz von Duftstoffen wird zusätzlich das Know-how von Parfümeuren bzw. „Duftexperten" benötigt.

Im Zusammenhang mit der Umsetzung erlebnisorientierter Marketingstrategien steht die Vermittlung von emotionalen Erlebniswerten im Mittelpunkt der inhaltlichen Botschaftsgestaltung. Es gibt eine Reihe von emotionalen Reizkategorien, deren Aktivierungswirkung besonders stark ist, wie z.B. das Kindchenschema oder erotische Abbildungen. Das liegt daran, daß solche Reize biologisch vorprogrammierte Reaktionen im Menschen auslösen. Dazu gehört auch die Abbildung von Gesichtern, wobei vor allem von den Augen eine starke Aktivierungswirkung ausgeht *(vgl. Kroeber-Riel/Esch, 2000, S. 164ff.).* Beim Einsatz von Duftstoffen bei der Gestaltung von Werbebotschaften hängt die Auswahl geeigneter Düfte im wesentlichen von den Zielen der Beduftung ab. Soll durch eine Duftanzeige lediglich die Aktivierungswirkung des Werbemittels erhöht werden, so sind Duftstoffe auszuwählen, die ein hohes Aktivierungspotential aufweisen (z.B. Moschus, Vanillin). Wenn diese Düfte inhaltlich nicht zur bildlichen oder sprachlichen Werbebotschaft passen, muß darauf geachtet werden, daß die Intensität der Beduftung so gering ist, daß sie vom Umworbenen nicht bewußt wahrgenommen wird.

Häufiger werden bei der Beduftung von Werbemitteln aber themenspezifische Düfte eingesetzt, welche die Wahrnehmungswirkung einer bildlichen oder sprachlichen Werbebotschaft durch olfaktorische Reize ergänzen bzw. verstärken sollen. Dabei besteht die Aufgabe der (Duft-)Kreativen darin, den passenden Duft auszuwählen. Diese Aufgabe ist für einige Werbethemen recht einfach (z.B. bei Werbethemen wie „Weihnachten", „Sommerurlaub" oder „Grillparty").

Andere Werbebotschaften, welche die emotionale Positionierung einer Marke kommunizieren sollen, stellen die Duftexperten unter Umständen vor eine schwierige Aufgabe: Wie soll z.B. „Freundschaft", „Eleganz", „Exklusivität", „Freiheit", „Kennertum" riechen? Bei der Auswahl eines geeigneten Duftes müssen die Duft-Assoziationen und Duft-Präferenzen der anvisierten Zielgruppe unter allen Umständen zuvor überprüft werden, damit es nicht zu Ablehnung und nicht beabsichtigten Assoziationen kommt. Am wichtigsten ist dabei, daß die ausgewählten Düfte von der großen Mehrzahl der Umworbenen positiv beurteilt werden.

Manche Unternehmen versuchen, ihre Zielgruppen auch über negative Appelle anzusprechen. Dieses kann im Prinzip auch mittels negativer Düfte geschehen. So könnte z.B. ein Anbieter von Mundsprays die Wirkung seiner Produkte durch eine Werbeanzeige mit Duft darstellen, in dem er zunächst eine Person mit üblem Mundgeruch zeigt, die nach der Verwendung des Mundsprays einen frischen Atem hat. Hier besteht allerdings die Gefahr, daß durch die schlechten Gerüche negative Gefühle entstehen, die sich unbewußt auf die Marke übertragen. Negative Wirkungen können Düfte vor allem dann hervorrufen, wenn ihre Intensität zu stark ist oder Düfte als künstlich bewertet werden.

Besonders problematisch ist es, wenn Düfte bei einzelnen Umworbenen mit negativen Gefühlen oder Situationen verbunden sind, die nicht mit der beabsichtigten emotionalen Positionierung übereinstimmen. Solche (nicht beabsichtigten) negativen Appelle müssen durch entsprechende Pretests ausgeschlossen werden.

4.2.3.2. Formale Gestaltung des Werbemittels mit Duft

Die Werbebotschaft, als inhaltbildendes Element, spricht emotionale und/oder rationale Bereiche im Menschen an. Sie findet im Werbemittel ihre Gestalt, indem sie mit formgebenden Elementen kombiniert und damit sinnlich wahrnehmbar wird. Die formale Gestaltung der Werbemittel ist vorwiegend eine „technische“ Aufgabe, wobei unter anderem die Erkenntnisse der Gestaltpsychologie genutzt werden, um die Werbemittel im Hinblick auf eine optimale Werbewirkung aufzubereiten. Als formale Gestaltungselemente spielen Farben, Formen, Zeichen, Strukturen, Größe, Materialien und auch Düfte eine Rolle. Beim Einsatz von Duft sind in diesem Zusammenhang insbesondere die Duftqualität und Duftintensität von Bedeutung, da sie großen Einfluß auf die Akzeptanz eines Werbemittels haben. Als „künstlich“ oder „zu intensiv“ wahrgenommene Düfte führen – wie oben bereits ausgeführt wurde – beim Umworbenen sehr häufig zu negativen Reaktionen.

Auch bei der formalen Gestaltung von Werbemitteln mit Duft ist zwischen konstanten und variablen Werbeelementen zu unterscheiden *(vgl. Huth/Pflaum, 1996, S. 110f.)*. Als Werbekonstanten kommen allgemein Slogans, Markenzeichen, Symbole, Melodien (Jingles), Farben, Layouts oder auch ein spezifischer Duft in Betracht. Das ist allerdings nur dann sinnvoll, wenn der Duft ein wesentliches Element des Markenkerns ist. Ein Beispiel dafür ist ein amerikanischer Hersteller von Tennisbällen, der seine Produkte mit dem Duft von frisch geschnittenem Gras parfümiert und sich diesen Duft als Markenzeichen schützen ließ (*Fezer, 1999, S. 579*). Die Verwendung des Dufts in seinen Anzeigen könnte dazu beitragen, daß sie auch bei nur flüchtigem Kontakt sofort erkannt werden.

Werbevariablen sind solche formgebenden Wirkungselemente, die einmalig oder nur vorübergehend im Werbemittel enthalten sind. Dabei ist z.B. an unterschiedliche Bildmotive, Situationen oder Werbetexte oder Düfte denken, die allerdings immer im Zusammenhang zur Werbebotschaft stehen sollten. Der Einsatz von Werbevariablen bewahrt eine Werbekampagne vor Monotonie und Gewöhnung. Für den Einsatz von Duftstoffen bieten sich dabei interessante Möglichkeiten. Wird der Umworbene z.B. aufgefordert, den Duft einer Anzeige zu riechen, so kann bei wechselnden Anzeigenmotiven mit wechselnden Düften eine ständige Aktivierung der Konsumenten erreicht werden. Außerdem ist durch die bewußte und aktive Auseinandersetzung mit der Anzeige eine verbesserte Informationsaufnahme und -verarbeitung beim Umworbenen zu erwarten.

4.2.3.3. Kriterien zu Beurteilung von Werbemitteln mit Duft

Vor dem Hintergrund heutiger Kommunikationsbedingungen werden an die Gestaltung von Werbemitteln hohe Anforderungen gestellt. Nur unter Berücksichtigung zahlreicher Gestaltungskriterien gelingt es, die beabsichtigte Werbewirkung zu erzielen. Im folgenden werden einige allgemeingültige Kriterien am Beispiel der Anzeigengestaltung mit Duft dargestellt *(vgl. dazu ausführlich Kroeber-Riel/Esch, 2000)*.

Neuere Ergebnisse der Werbeforschung belegen, daß die Gestaltung origineller und kreativer Werbemittel, die sich vom Werbeauftritt konkurrierender Produkte abheben, wesentlich zum Werbeerfolg beitragen. Neben der Forderung nach Kreativität und Originalität ist auch besonders darauf zu achten, daß die Gestaltung der Werbemittel zielgruppenorientiert erfolgt. Da Duftstoffe bei der Gestaltung von Werbemitteln bisher eher selten eingesetzt werden, bietet sich damit die Möglichkeit, kreative und originelle Werbemittel zu schalten.

Werbebotschaft und formale Gestaltungselemente sollten mit den speziellen Nutzenerwartungen, Gewohnheiten und Erfahrungen sowie dem Lebensstil der Zielgruppe im Einklang stehen. Dadurch wird die Aufmerksamkeitswirkung und damit die Kontaktwirkung der Werbemittel bei der Zielgruppe erhöht. Außerdem kann so eine Verbesserung der Informationsaufnahme und -speicherung erreicht werden. Aufgrund der individuellen Wahrnehmung und Beurteilung von Düften ergeben sich hier besondere Probleme bei der Gestaltung von Werbemitteln mit Duft. Mit geeigneten Pretests muß sichergestellt werden, daß die durch die Düfte hervorgerufenen Assoziationen bei möglichst vielen Umworbenen „in die gleiche positive Richtung gehen".

Insbesondere muß heutzutage vermieden werden, Werbemittel mit Informationen und nur bruchstückhaft wahrgenommenen Gestaltungselementen zu überfrachten. Gerade im Hinblick auf die Anzeigengestaltung sollte man von Zielpersonen ausgehen, die an Werbeinformationen kaum interessiert sind (Low-Involvement-Situation). Wenn man bedenkt, daß die durchschnittliche Betrachtungsdauer von Anzeigen nur ca. zwei bis drei Sekunden beträgt, ist die Forderung aufzustellen, daß Anzeigen „schneller" werden müssen. Das kann unter anderem durch den Einsatz von Bildern erzielt und durch geeignete Düfte verstärkt werden.

Ein praktikables Schema zur Gestaltung und Beurteilung von Werbemitteln mit Duft wurde vom Institut für Sensorikforschung und Innovationsberatung in Göttingen in Anlehnung an *Bossneck* entwickelt *(vgl. Boessneck 1984)*: Dieser Ansatz berücksichtigt die besonderen Probleme beim Einsatz von Duftstoffen in den Printmedien. Als zentrale Richtlinie müssen dabei folgende **Gestaltungskriterien** beachtet werden:

Aktivierung: Bevor eine Informationsaufnahme erfolgen kann, muß es zum Werbekontakt kommen. Dabei ist die Frage zu klären, ob Anzeigen eine Chance haben, schnell gesehen zu werden. Das heißt, eine Anzeige muß aktivieren. Unter Aktivierung versteht man einen Zustand vorübergehender oder andauernder Erregung bzw. Wachheit einer Person. Dieser Zustand begünstigt die Zuwendung zu (aktivierenden) Reizen und die Bereitschaft, diese Reize zu verarbeiten. Die Aktivierungswirkung von Anzeigen ist gleichbedeutend mit ihrer Kontaktwirkung. Je größer das Aktivierungspotential eines Werbemittels ist, desto größer ist die Wahrscheinlichkeit, daß es unter den konkurrierenden Werbemitteln von den Umworbenen beachtet und genutzt wird *(vgl. Kroeber-Riel/Esch, 2000).*

Wie bereits erwähnt kann das Aktivierungspotential von Anzeigen vor allem durch emotionale Reize erhöht werden. Dazu gehört die Darstellung von Gesichtern (insbesondere Augen), Kindern oder erotischen Motiven. Die Verwendung von emotionalen Reizen trifft auf im Menschen biologisch vorprogrammierte Reaktionen, die dann ohne willentliche Kontrolle die gewünschten Zuwendungsreaktionen auslösen. Die aktivierende Wirkung von speziellen Bildmotiven ist bereits erforscht worden. Zur aktivierenden Wirkung von Duftstoffen im Zusammenhang mit der Betrachtung von Werbemitteln liegen bisher keine einschlägigen Untersuchungen vor.

Neben emotionalen Reizen können auch starke physische Reize das Aktivierungspotential von Anzeigen erhöhen. Dazu gehört die Verwendung von grellen oder bunten Farben oder die Größe der Darstellungen in Bildmotiven oder bei Texten. Zwar ist auch hier die Wirkung starker Duftreize denkbar. Aufgrund der meist negativen Bewertung intensiver Duftreize sollte auf eine solche Aktivierungstechnik jedoch verzichtet werden (siehe Akzeptanz).

Ein weiteres Mittel zur Erhöhung der Aktivierungswirkung von Anzeigen ist die Verwendung sogenannter gedanklicher Reize. Darunter sind solche Gestaltungsmittel zu verstehen, die die Wahrnehmung und das Verständnis vor unerwartete Aufgaben stellen und damit den Betrachter aktivieren. Gestaltungselemente sind die Verfremdung, Überraschung, Widersprüche zu Bekanntem usw. Der Einsatz dieser Reize zielt beim Umworbenen auf eine bewußte gedankliche Auseinandersetzung mit der Werbebotschaft. Der Einsatz von Duft kann dabei überraschend wirken oder durch verbal widersprüchliche Aussagen - z.B. „Sehen Sie mal, wie das riecht“ - aktivierend wirken.

Fokussierung: Falls es zu einer Kontaktaufnahme mit dem Werbemittel kommt, muß im Zusammenhang mit der Informationsaufnahme überprüft werden, ob die wesentlichen Botschaftselemente, insbesondere auch der Markenname, schnell aufgenommen werden. Häufig kommt es vor, daß stark aktivierende Reize einen schnellen Werbekontakt erzielen, wie z.B. durch die erotische Darstellung eines Menschen. Die Gefahr besteht jedoch darin, daß die Zielperson an diesem Reiz „hängenbleibt“ und die eigentlich wichtigen Anzeigenelemente der Werbebotschaft nicht mehr beachtet. Anzeigen müssen also auf die wesentlichen Anzeigeninhalte fokussieren.

Häufig wird bei bedufteten Werbemitteln ein deutlicher Hinweis gegeben: „scratch & sniff“. Diese Hinweise auf Duftreize, die man „rubbeln“ muß, um die Duftmoleküle freizusetzen, verstärkt die bewußte Auseinandersetzung mit der Anzeige. Auf diese Weise kann z.B. die zentrale Werbebotschaft „ein neuer Duft von ....“ fokussiert werden.

Aufbereitung: Damit es zum Verständnis und zur vollständigen Verarbeitung der Werbeinformationen kommt, muß die Anzeige gewissen formalen Anforderungen genügen. Damit ist die Aufbereitung einer Anzeige angesprochen. Häufig erreichen Anzeigen ihre Wirkung nicht, weil sie überfrachtet sind, es ihnen an Prägnanz und Klarheit mangelt, das Verhältnis von Text und Bild nicht stimmt oder weil sie andere formale Gestaltungsmängel aufweisen. Für die Gestaltung von Werbemitteln mittels Duft ist zu beachten, daß die visuelle und sprachliche Botschaft mit den Duftreizen eine Einheit bilden müssen. Bei der Auswahl von Düften sollte durch geeignete Pretests überprüft werden, daß die visuellen, verbalen und olfaktorischen Reize keine widersprüchlichen Assoziationen hervorrufen, sondern sich in ihrer Erlebniswirkung ergänzen bzw. verstärken.

Akzeptanz: Die Informationsspeicherung und auch die beabsichtigte Verhaltensbeeinflussung werden in der Regel nur dann stattfinden, wenn Anzeigen auch akzeptiert werden. In diesem Zusammenhang muß bei der Anzeigengestaltung darauf geachtet werden, daß der Betrachter die Anzeige nicht ablehnt. Solche gefühlsbedingte Ablehnung kann z.B. dadurch erzeugt werden, daß schockierende oder verletzende Bildmotive als Aktivierungsreize genutzt werden. Dagegen hat der Einsatz origineller, kreativer und abwechslungsreicher Anzeigenelemente einen positiven Einfluß auf die Akzeptanz einer Anzeige. Das Akzeptanzproblem ist immer ein zielgruppenspezifisches Problem. Das bedeutet, daß die Überprüfung einer Anzeige hinsichtlich etwaiger Akzeptanzprobleme immer bei Mitgliedern der Zielgruppe durchgeführt werden sollte. Probleme ergeben sich beim Einsatz von Anzeigen mit Duft aufgrund der sehr starken Polarisierung von Ablehnung und Akzeptanz bei der Beurteilung einer Duftnote und gegebenenfalls aufgrund der ablehnenden Haltung gegenüber einer ungewollten Beduftung.

4.3. Einsatz von Duft in der Verkaufsförderung

4.3.1. Grundlegende Ziele der Verkaufsförderung mit Duft

Die Verkaufsförderung mit Duft soll die klassische Absatzwerbung unterstützen. Dabei handelt es sich in der Regel um zeitlich begrenzte Aktionen, die sich vor allem an die eingeschalteten Handelsbetriebe richten. Kurzfristig soll mit Hilfe von Verkaufsförderungsaktionen der Abverkauf am PoS erhöht oder die Bekanntmachung und Profilierung neuer Produkte erzielt werden. Für den Einsatz von Duft im Bereich der Verkaufsförderung gibt es zahlreiche Möglichkeiten. Bei saisonalen Verkaufsförderungsaktionen können saisonspezifische Düfte am PoS eingesetzt, um eine emotional positive Verkaufsatmosphäre zu schaffen. Lebkuchen- oder Glühweindüfte während einer Weihnachtsaktion sind Beispiele dafür. Ähnliche Aktionen sind im Frühjahr mit Blumendüften oder im Sommer mit Düften von typischen Urlaubszielen (Toskana, Provence, Atlantik) denkbar. Bei Einführungsaktionen für neue Produkte, bei denen der Duft eine kaufentscheidende Rolle spielt, können Warenträger (Displays) oder Regale beduftet werden, um die Aufmerksamkeit der Konsumenten auf die Neuheiten zu lenken, eine positive Atmosphäre zu schaffen oder über neue Duftnoten zu informieren, ohne daß der Kunde dabei selbst aktiv sein muß (vgl. Kap. 4.4.3). Einige Unternehmen setzen auch sog. Duftterminals ein, mit denen im Rahmen von Einführungsaktionen Werbespots für neue Produkte szenengenau beduftet werden können. Weiterhin werden im Rahmen von Verkaufsförderungsaktionen auch duftende Werbeartikel (give aways) verschenkt. In Frankreich verteilte Suchard Schlüsselanhänger in Form einer Tafel Schokolade mit einem Schokoladenduft und von der Limonadenmarke Orangina gab es nach Orangen duftende Sommermützen.

Allgemein ist davon auszugehen, daß zur langfristigen Imagebildung durch Vermittlung von Emotionen hauptsächlich entsprechende Werbemaßnahmen geeignet sind. Dennoch können Verkaufsförderungsaktionen diese Imagebildung sinnvoll unterstützen; wenn z.B. die in der Werbung kommunizierten emotionalen Erlebniswerte im Rahmen von Verbraucheraktionen „erlebbar" gemacht werden. So kann die emotionale Positionierung einer Marke in Richtung „Karibik" im Rahmen von Verkaufsförderungsaktionen mit dem Thema „Karibik" auch durch entsprechende Düfte (Kokos, exotische Früchte) unterstrichen werden.

4.3.2. Display-Beduftung

Im folgenden wollen wir näher auf die Möglichkeiten der Beduftung von Displays eingehen. Es werden Techniken beschrieben, mit denen Düfte an Displays freigesetzt werden können. Die Darstellung der Ergebnisse von zwei empirischen Untersuchungen zur Wirkung von Duftdisplays sollen die Möglichkeiten und Grenzen der Displaybeduftung aufzeigen.

4.3.2.1. Wesen und Funktionen von Displays

Das Display ist ein Instrument der Verkaufsförderung, das wirkungsvolle Informationen über Produkte oder Dienstleistungen vermittelt, ihre Präsentation am Verkaufsort unterstützt und den Verkauf stimuliert. Displays kommen als Zweit- und Sonderplazierung neben der laufenden Stammplazierung eines Produktes zum Einsatz und fördern dessen Abverkauf. Des weiteren unterstützen sie die Einführung von Produktneuheiten, indem sie den Konsumenten am PoS auf das neue Produkt aufmerksam machen, sein Interesse wecken und ihn zu einem Versuchskauf animieren. Auch die Durchführung von Sonderaktionen, Kampagnen und Produkt- Relaunches werden oftmals durch den Einsatz von Displays unterstützt.

Innerhalb der beschriebenen Anwendungs- und Einsatzbereiche übernimmt das Display neben seiner allgemeinen Verpackungs- und Transportfunktion die Aufgabe, das Produkt bestmöglich zu präsentieren und seinen Abverkauf zu fördern.

Nach den positiven Ergebnissen vorliegender Untersuchungen zu Duftwirkungen in Verkaufsräumen liegt es nahe, auch über die Beduftung von Displays nachzudenken. Ein Vorteil dabei ist, daß auch produkt- bzw. markenspezifische Duftaktionen am PoS durch eine auf das Umfeld des Displays beschränkte Duftabgabe möglich ist.

Die zumeist positiven Wirkungen der Raumbeduftung auf die Verweildauer, die Wahrnehmung der Ladenatmosphäre sowie den Umsatz können allerdings nicht auf eine produktspezifische Beduftung von Displays übertragen werden. Die Zielsetzungen und die Rahmenbedingungen unterscheiden sich grundsätzlich von denen der (zumeist ganzheitlichen) Raumbeduftung.

4.3.2.2. Techniken der Displaybeduftung

Für die praktische Umsetzung einer Displaybeduftung gibt es verschiedene Verfahren und Techniken, die sich bezüglich ihrer Konstruktion, ihrer Handhabung sowie ihrer Steuerungsmöglichkeiten bei der Duftabgabe und -intensität unterscheiden.

Duftstreifen sind mit Duftölen getränkte Trägerstreifenmaterialien, z.B. Papier- oder Filzstreifen, die mit einer Schutzfolie versiegelt und mit Hilfe von Klebestreifen am Display befestigt werden. Nach dem Entfernen der Schutzfolie am PoS erfolgt die Duftfreisetzung in unkontrollierter Form, d.h., die Dauer und Intensität der Beduftung ist nicht steuerbar. Die Abgabe der Duftmoleküle ist nur bis zur Verflüchtigung aller Moleküle aus dem Trägermaterial möglich. Da die Verflüchtigung der Duftmoleküle durch Belüftungs- und Klimaanlagen in Verkaufsräumen zusätzlich beschleunigt wird, können Duftstreifen nur kurzfristige

Displaybeduftung bewirken. Die Kosten für diese Beduftungstechnik sind allerdings sehr gering. Eingesetzt wurde dieses Verfahren bereits von einem Keksanbieter, der in der Weihnachtszeit Lebkuchengebäck in einem Display präsentiert hat, das die Form eines Backofens hatte. Dieses Display wurde mit Lebkuchen-Duftstreifen beklebt. Ohne daß die Wirkungen dieser Aktion wissenschaftlich überprüft wurden, hatte sie - nach Aussagen des Herstellers - großen Erfolg.

Duftfarben und Duftlacke enthalten mikroverkapselte Duftöle, die z.B. beim Druck mit Offset- oder Flexodruckmaschinen eingesetzt werden. Nach dem Auftragen der Farbe bzw. des Lackes ist auf dem Druckobjekt kaum ein Geruch wahrzunehmen. Erst wenn mit leichtem Druck über die bedruckte/lackierte Fläche gestrichen wird, werden die Mikrokapseln zerdrückt und das Duftöl freigesetzt. Dabei nimmt neben der Displayfläche auch die Haut einen Teil des Duftes an. Bei Aktionen für Parfums oder Hautpflegeprodukte kann die typische und individuelle Wechselwirkung eines Parfümöls mit der Haut wahrgenommen werden. Die Verflüchtigung der Duftstoffmoleküle erfolgt nach der Zerstörung der Mikrokapseln, wobei die Geschwindigkeit der Verflüchtigung von äußeren Faktoren, wie z.B. Raumtemperatur, Luftfeuchtigkeit usw. abhängig ist. Diese Faktoren können allerdings bis zu einem gewissen Maße gesteuert werden.

Die Intensität der Beduftung ist von der Wahl der in den Duftfarben und -lacken enthaltenen mikroverkapselten Duftöle abhängig. Bei der Anwendung von Duftfarben oder -lacken muß durch einen Probedruck geprüft werden, ob der Anteil eigener riechender Substanzen der Farben, Lacke oder Bedruckstoffe (Papier) den gewünschten Duft beeinflusst. Beim Einsatz von Duftfarben oder -lacken am Display muß der Konsument zu der Berührung der Displayfläche aufgefordert werden, um die Duftwahrnehmung erleben zu können. Der Konsument hat somit die freie Entscheidung, ob er den Duft wahrnehmen möchte und wird zudem ermuntert, den Einkauf aktiv mitzugestalten.

Elektronische Duftsysteme bieten den Vorteil, daß sie die Duftstoffmoleküle in der Regel kontinuierlich und in dosierter Form abgegeben können. Für die Beduftung von Displays empfehlen sich generell elektronische Duftsysteme, die in ihrem Aufbau auf die Displaykonstruktion abgestimmt sind und sich für den Konsumenten unauffällig am bzw. im Display befestigen lassen. Durch Bewegungsmelder, Lichtschranken und Zeitschaltuhren lassen diese Beduftungssysteme eine bedarfsgerechte und kontrollierte Duftabgabe zu. Die Ausbringung des Duftstoffes kann bei elektronischen Duftsystemen in unterschiedlicher Form erfolgen, wobei im folgenden nur die für Displaybeduftungen in Frage kommenden Techniken der Warmverdunstung, Kaltverdunstung und gasförmigen Ausbringung dargestellt werden. Auf die Möglichkeit einer elektronischen Beduftung mittels Ionisierung und (Hochdruck-) Zerstäubung sei an dieser Stelle jedoch hingewiesen (vgl. hierzu auch Kap. 5).

Bei der **Warmverdunstung** werden flüssige Duftstoffe erhitzt und nach dem Verdampfen mit Hilfe eines Ventilators in die Umgebung abgegeben und verteilt. Die Intensität des Duftstoffes kann durch eine Zeitschaltuhr und durch die Menge des abgegebenen Duftstoffes reguliert werden. Problematisch bei der Warmverdunstung ist, daß durch die Erhitzung der Charakter des Duftes verändert werden kann. Außerdem kann die erwärmte und mit Duftstoffmolekülen versetzte Luft beim Kontakt mit der kälteren Umgebungsluft kondensieren und einen Niederschlag in der Nähe des Beduftungsgerätes bilden. Hierdurch würden sowohl das Display als auch dessen Inhalt in Mitleidenschaft gezogen, so daß von einer Displaybeduftung mittels Warmverdunstung abzuraten ist.

Bei der **Kaltverdunstung** wird mit einem im Beduftungsgerät eingebauten Ventilator Luft durch einen Filter angesaugt und von Pollen und Schwebestoffen befreit. Die Duftmoleküle werden von der gereinigten Luft aufgenommen und gleichmäßig an die Umgebung abgegeben. Diese Möglichkeit der Displaybeduftung ist der Warmverdunstung vorzuziehen, da das Erhitzen des Duftstoffes entfällt und somit den damit verbundenen Problemen entgangen werden kann.

Bei der **gasförmigen Ausbringung** der Duftstoffe ist der Duftspeicher in der Regel ein spezielles Granulat, welches mit Hilfe einer Pumpe von gekühlter und gefilterter Luft durchblasen wird. Die Duftstoffmoleküle werden beim Durchströmen der Luft durch das Granulat von dieser aufgenommen und nach außen transportiert. Sie befinden sich beim Ausbringen somit in der „Gasphase". Diese Technik der Displaybeduftung kann einen Duftstoff in geringer Konzentration abgeben und ist für eine produktspezifische Beduftung eines Displays am PoS gut geeignet.

Zusammenfassend lässt sich feststellen, daß es eine Vielzahl von Möglichkeiten zur Displaybeduftung gibt. Die Auswahl einer geeigneten Beduftungstechnik ist unter anderem abhängig von folgenden Faktoren:

- der Display-Konstruktion (z.B. Befestigung der Beduftungs-Technik)
- der Display-Positionierung im Geschäft (z.B. angrenzende Produkte und Abteilungen)
- der Verkaufsraum-Konzeption (z.B. Raumgröße, Vorhandensein von Belüftungsanlagen)
- den wirtschaftlichen Rahmenbedingungen (z.B. Anschaffungskosten, Kosten für Duftstoffe, Wartungskosten, Stromkosten).

Eine generelle Empfehlung für den Einsatz einer bestimmten Beduftungstechnik kann somit nicht gegeben werden. Vielmehr werden die zur Zeit stetig voranschreitenden Weiter- und Neuentwicklungen von Beduftungstechniken neue Möglichkeiten für die praktische Umsetzung von olfaktorischen PoS-Markierungen hervorbringen.

4.3.2.3. Wirkungen von Duft-Displays am PoS

Daß ein Duft als Kommunikationsmittel an Warendisplays nicht nur informierende Wirkung hat, sondern auch zur emotionalen Positionierung beiträgt, zeigt eine eigene Pilotstudie, in der das Display einer bekannten Reifenmarke mit Dufttechnik präpariert wurde, so daß die Kunden einen angenehmen, dezenten Orangenduft wahrnehmen konnten, wenn sie in die Nähe des Warenträgers kamen. Durch die Duftabgabe wurde die Marke emotional aufgeladen, was dazu führte, daß die Kunden die Marke sympathischer beurteilten und der Reifen im Vergleich zum unbedufteten Zeitraum besser gefiel (s. Kap. 5.3.2).

In einer zweiten Studie wurde die Wirkung einer Displaybeduftung auf den Abverkauf des beworbenen Produktes experimentell ermittelt und mit der Durchführung einer Befragung von 262 Kunden mögliche Veränderungen in der Marken-, Produkt- und Displaywahrnehmung der Konsumenten erfasst. Ausgangspunkt war die Idee, mit einem angenehmen Schokoladenduft den Absatz der Schokoladentafeln im Warendisplay zu erhöhen und für ein positiveres Markenerlebnis zu sorgen.

Zu diesem Zweck wurde ein Warendisplay in einem Verbrauchermarkt platziert und über die Hälfte des Erhebungszeitraumes mit einem produktspezifischen Duft ausgestattet. Die Dufttechnik wurde hinter dem Warendisplay befestigt und brachte während der Geschäftszeiten ununterbrochen einen Schokoladenduft mittlerer Intensität aus. Die in den einzelnen Phasen der Erhebung empfundene Wahrnehmung der Konsumenten wurde mit Hilfe einer Befragung ermittelt. Die Produktentnahme aus dem Warenträger wurde mittels Beobachtung erfasst.

Vor Beginn des Experiments wurden zwei Schokoladendüfte in einem Akzeptanztest von 30 Testpersonen überprüft und bewertet. Die Auswahl fiel mit 86 prozentiger Zustimmung auf den

Duft „Cioccolata“, der von den Befragten als angenehm und aktivierend empfunden wurde.

Die Auswertung und Analyse der im Rahmen der Erhebung ermittelten Daten hat gezeigt, daß die Beduftung des Displays einen Einfluss auf die Marken-, Produkt- und Displaywahrnehmung der befragten Konsumenten hat. Die Wirkungstendenzen der Displaybeduftung sind bei mit der Marke vertrauten Konsumenten in der Regel positiver als bei Konsumenten, die diese Marke seltener kaufen.

Die Imagery-Dimensionen Klarheit und Lebendigkeit der Markenvorstellungen brachten keinen signifikanten Unterschied zwischen beiden Gruppen. Die Betrachtung einer Gruppe von Befragten, die Schokolade von der Testmarke häufig kaufen, ergab, daß der Duft die Markenvorstellungen signifikant schneller im Arbeitsgedächtnis präsent werden ließ. Gemessen wurde die subjektiv empfundene Imagery-Geschwindigkeit bzw. Zugriffsfähigkeit mit einer verbalen Zustimmungsskala zu der Aussage „Meine Vorstellungen von der Marke X sind sofort präsent“. Wie bereits erwähnt muß sich diese Skala erst noch empirisch bewähren. In bezug auf die Markenwahrnehmung kann insgesamt ein leicht positiver Einfluss der Displaybeduftung auf die bei den Konsumenten mit der Marke verbundenen Vorstellungen festgestellt werden.

Bei der Produktwahrnehmung konnte ein Einfluss der Displaybeduftung beobachtet werden. Zwar wirkt sich die Beduftung auf das vom Konsumenten bewertete Preis-/ Leistungsverhältnis für das Produkt nicht wahrnehmbar aus, aber die Dimensionen Qualität und Frische führen zu einer hoch signifikant negativeren Beurteilung unter Duftbedingungen. Dies macht sich auch hoch signifikant negativ in der Präferenz für die Testmarke bemerkbar: Gegenüber Konkurrenzmarken wird die Testmarke als weniger wohlschmeckend vermutet. Diese Tendenz zeigt sich auf höherem

Niveau sogar bei den Befragten, die die Testmarke regelmäßig verwenden.

Diese negative Wirkungstendenz der Displaybeduftung lässt sich auch auf die vom Konsumenten empfundene Displaywahrnehmung übertragen. Hier werden einzelne Elemente der Displaygestaltung unter Dufteinfluss wesentlich negativer bewertet und wahrgenommen, als es ohne Beduftung der Fall ist. Ebenso negativ, jedoch in abgeschwächter Form, ist der Einfluss der Displaybeduftung auf die vom Konsumenten wahrgenommene Gestaltung des Verkaufsraumes. Dieser wird unter Dufteinfluss als weniger außergewöhnlich und weniger angenehm belüftet empfunden.

Der Duft führt zwar zu einer erhöhten Spontankaufrate unter den häufigen Käufern der Testmarke, allerdings steigt hier gleichzeitig der Anteil derjenigen, die unter Dufteinfluss von einem Kauf Abstand nehmen werden, um mehr als das Vierfache. Unter allen Befragten führt die Beduftung zu einer sinkenden Spontankaufrate, und ungefähr doppelt so viele Konsumenten wie am unbedufteten Display nehmen Abstand vom Kauf. Die Duftabgabe führt also zu einer erhöhten Produktablehnung für die Marke, die für alle befragten Konsumenten zu verzeichnen ist und sich in einer stark verringerten Bereitschaft zur Produktentnahme aus dem Display äußert. Bei der Kauffreude werden außerdem starke Geschlechterunterschiede sichtbar: Unter Dufteinfluss neigen vor allem Frauen (ca. 70 Prozent aller Befragten) signifikant zu Spontan- und Mehrkäufen, während mehr Männer tendenziell entweder das kaufen, was geplant war oder auf einen Schokoladenkauf ganz verzichten. Ein negativer Einfluss der Displaybeduftung auf die Absatzzahlen für das beworbene Produkt erscheint aufgrund dieser Wirkungstendenzen als naheliegend, kann jedoch aufgrund fehlender Inventurdaten nicht bewiesen werden.

Diese insgesamt recht überraschenden negativen Ergebnisse zeigen, wie wichtig es beim Einsatz informierender Düfte in der Verkaufsförderung ist, die Kauf- und Konsumerfahrungen der Verbraucher zu berücksichtigen. Verbraucher wissen anscheinend implizit, daß verpackte Tafelschokolade im Warendisplay nicht duftet und reagieren skeptisch, wenn entgegen ihrer Erfahrungen doch ein Schokoladenduft wahrnehmbar ist. Dieser kognitive Prozess läuft häufig unbewußt ab, so daß die Verbraucher vermutlich gar nicht „wissen", weshalb sie das Produkt ablehnen. Diese Erkenntnis verdeutlicht, daß der Einsatz von Produkt- bzw. Markendüften zur Verkaufsförderung und Erlebnisvermittlung am PoS nicht generell abzulehnen ist, sondern stark von der Auswahl des zu beduftenden Produktes abhängig ist. Produkte, die verpackt oder versiegelt sind und in denen der Konsument keine Duftstoffe erwartet (z.B. verpackte Lebensmittel, Tiefkühlprodukte), scheinen für eine produktspezifische Beduftung weniger geeignet zu sein als Produkte, von denen der Konsument weiß, daß sie mit Duftstoffen versetzt sind (z.B. Wasch- und Reinigungsmittel). Möglicherweise wären die Ergebnisse positiver ausgefallen, wenn die Befragten eine Erklärung für den Duft gehabt hätten. Eine solche Erklärung könnte etwa durch einen Verkostungsteller mit Schokoladenstückchen gegeben werden.

4.4. Einsatz von Duft bei Messen und Ausstellungen

Durch die Beleuchtung der Grundlagen und der Besonderheiten des menschlichen Geruchssinns sowie der Wirkungsweise von Düften auf Gefühle, Stimmungen und Verhalten wird deutlich, welchen entscheidenden Beitrag Duftstoffe zur Schaffung einer anregenden und angenehmen Atmosphäre auf dem Messestand leisten können. Dabei sind verschiedenste Anwendungsbereiche auf dem Messestand denkbar.

Beispielsweise kann die Signalwirkung von Duftstoffen genutzt werden, um Aufmerksamkeit auf den Stand zu lenken. Da Duftstoffe das Erregungsniveau erhöhen, können sie eine Orientierungsreaktion bzw. eine kurzfristige Hinwendung zum Reiz bewirken. Die Wahrscheinlichkeit, daß der Besucher den Messestand wahrnimmt, soll hierdurch erhöht werden.

Ebenso können die Assoziationen, die ein bestimmter Duft hervorruft, und die dadurch ausgelösten Emotionen sinnvoll eingesetzt werden, um den Produktnutzen des Exponats oder des gesamten Ausstellungsprogramms zu kommunizieren. Denkbar ist hier, daß z.B. Reiseanbieter den Geruch des Meeres einsetzen. So könnten bei Besuchern Erinnerungen an bereits erlebte Situationen am Meer und somit an die entspannten oder fröhlichen Stimmungen aus dem Urlaub wachgerufen werden. Der Nutzen, den das Produkt (hier: die Reise) verspricht, nämlich die Erholung oder der Spaß, der dort erlebt werden kann, wird so emotional kommuniziert und ist für den Besucher nachzuempfinden.

Ähnlich können die Gedankenverbindungen, die ein Duft auslösen kann, verwandt werden, um das Firmenimage zu unterstützen. Beispiel soll hier ein Anbieter von Produkten sein, der nur natürliche Inhaltsstoffe für die Herstellung von Babynahrung verwendet. Ein Duft aus der Natur kann die Natürlichkeit der verwandten Zutaten unterstützen, und das Umweltbewußtsein des Unternehmens emotional glaubhaft vermitteln. Zudem legt ein natürlicher Duft die Assoziation zu „gesund“ nahe. Da gerade emotionale Reize wie Düfte zu dauerhaft verankerten Einstellungen gegenüber einem Unternehmen führen können, besteht die Möglichkeit, eine positive Bewertung des Unternehmens und damit der Produktreihe als naturbelassen und gesund zu unterstützen.

Ebenso könnten Emotionen geweckt bzw. Stimmungen unterstützt werden, um die Produktbeurteilungen der Besucher positiv zu beeinflussen. Hier sei daran gedacht, daß bei der Präsentation von Dessous ein erotisierender Duft verwendet werden kann, der durch seine emotionale Wirkung zu einer verstärkten Wahrnehmung der erotischen Anmutung der Dessous und so zu einer positiveren Bewertung führen soll.

Ein weiterer Aspekt wäre im sogenannten „time-shifting“ zu sehen. Als Beispiel sind hier Saisonartikel zu nennen, die auf Ordermessen meist sehr frühzeitig präsentiert werden. Wiederverkäufer müssen sich auf Messen oft mit Dingen auseinandersetzen, die eigentlich nicht in die Jahreszeit und die momentane Stimmung passen. Als Beispiel sei hier die Bestellung der neuen Sommerkollektion in der Bekleidungsbranche genannt. Im Herbst/Winter sollen die Händler oft schon die Auswahl der Sommerkollektion mit leichten Blusen, Kleidern usw. treffen, wenn das eigene Bedürfnis noch nach dicker Winterkleidung besteht. Ein betont sommerlich gestalteter Stand und der Einsatz eines Sommerduftes kann die inneren Bilder von sommerlichen Begebenheiten beim Besucher entstehen lassen. Er weckt Lust auf den nächsten Sommer und versetzt den Besucher so in eine Stimmung, in der er sich gern mit der Sommerkollektion beschäftigt.

Offensichtlich sind auch die Einsatzmöglichkeiten auf Verkaufsausstellungen. So gibt es beispielsweise Hinweise darauf, daß Grapefruitduftstoffe unterschwellig Hungergefühle auslösen können, was sich positiv auf den Absatz von Lebensmitteln auswirken kann. Wie auch im genannten Beispiel der Bäckereien kann durch natürliche produkttypische Gerüche der Appetit der Besucher auf ein bestimmtes Produkt angeregt werden.

Ein wichtiger Aspekt für die Schaffung einer angenehmen Atmosphäre auf dem Messestand und somit eines positiven Wahrnehmungsklimas ist, daß der Besucher sich wohl fühlt und gut gestimmt ist. Es muß daher Ziel sein, möglichst positive Emotionen mit der Duftwirkung zu erreichen.

Im streßgeladenen Ambiente einer Messe herrscht meist allein durch die Ansammlung der vielen Menschen, welche die Luft verbrauchen und selbst Gerüche abgeben, durch die verschiedenen Ausdünstungen von Materialien, Maschinen, Computer usw. und die Mixtur des Ganzen eine schlechte Luftqualität. Untersuchungen zur Bewertung der Raumluft haben ergeben, daß unangenehme Gerüche (oder schlechte Luft) zu negativen Empfindungen führen. Diese gilt es im Sinne einer angenehmen Atmosphäre zu vermeiden. Zur Verbesserung der empfundenen Raumluftqualität (Indoor-Air-Quality) wird neben der Eliminierung der Schadstoffe zunehmend die Forderung nach einer als frisch und angenehm *empfundenen* Luft gestellt. Um in diesem Sinne das subjektive Empfinden des Besuchers zu optimieren, kann die Forderung nach ausreichender „thermischer Behaglichkeit" und auch „olfaktorischer Behaglichkeit" gestellt werden. Die thermische Behaglichkeit beschreibt dabei die als angenehm empfundene Ausgestaltung der Faktoren Raumtemperatur, Raumfeuchtigkeit und Raumluftgeschwindigkeit. Will man eine entsprechende olfaktorische Behaglichkeit schaffen, ist es oft nicht ausreichend, die Luft aufwendig zu reinigen, sondern vielmehr können ihr zusätzlich Geruchsstoffe beigefügt werden, die das Wohlbefinden der Menschen positiv stimulieren. Da es eine Reihe von Riechstoffen gibt, die positive Auswirkungen auf das Befinden haben (die z. B. entspannend, aktivierend, streßlösend usw. wirken oder einfach angenehm empfunden werden), könnten diese gezielt eingesetzt werden, um olfaktorische Behaglichkeit zu erzeugen (vgl. hierzu auch Kap. 5).

Es ist nachvollziehbar, daß die Auswahl des richtigen Duftes Grundvoraussetzung für den erfolgreichen Einsatz ist. Da die Bewertung „angenehm" oder „unangenehm" individuell sehr verschieden ausfallen kann, ist die Auswahl eines von möglichst vielen Besuchern als angenehm empfundenen Geruchs eine entscheidende und schwierige Aufgabe. Er sollte auf verschiedene Dinge wie auf das Unternehmen selbst, sein Produktprogramm, auf die Zielgruppe und die Aussage des Standes abgestimmt sein. Die als positiv genannte Eigenschaft „unaufdringlich" macht noch einmal deutlich, wie wichtig die richtige Intensität des Geruchs ist. Ein Dufteinsatz um die Wahrnehmungsschwelle, so daß er bewußt gar nicht wahrgenommen wird, kann hier generell empfohlen werden. Zumal zu berücksichtigen ist, daß das Standpersonal über Tage hinweg am Stand ist, und eine negative Beeinflussung unbedingt ausgeschlossen werden muß.

Anzustreben sind eine gleichmäßige Konzentration des Duftes an der Wahrnehmungsschwelle über die Zeit hinweg sowie eine gleichmäßige räumliche Verteilung des Geruchs. Probleme entstehen speziell auf dem Messestand auch dadurch, daß es sich bei Messeständen meist nicht um geschlossene Räumlichkeiten handelt. Probleme bereiten daher die Be- und Entlüftungsanlagen der Messehallen und die entstehenden Luftwirbel. Bei offen gestalteten Messeständen ergibt sich zudem die Schwierigkeit, daß der Duft entweicht. Für die empfundene Intensität ist außerdem die Menge der vorhandenen Besucher von Bedeutung, die von Tag zu Tag aber auch innerhalb der Tage variiert. Bezüglich der Qualität des Duftes ist zu beachten, daß sich bereits ein Gemisch der verschiedenen Gerüche in einer Messehalle befindet, und daher sichergestellt werden muß, daß der zusätzlich verwandte Duft sich nicht mit den anderen zu einer unangenehmen Kombination verbindet.

Abschließend sollen zwei Beispiele für einen erfolgreichen Einsatz von Duft auf Messen und Ausstellungen kurz dargestellt werden. Auf der Frankfurter Buchmesse 2000 wurde auf dem Stand des Buchhandels-Ladenbauers Brübach das erste duftende Hörbuch vorgestellt. Ein Zusammenschnitt von Szenen aus dem Verlagsprogramm des Hörverlags und einiger Folgen der Radio-Comedy „Curt's WG" von Radio ffn wurde szenengenau mit einer personengebundenen Duftabgabe synchronisiert und vermittelte so ein noch intensiveres Hörerlebnis. Mit dieser ungewöhnlichen Aktion gelang es dem Ladenbauunternehmen, seine

Position als innovativer und ungewöhnlicher Ansprechpartner des Buchhandel-Ladenbaus darzustellen.

Zunehmend werden Ausstellungen konzipiert, die eine Marke im Zusammenhang mit einer emotionalen Erlebniswelt präsentieren. „Mit allen Sinnen erleben“ heißt es in vielversprechenden Ankündigungen, versprochen wird den Konsumenten ein unvergeßliches Erlebnis. So wurden z.B. den Besuchern der Aktion „Wunderbare Welten“ die TUI-Reiseerlebnisse über alle Sinne erfahrbar gemacht. In der Ausstellung konnten die Besucher barfuß durch verschiedene Landschaften gehen (haptische Erfahrung). Passend zu den visuellen Eindrücken der Reiseziele konnten landschaftstypische Geräusche und Gerüche erlebt werden.

4.5. Einsatz von Duft in der Öffentlichkeitsarbeit

Die Öffentlichkeitsarbeit (public relations) umfaßt sämtliche Maßnahmen, mit denen Unternehmen um Vertrauen und Verständnis für ihre Belange werben. Die Öffentlichkeitsarbeit wird in den letzten Jahren zunehmend als Element der Entwicklung einer **Corporate Identity** betrachtet. Dabei handelt es sich um ein integratives Kommunikationskonzept, das ein einheitliches Erscheinungsbild (Corporate Design) der Unternehmen nach innen und nach außen gewährleisten soll.

Zahlreiche Unternehmen versuchen, ihre Unternehmensidentität über möglichst viele Sinnesmodalitäten, also auch über einen spezifischen Duft zu kommunizieren: Sie entwickeln ihren **Corporate Smell**. Mit einem typischen Unternehmensduft sollen die Gebäude der Unternehmung, wie z.B. Verkaufsräume, Eingangshallen, Büroräume etc. genauso beduftet werden wie das Briefpapier, die Visitenkarten, Geschäftsberichte und unter Umständen auch die Produkte der Unternehmung. Solche Strategien werden aus der Automobilindustrie und vor allem aus der Tourismusbranche berichtet *(vgl. Reye, 2002, S. 42)*.

4.6. Product Placement mit Duft

Ein weiteres Instrument der Kommunikationspolitik, in dem der Einsatz von Duft in Zukunft denkbar wäre, ist das Product Placement. Mit dem Begriff Product Placement wird die gezielte Plazierung von Markenartikeln als Requisiten in der Handlung einer Film- oder Fernsehproduktion oder einem Videoclip gegen Entgelt bezeichnet. Mit Product Placement werden vorwiegend Image- und Aktualisierungsziele verfolgt. Das Image eines Filmhelden kann sich auf die Marken übertragen, die von ihnen im Film verwendet werden. Die Aufmerksamkeitswirkung ist relativ groß, vorausgesetzt, die Plazierung ist deutlich genug. Der Einsatz von Duft im Rahmen des Product-Placements ist im Zusammenhang mit der Realisierung des Duftkinos denkbar. Hier lassen sich beispielsweise (neue) Parfums plazieren, die von den Hauptdarstellern getragen werden. Dadurch könnten Anbieter die angestrebten emotionalen Positionierungen ihrer Parfums (Erotik, Freiheit, etc.) sehr wirkungsvoll kommunizieren.

5. Düfte als Mittel der Raumgestaltung

5.1. Der kulturelle Umgang mit Raumdüften

Die zielgerichtete Ausbringung von Duftstoffen in Räumen ist keine Erfindung des modernen Marketing. Düfte werden zwar erst seit wenigen Jahren kommerziell in Räumen eingesetzt, aber die ersten Hinweise auf Duftverwendungen finden sich bereits vor über 5000 Jahren. Das antike Mesopotamien, Babylon und Ägypten zählen zu den ersten bekannten Hochkulturen, die Düfte als Luxusgut einsetzten. Neben Grabbeilagen, datiert auf 3500 v.Chr., die auf den Einsatz dekorativer Kosmetik und Duftsalben, also auf einen Einsatz von Düften am Körper hinweisen, gibt es auch zahlreiche Hinweise auf den Einsatz von Räuchermitteln bei Prozessionen oder zu festlichen Anlässen. *Ohloff* vermutet, daß der Rauch als Dank für das gottgegebene Feuer opfergleich gen Himmel steigen sollte *(Ohloff, 1996, S. 25ff.)*. Von derartigen Zelebrationen kommt vermutlich auch der Begriff Parfüm (lat.: per fumum = durch den Rauch).

Erst nach dem Verfall des römischen Reiches um 450 n.Chr. versank auch die bis dahin gepflegte Duftkultur in Mitteleuropa *(ebenda, S. 131)*. Die Zeit der Kreuzzüge vom Ende des 11. bis zum Ende des 13. Jahrhunderts brachte diese Region wieder in Kontakt mit den Wohlgerüchen des Orients *(ebenda, S. 251)*.

Abgesehen von der christlichen Verwendung des Weihrauchs in den Kirchen beschäftigte man sich erst viel später, gegen Ende des 18. Jahrhunderts verstärkt mit der Reinhaltung des öffentlichen Luftraums in den Großstädten. Die mangelnde Hygiene, herumliegender Unrat sowie Fäkalien und Aas in den Straßen sorgten für einen üblen Gestank, den man als Ursache für vielerlei Krankheiten wie z.B. die Pest ausmachte. Nachdem einige skurrile Versuche der Luftreinigung zwangsläufig fehlschlugen (z.B. die Explosion von Schießpulver in einer Dijoner Kirche im Jahr 1773, um das Gotteshaus durch die Vibration vom Leichengestank zu befreien), begann man mit der Errichtung von Kanalisationen und dem Verlegen von Straßenpflaster, das nach damaliger Gelehrtenmeinung das Ausdringen gefährlicher Miasmen aus dem Erdboden verhinderte *(Corbin, 1984, S. 121-136)*.

Die drei bis heute wesentlichen Ziele der Desodorierung und Raumbeduftung (Religionsopfer, Hedonik/Wohlbefinden/Luxus sowie Hygiene) folgen also einer teilweise Jahrtausende alten Tradition, in die sich der heutige Einsatz von Raumdüften zu Marketingzwecken nahtlos einreiht.

5.2. Ziele der Raumgestaltung mit Duftstoffen

Mit der kommerziellen Duftabgabe in Räumen verfolgt man vor allem folgende Ziele:

- Umsatzsteigerung
- Verkaufsförderung und Information
- Steigerung des Wohlbefindens
- Bekämpfung oder Maskierung unangenehmer Gerüche
- Markierung.

In erster Linie soll die Duftabgabe den Umsatz erhöhen. *Stöhr* stellte in einer Untersuchung in einem Sportartikelgeschäft eine durch Duft bedingte Umsatzsteigerung von 6 Prozent fest *(Stöhr, 1998, S. 142)*. Eine andere, unveröffentlichte Studie stellte bei den Spontankäufen in einem Warenhaus zwar bessere Werte im Duftzeitraum fest, allerdings waren diese statistisch nicht signifikant *(Kaufhof Warenhaus AG, o.J., S. 6)*. Eine eigene Studie in einem Buchgeschäft zeigte, daß Kunden mit bestehender Kaufabsicht zwar nicht mehr gekauft haben als ursprünglich geplant, allerdings stieg durch den Duftstoffeinsatz laut Selbstauskunft der Befragten die Spontankaufrate von 7,5 Prozent auf 16,5 Prozent an, d.h., im unbedufteten Zeitraum waren unter den Kunden 7,5 Prozent und im bedufteten Zeitraum 16,5 Prozent Spontankäufer. Ökonomische Größen kann man mit einer Duftabgabe also beeinflussen, allerdings ist der Erfolg vor allem von der hedonischen Qualität und der Intensität der Düfte sowie vom Produkt abhängig. Wenig präferierte oder zu stark riechende Düfte beeinflussen ökonomische Zielgrößen weniger stark oder sogar negativ, weil ihnen andere Wirkungsmechanismen zugrunde liegen. Was die Produktabhängigkeit betrifft, so ist davon auszugehen, daß ein Reifen- oder Sanitärhändler nicht deshalb mehr Reifen bzw. WC-Schüsseln verkauft, weil er sein Geschäft beduftet. Allerdings kann er versuchen, durch eine partielle Raumbeduftung die Präferenzen auf ein höherwertiges Angebot oder auf eine bestimmte Marke zu lenken, was letztendlich auch zur Umsatzsteigerung führen kann.

Die weiteren Ziele „Verkaufsförderung und Information", „Steigerung des Wohlbefindens" und „Bekämpfung unangenehmer Gerüche" sollen als Zwischenziele ebenfalls der Umsatzsteigerung dienen.

In der Verkaufsförderung kann man durch Insel- oder Displaybeduftung bestimmte Produkte nur durch den Dufteinsatz am PoS sensorisch oder emotional erfahrbar machen. Der Pizzaduft am Kühlregal gibt dem Käufer einen sensorischen Vorgeschmack auf das, was ihn beim Aufbacken im heimischen Herd erwartet. Ein entsprechender Duft kann appetitanregend wirken und dadurch Spontan- oder Mehrkäufe auslösen. Ein Lebkuchenduft an einem Büchertisch für Weihnachtsrezepte kann Vorfreude auf das Backresultat erzeugen und damit den emotionalen Wert derartiger Bücher erhöhen.

Angenehme Raumdüfte sind auch dazu geeignet, das Wohlbefinden der Kunden steigern, so daß sie sich länger im Geschäft aufhalten und mehr Gelegenheit haben, sich mit dem Sortiment zu befassen *(Stöhr, 1998, S. 140-142)*. Dieselben Wirkungen erzielt man durch die Vermeidung negativer Gerüche.

Mit einer Markierung durch Duft möchte man erreichen, daß bestimmte Produkte und Dienstleistungen olfaktorisch vom

Wettbewerb abgegrenzt und von den Kunden wiedererkannt werden. Duft kann unwillkürlich ein gewisses Maß an Vertrautheit beim Kunden schaffen *(vgl. Vroon, 1997, S. 104 und 192)*, sobald er ein bestimmtes Geschäft oder die Räume seiner Hausbank betritt. „Shop-in-shop"-Systeme können Duft nutzen, um Erlebnisparzellen innerhalb eines Verkaufsraums zu schaffen *(vgl. Hansen, 1990, S. 306-310)*, die auf bestimmte Marken (z.B. Diesel Jeans in einem Bekleidungskaufhaus) oder Dienstleistungen (z.B. Neckermann-Reisebüro in einem Quelle-Shop) hinweisen.

5.3. Duftwirkungen in der Raumgestaltung

5.3.1. Umweltpsychologischer Erklärungsansatz

Emotionale Duftwirkungen kann man neben den Gedächtniswirkungen als eine der beiden Hauptwirkungen von Düften auf das menschliche Verhalten bezeichnen. Sie wurden vielfach sowohl auf physiologischer als auch auf psychologischer Ebene beschrieben *(z.B. Jellinek, 1994, S. 92-95; Vernet-Mauri et al., 1999, S. 182; Vroon, 1997, S. 151f.)*. Die emotionalen Reaktionen der Menschen auf Umweltreize sind auch zentrales Element des Modells von *Mehrabian & Russell* (siehe Kap. 2.2.1.1), weshalb man mit diesem emotionalen Ansatz der Umweltpsychologie die Duftwirkungen in der Raumgestaltung im wesentlichen beschreiben kann: Duft als Teil der wahrnehmbaren Umweltreize bzw. der Informationsrate beeinflußt die emotionale Reaktion der Menschen auf die Umwelt.

Jede Emotion läßt sich als eine bestimmte Kombination der drei grundlegenden Gefühlsdimensionen Erregung, Lust und Dominanz beschreiben. In einigen Studien konnten Wirkungen bestimmter Düfte auf die Aktivierung (Erregungsdimension) und das Wohlbefinden (Lustdimension) nachgewiesen werden (siehe Kap. 2.2.2.2). Düfte können also mehr oder weniger aktivierend und eher positiv oder eher negativ auf die Emotionen wirken, wobei die negativen Reaktionen auf unangenehme Düfte sehr viel stärker ausfallen als die positiven Reaktionen auf angenehme Düfte *(Knasko, 1992, S. 33)*.

Die Folge emotionaler Umweltwirkungen zeigt sich beim Individuum je nach Persönlichkeitstyp in unterschiedlichem Verhalten. *Mehrabian & Russel (1974)* unterscheiden zwei Hauptkategorien:

(1) Annäherung (aufgrund einer positiven Beurteilung der Umwelt)

(2) Meidung (aufgrund einer negativen Beurteilung der Umwelt).

Mit diesen Kategorien ist zunächst das motorische Verhalten gemeint, also das physische Hin- oder Wegbewegen bezüglich der Umwelt. Ein Annäherungsverhalten an die Umwelt ist bei aktivierenden, positiv wirkenden Düften zu erwarten, eine Umweltmeidung hingegen bei gegenteilig wirkenden Düften. Im weiteren kann man vielfältige spezifische Verhaltensweisen beobachten. Hierzu zählen etwa das Erkundungsverhalten in einer Einkaufsstätte, die Kommunikationsbereitschaft mit anderen oder das Problemlösungsverhalten *(Kroeber-Riel / Weinberg, 1996, S. 420)*.

Die Reaktionsvariablen werden in der Duftforschung dadurch erfaßt, daß man den Dufteinfluß auf die Verhaltensreaktionen der Menschen im Raum erfaßt. Die Modellspezifikation von *Mehrabian & Russel* erlaubt die durchgehend hypothesengestützte Messung der Duftstoffwirkung in Räumen, beispielsweise in Ladengeschäften des Einzelhandels.

So kann man vermuten, daß das empfundene Einkaufsvergnügen (Lust, Erregung) besonders die Verweildauer, die Erkundungsbereitschaft und die Ausgabebereitschaft beeinflußt. In Geschäften mit anregender Atmosphäre kann man höhere Umsätze erzielen. Außerdem ist die Stimmung der Konsumenten in der Regel positiver, je abwechslungsreicher, vielfältiger und überraschender die Ladenumwelt wahrgenommen wird. Außerdem schätzen vor allem Menschen, die sich gegenüber erregenden Reizen öffnen, erlebnisorientierte Einkaufsstätten. Die PoS-Beduftung als Teil der Ladenumwelt kann folglich auch die Umweltwahrnehmung, die Verweildauer sowie die Ausgabebereitschaft beeinflussen.

5.3.2. Ausgewählte Duftwirkungen in der Raumgestaltung

Das umweltpsychologische Modell von *Mehrabian & Russell* ist zwar gut geeignet, um die Annäherung an Räume oder deren Meidung zu erklären. Allerdings bildet es nur einen bestimmten Ausschnitt der Realität ab. Deshalb werden im folgenden neben ausgewählten umweltpsychologischen Wirkungen auch andere, empirisch beobachtete Dufteffekte beschrieben, die vom Umweltmodell nicht erfasst werden.

In einer eigenen Studie in einem Autohaus wurden 30 Kunden befragt, wobei die eine Hälfte einem speziell für jene Automarke entwickelten Raumduft ausgesetzt war, die andere Hälfte hingegen im unbedufteten Zeitraum interviewt wurde. Tendenziell konnte folgendes festgestellt werden:

Die Farben im Verkaufsraum wurden unter Dufteinfluß heller und freundlicher wahrgenommen, die Einrichtung erschien moderner, freundlicher und origineller, auch die Luft im Verkaufsraum wurde als frischer, weniger stickig und weniger verbraucht beurteilt. Die Befragten fühlten sich unter Dufteinfluß tendenziell angeregter und aktiver, vergnügter und ungezwungener.

Obwohl der geringe Stichprobenumfang keine allgemeingültigen Aussagen zuläßt, kann man sagen, daß sich die Beduftung tendenziell positiv auf das Wohlbefinden und auf die Umweltwahrnehmung ausgewirkt hat.

Eine weitere Studie wurde in einem Geschäft des Buchhandels durchgeführt. Der Stichprobenumfang erreichte in der ersten, unbedufteten Woche 200 und in der zweiten, bedufteten Woche 201

Kunden. Die Testpersonen wurden beim Verlassen des Geschäfts mit einem standardisierten Fragebogen interviewt. Ihnen wurde nicht mitgeteilt, daß man das Geschäft beduftet hat, sondern nur, daß es sich um eine Befragung zum Thema Ladengestaltung handele. Mit der Untersuchung sollte überprüft werden, welchen Einfluß Duft auf die Stimmung und auf das Verhalten der Konsumenten sowie auf deren Beurteilung des PoS hat. Im Duftzeitraum kam ein Sandelholzduft zum Einsatz, der mittels Kaltverdunstung in gleichmäßig geringer Intensität ausgebracht wurde. In einem Vorauswahltest erhielt Sandelholz die höchste Akzeptanz unter sechs Duftalternativen. Der Duft wurde außerdem als passend zum Buchhandel empfunden.

Im Ergebnis wurde die Informationsrate, also die Summe aller wahrgenommenen Einzelreize, durch den Duftstoff minimal erhöht. Unter Dufteinfluß konnte die emotionale Qualität der Umwelt signifikant verbessert werden, d.h., der Eindruck der Konsumenten vom Geschäft war angenehmer und überraschender (höheres Lustgefühl). Das Aktivierungsniveau konnte erhöht werden: Die Befragten fühlten sich etwas aktiver und signifikant wacher. Bei der Beurteilung des Sortiments erschien den Befragten das Angebot tendenziell verführerischer, preiswürdiger und signifikant attraktiver. Die subjektiv empfundene Verweildauer konnte durch den Dufteinfluß leicht verlängert werden. Die vermutete Annäherung an die Ladenumwelt ist tendenziell, wenn auch nicht signifikant, eingetreten. Befragt nach den Kaufabsichten haben im unbedufteten Zeitraum signifikant mehr Kunden genau das gekauft, was geplant war. Im Duftzeitraum konnte die Anzahl der Spontankäufe signifikant erhöht werden, d.h., unter Dufteinfluß gab es mehr Kunden, die etwas gekauft haben, obwohl sie ursprünglich keine Kaufabsichten hatten. Mehrkäufe konnten durch Duft nicht initiiert werden, d.h., der Duft hatte keinen Einfluß darauf, daß mehr als ursprünglich geplant gekauft wurde. Besonders durch die Erhöhung der Spontankaufrate sind Umsatzerhöhungen zu vermuten.

Stöhr konnte in einem Sportartikelgeschäft zeigen, daß die Duftreize sowohl die wahrgenommene Informationsrate als auch die emotionale Qualität positiv beeinflussen. Gleiche Einflüsse konnten für das Annäherungsverhalten und für die emotionale und kognitive Bewertung des Sortiments nachgewiesen werden *(Stöhr, 1998, S. 134-136)*. Zusätzlich ergab eine Beobachtung, daß die Kunden unter Dufteinfluß eine signifikant höhere Produktkontaktbereitschaft hatten, daß sie eher zum Bummeln und Erkunden tendierten und daß sie eine höhere Kaufbereitschaft hatten *(ebenda, S. 140f.)*. Der Dufteinfluß auf die Umweltwahrnehmung und auf das Kaufverhalten führte im Duftzeitraum zu einer sechsprozentigen Umsatzsteigerung *(ebenda, S. 142)*.

In einer weiteren eigenen Studie konnten Markenwirkungen durch den Einsatz von Duftstoffen nachgewiesen werden. Dazu wurde in zwei Geschäften des Reifenhandels das Display einer Testmarke zeitweise mit einem Orangenduft beduftet, während das Display einer Vergleichsmarke während der gesamten Untersuchung unbeduftet blieb. Insgesamt wurden 160 Kunden mit einem standardisierten Fragebogen persönlich interviewt. Beide Displays hatten ein anderes Aussehen, aber sie bestanden beide aus einem Plakat in den jeweiligen Firmenfarben mit Produktinformationen, einer Halterung und einem darin befindlichen Reifen der jeweiligen Marke in vergleichbarer Qualität und Preisklasse. Zum Einsatz kam ein Gerät auf Granulat-Druckluft-Basis zur partiellen Raumbeduftung. Über einen Bewegungssensor wurde der Duft ausgelöst, sobald jemand in die unmittelbare Nähe des Displays kam.

Die folgenden signifikanten Unterschiede konnten ermittelt werden: Die Testmarke wurde durch den olfaktorischen Reiz sympathischer beurteilt und der Reifen gefiel den Testpersonen besser. Im Zeitraum der Beduftung war es für die Befragten wichtiger, einen Reifen der Testmarke zu bekommen. Gegenüber der Vergleichsmarke wurde die Testmarke unter Dufteinfluß sympathischer wahrgenommen als im unbedufteten Zeitraum. Mit Duft war es den Befragten wichtiger, die Testmarke zu bekommen als es bei der unbedufteten Vergleichsmarke der Fall war. Ein signifikanter Einfluß auf die Preiswahrnehmung und auf technische Details (z.B. die Profilbeurteilung beider Marken) konnte hingegen nicht festgestellt werden.

Eine eigene Studie in der Abteilung für Gartenbedarf in einem Baumarkt zeigte neben der Duftwirkung auf die Raum- und Sortimentswahrnehmung auch Effekte bei der Beurteilung der Verkäufer durch die Konsumenten. In dieser Studie wurden während der Pflanzzeit im Frühjahr insgesamt 160 Kunden befragt, die sich in der Gartenabteilung (Gartenblumen, Topf- und Zimmerpflanzen) aufhielten. Die Hälfte der Kunden wurde ohne Dufteinfluß, die andere Hälfte unter dem Einfluß eines Blumenmischdufts befragt, wie er typisch für Blumengeschäfte ist. Die Ausbringung des Duftes erfolgte mittels Kaltverdunstung und einem leistungsstarken Ventilator, ohne daß die Kunden die Technik bemerkten.

Im Zeitraum der Beduftung wurde der Verkaufsraum signifikant sauberer wahrgenommen, das Preis-Leistungs-Verhältnis der Pflanzen war hoch signifikant besser und der Verkaufsraum wurde hoch signifikant außergewöhnlicher beurteilt. Im Duftzeitraum kam es außerdem zu einer leichten Erhöhung der Spontankäufe und es wurde tendenziell mehr gekauft, als ursprünglich geplant war. Durch die Beduftung wurde das Personal etwas freundlicher und hoch signifikant kompetenter beurteilt als ohne Duft. Eine Erklärung für den Anstieg der durch die Kunden wahrgenommenen Verkäuferkompetenz könnte darin liegen, daß der Duft die Pflanzen gegenüber dem unbedufteten Zeitraum als frischer und gesünder erscheinen ließ. Diese vermutete höhere Qualität der Produkte könnte von den Kunden auf die gute Pflege und damit auch auf die höhere Kompetenz der Verkäufer zurückgeführt worden sein.

In diesem Zusammenhang ist jedoch unbedingt zu beachten, daß das Produkt auch das halten muß, was die dargebotenen Informationen am PoS suggerieren. Ansonsten setzt man sich der Gefahr aus, Kunden zu enttäuschen und sie folglich zu verlieren. Doch genau das Gegenteil möchte man durch den Einsatz von Duftstoffen in Räumen erreichen.

5.4. Umsetzung des Duftstoffeinsatzes in der Raumgestaltung

5.4.1. Duftauswahlprozeß

Die Duftauswahl orientiert sich sinnvollerweise an den Einsatzzielen (z.B. Aktivierung, Verbesserung der Raumatmosphäre) und den Einsatzbereichen der Duftstoffe (z.B. Fitneß-Center, Buchgeschäft, Fahrzeuginnenraum). In den Auswahlprozess kommen die Duftalternativen, die in Zusammenarbeit zwischen Marketingmanagement und Parfümeur vorab ausgewählt wurden. Im Auswahlprozess selbst werden die Düfte von Konsumenten aus der Zielgruppe beurteilt. Am Ende des Prozesses steht ein Duft, welcher der Zielgruppe von den getesteten Alternativen am besten gefällt und der die höchste Affinität aufweist, d.h., am besten zum Einsatzbereich paßt.

Nun gibt es Düfte, die den Befragten sehr gut gefallen, die aber nicht besonders gut zum Einsatzbereich passen. Andere Düfte wiederum passen sehr gut zum Objekt, aber sie werden nur mittelmäßig beurteilt. Damit stellt sich die Frage, welchem Duft man den Vorzug geben soll: dem Duft, der besser gefällt oder dem, der besser zum Objekt paßt. Sofern es zu diesem Konflikt zwischen der hedonischen Beurteilung und der Affinitätsbeurteilung kommt, sollte man der hedonischen Qualität des Duftes größere Priorität einräumen. Die Begründung liegt auf der Hand: Da Menschen visuell veranlagt sind, meinen sie in gewissem Rahmen das zu riechen, was sie sehen *(Batic/Gabassi, 1987, S. 90; Engen, 1972, S. 450; vgl. Greenberg, 1992, S. 468f.)*, so daß innerhalb dieses Rahmens die Affinität fast automatisch gegeben ist. Mit der Zeit lernen die Menschen außerdem, das Zielobjekt mit dem Duft zu assoziieren *(Engen, 1972, S. 456)*. Das Gefallen eines Dufts ist hingegen wesentlich stabiler und verhaltenswirksamer *(vgl. Engen, 1988, S. 79f.)*, weshalb man hier im Gegensatz zur Affinität größere Schwierigkeiten hätte, die hedonische Qualität zu erhöhen.

Der Prozeß von der Problemstellung des Kunden bis hin zum laufenden Betrieb von Duftautomaten läßt sich anhand bestimmter Schritte abbilden. Diese Schritte wurden vom Göttinger Institut für Sensorikforschung und Innovationsberatung GmbH (ISI) in ein modulares Verfahren transformiert, das sich bei sämtlichen Duftfragen im Marketing (Produkt-, Raumbeduftung, Corporate Smell, Duftkommunikation) zielgerecht einsetzen läßt. Beispielhaft wird dieses Verfahren, der ISI ScentOptimizer, für den Einsatz in der Raumbeduftung erläutert. Einen Überblick über das schrittweise idealtypische Vorgehen bietet die Abbildung 5-1.

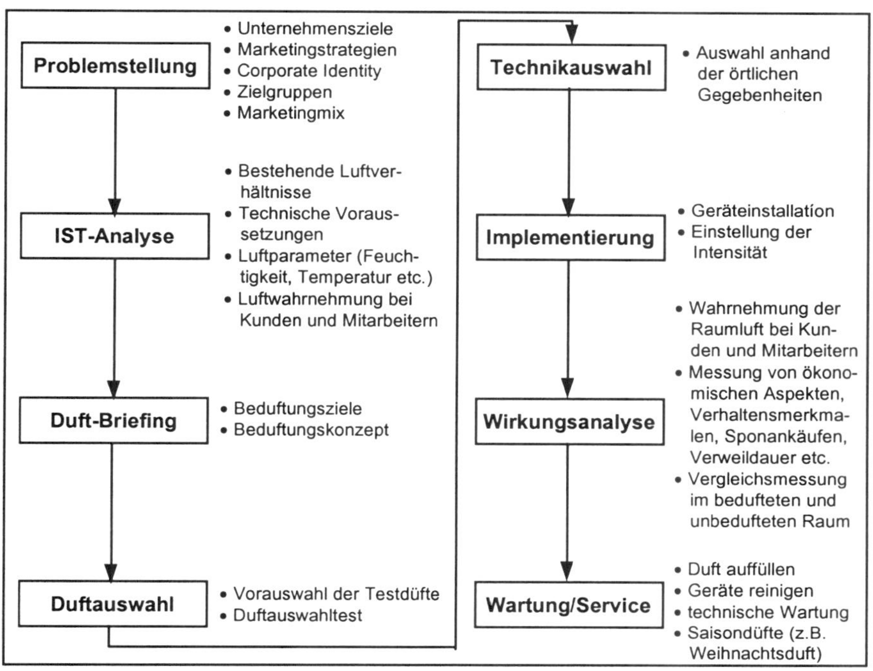

Abb. 5-1: ISI Scent Optimizer für Indoor Air Design

Das Verfahren ist in verschiedene Module unterteilt, die je nach Bedarf bzw. konkret vorliegender Zielsetzung kundenspezifisch zusammengestellt werden können:

(a) Problemstellung

Der Einsatz von Duftstoffen in Räumen kann verschiedene Ursachen haben. Im Vordergrund stehen oftmals bestimmte Unternehmensziele, z.B. Umsatz- oder Imageziele. Meistens besteht der Wunsch danach, den Umsatz zu erhöhen oder die Aufenthaltszeit der Kunden im Geschäft zu verlängern. Das Firmen- oder Markenimage kann man dadurch beeinflussen, daß man Düfte mit imagekonformen Attributen einsetzt, z.B. sportlich anmutende Düfte für Sportwagenhersteller oder für Laufschuhe einer bestimmten Marke.

Genau wie die Unternehmensziele gehören die Strategien zur Marketing-Planung *(Scharf/Schubert, 2001, S. 21)*. Die Verfahrensweisen, mit denen man die Ziele grundsätzlich und auf lange Sicht erreichen möchte, werden in Form von Strategien formuliert. Zunächst muß natürlich die strategische Entscheidung für einen Dufteinsatz im Marketing gefällt werden. Im Rahmen der klassischen Marketingstrategien kann man beispielsweise festlegen, daß über den Duftstoffeinsatz Präferenzen für das eigene Angebot geschaffen werden sollen, um den Absatzmarkt positiv zu beeinflussen (Marktstimulierungsstrategie). Ferner kann man Marktparzellierungsstrategien dadurch unterstützen, daß man nur in bestimmten Marktsegmenten Duftstoffe einsetzt. Es bietet sich beispielsweise an, Fahrzeugoberklassen mit einem hochwertigen Lederduft auszustatten, während Mittelklasse und Kleinwagen derselben Marke mit einem anderen Duft ausgestattet werden oder unbeduftet bleiben. Im Rahmen von Marktarealstrategien müssen sich multinational agierende Unternehmen unter Berücksichtigung der kulturellen Unterschiede in den einzelnen Ländern und Regionen darüber Gedanken machen, wie sie auf den verschiedenen räumlich-geografischen Absatzmärkten kulturspezifische

Duftstoffe einsetzen können *(Scharf/Struck, 1995; Schleidt et al., 1988)*.

Einige olfaktorische Probleme sind den Unternehmen überhaupt nicht bewußt. Als Beispiel kann etwa ein Geschäft mit extrem schlechter Raumluft herangezogen werden. Dadurch, daß die Mitarbeiter täglich dort arbeiten und sich an den Geruch gewöhnt haben, sind sie sich möglicher negativer Wirkungen auf die Käufer gar nicht bewußt.

Viele Unternehmen, vor allem Großunternehmen, streben ein einheitliches und prägnantes Erscheinungsbild an, das sie gegenüber den Mitarbeitern und der Öffentlichkeit kommunizieren. Dieses Selbstbild der Unternehmen wird als Unternehmensidentität bzw. Corporate Identity bezeichnet *(Scharf/Schubert, 2001, S. 278f.)*. Biologisch gesehen sind Körpergerüche bei Mensch und Tier identitätsstiftend, weil jedes Säugetier seinen typischen Duft verströmt, an dem es von Artgenossen erkannt werden kann *(Le Guérer, 1992, S. 23-34; Vroon, 1994, S. 14-17; Watson, 1999, S. 85-111)*. Vor diesem Hintergrund denken auch einige Unternehmen darüber nach, ihrer Unternehmensidentität ebenfalls einen charakteristischen Duft zu verleihen, der für eine intuitive Wiedererkennung und andere typische Duftwirkungen sorgen kann. Die Entwicklung eines Unternehmensdufts bzw. Corporate Scents kann ebenfalls Ausgangspunkt des Entwicklungsprozesses sein.[1]

Weitere Ansatzpunkte sind die Ansprache bestimmter Zielgruppen durch Duft, z.B. Kaufinteressenten für Oberklasse-Fahrzeuge, die im Autohaus mit einem hochwertigen Lederduft angesprochen werden sollen, oder verschiedene Problemstellungen im Bereich des Marketing-Mix. Im Rahmen der Verkaufsförderung werden beispielsweise beduftete Verkaufsdisplays getestet, für die Stärkung der indirekten Distribution kann eine Verbesserung der Raumluft im Einzelhandel geeignet sein, in der Produktpolitik

---

1 Eine französische Großbank verströmt probeweise in 300 Filialen einen klassischen Duft, der seriös wirken soll *(Wolff, 2001)*.

sind gesundheitsbedenkliche Emissionen in Neuwagen zu nennen, die durch Duft ersetzt werden könnten, nachdem die Fahrzeuge von den „Stinkstoffen“ befreit wurden.

(b) Ist-Analyse

Die Ist-Analyse dient der Bestandsaufnahme des formulierten Problems. In dieser Phase wird überprüft, ob sich das Ausgangsproblem überhaupt mit dem Duftstoffeinsatz lösen läßt und wird gegebenenfalls spezifiziert. Wenn beispielsweise das Raucherzimmer eines Krankenhauses stark mit negativen Gerüchen belastet ist, könnte der Klinikleiter versuchen, diese Gerüche mit Duft zu maskieren. Bei derart intensiven Gerüchen wird eine Maskierung jedoch kaum möglich sein, so daß die Problemstellung dahingehend spezifiziert werden muß, die Raumluft erst zu reinigen (z.B. durch Ionisierung) und anschließend angenehme Düfte freizusetzen. Zunächst geht es also um die Überprüfung der bestehenden Luftverhältnisse vor Ort. Damit ist nicht zwangsläufig die technische Emissionsmessung gemeint, die nur in Ausnahmefällen notwendig ist (z.B. in der Automobilproduktion), sondern die Beurteilung der Raumluft durch Fachleute. Die Luft wird auf schlechte Gerüche, auf Ausdünstungen von Materialien, auf menschliche Ausdünstungen und ähnliches überprüft. Sollten sich Stinkstoffe in der Luft befinden, so ist nach deren Ursachen zu forschen.

Außerdem sind die technischen Voraussetzungen für eine professionelle Raumbeduftung zu klären. An geeigneten Stellen müssen Stromanschlüsse vorhanden sein, an die man Stand- oder Regalgeräte anschließen kann. Für eine gleichmäßige Duftverteilung ist auch an den Einsatz in einer Frischluftanlage zu denken. Zu diesem Zweck ist die Dimensionierung der vorhandenen Anlage festzustellen, und die Eintrittspunkte der Duftstoffe in die Anlage sind festzulegen. Belüftungsanlagen haben den großen Vorteil, daß sie den Duftstoff gleichmäßig im Raum verteilen. Bei allen anderen Geräten ist der Duft in der Nähe des Gerätes immer intensiver wahrnehmbar und nimmt mit zunehmender Entfernung vom

Gerät ab. Das kann bei Inselbeduftungen erwünscht sein, erfordert aber beim Einsatz in größeren Räumen die Verwendung mehrerer, im Raum verteilter Geräte.

Die wichtigsten Parameter der Raumluft sollten auf unübliche Werte überprüft werden. Bei besonders niedrigen Temperaturen verflüchtigen sich oftmals andere Duftbestandteile als bei hohen Temperaturen, so daß der Duft in Extremfällen auf den Einsatzbereich abgestimmt werden muß. Besonders in großen Verbrauchermärkten mit hohen Decken oder auf Messen sind die Luftströmungen zu überprüfen. Hierfür reichen einfache Räucherstäbchen, mit denen man kontinuierliche Strömungen, z.B. leichte Zugluft oder die Gebläserichtung der Zuluftanlage, sichtbar machen kann. Die Duftgeräte müssen dann so aufgestellt werden, daß sich der Duft nicht vollkommen unkontrolliert im Raum verbreitet. Ein Einfluß der Luftfeuchtigkeit und des üblicherweise herrschenden Luftdrucks auf die olfaktorische Sensitivität konnte bislang nicht nachgewiesen werden *(Laffort, 1994, S. 124f.)*.

Empfehlenswert ist auch eine gezielte Befragung der Mitarbeiter und Kunden bezüglich ihrer subjektiven Wahrnehmung der Raumluftqualität. Dadurch erhält man häufig noch weitere wertvolle Informationen über die Art der Gerüche im Raum, über Ungewöhnlichkeiten und über die Stärke der empfundenen olfaktorischen Belastung.

(c) Duft-Briefing

Im dritten Schritt werden die Beduftungsziele auf Basis der Problemstellung und der Ist-Analyse konkretisiert und daraus ein Konzept erstellt, mit dem der Parfümeur gebrieft wird. Dabei kann man dem Parfümeur weitgehende Gestaltungsfreiheit lassen und ihn nur mit grundlegenden Informationen versorgen oder aber das Briefing mit sehr detaillierten Vorstellungen und Informationen versehen.

Unverzichtbare, grundlegende Informationen betreffen den Einsatzort und die Einsatzziele (z.B. allgemein angenehmer Duft, funktionaler Duft zur Aktivierung). Falls zu diesem Zeitpunkt schon die Ausbringungstechnik feststeht, sollte sie in das Duftbriefing einfließen, damit der Parfümeur den Duft bereits in der Entwicklung an die Technik anpassen kann. Ansonsten erfolgt die Anpassung zu einem späteren Zeitpunkt, wobei man dann möglicherweise in der Technikauswahl etwas eingeschränkt ist, weil sich nicht alle Riechstoffe für jede Technik eignen.

Die grundlegenden Informationen über den späteren Einsatzort betreffen z.B. die Raumausstattung und -beleuchtung, Farbkombinationen, Firmenfarben oder Produkte im Raum. Sofern eine Ortsbegehung nicht möglich ist, sollte man auf Bildmaterial zurückgreifen. Das Ziel für den Parfümeur könnte in einem allgemeinen Fall lauten, einen angenehmen Duft mit möglichst hoher Akzeptanz zu entwickeln. Dabei werden dem Parfümeur viele Freiheiten gelassen.

Möglicherweise muß man dem Parfümeur aber auch Produktproben zur Verfügung stellen, wenn sich die Duftanforderungen direkt aus dem konkreten Einsatzzweck ergeben. Ein Beispiel hierfür ist die Entwicklung eines bestimmten Weindufts, den ein Weingut im eigenen Verkaufsraum nutzen möchte, um damit eine erlebnisorientierte Atmosphäre zu schaffen. Weitere konkrete Entwicklungsvorgaben könnten sich etwa aus der Beschreibung der Zielgruppe und deren Vorlieben ergeben. Möchte sich beispielsweise ein Bankhaus mit einem seriösen Duft an seine ältere Kundschaft wenden, so wäre an eine vertraute Duftrichtung wie „Oriental“ mit frisch-würzig-pudrigen Duftnoten zu denken, wie sie die Klientel vermutlich von Old Spice kennt.

Aufgrund ihres Wissens, ihrer Erfahrung und ihrer Marktkenntnis sind Parfümeure in der Lage, aus dem Briefing verschiedene zieladäquate Duftvorschläge zu erarbeiten. Diese Vorauswahl sollte in Zusammenarbeit zwischen den Marketing-Verantwortlichen des Auftraggebers und dem beauftragten Parfümeur erfolgen.

(d) Duftauswahl

Die vom Parfümeur erstellte Vorauswahl an Düften wird anschließend von Personen der Zielgruppe (z.B. regelmäßige Besucher von Buchläden) in einem Duftauswahltest beurteilt.

Der ISI Scent Optimizer bedient sich dabei unter anderem der Verfahren zur Ermittlung affektiver Urteile für Düfte (siehe Kap. 6.2.3.). Um die Befragten nicht zu überlasten, sollten pro Interview je nach Komplexität der Testdüfte maximal sechs Düfte getestet werden. Bei Rangordnungstests ist es sinnvoll, die Anzahl der Proben auf drei bis vier pro Testperson und Testdurchgang zu begrenzen, um die Beurteilungsaufgabe so einfach wie möglich zu gestalten *(Scharf, 2000, S. 236)*.

Duftbeurteilungen führen zu einer größeren kognitiven Belastung als die Beurteilung visueller oder akustischer Reize. Die Beurteilung eines Dufts nimmt entsprechend mehr Zeit in Anspruch, und um eine Duftvermischung zu vermeiden, müssen Düfte in einem längeren Zeitabstand präsentiert werden als andere Reize. Vor dem Hintergrund, daß Informationen nur innerhalb weniger Sekunden zu einer Einheit integriert werden können, sollte man bei Rangordnungstests deshalb maximal die Anzahl an Düften testen, die innerhalb dieser kurzen Zeitspanne gerochen werden können. Sofern mehr Düfte zu beurteilen sind, als einer Testperson insgesamt zugemutet werden können, kann der Testleiter auf ein fraktioniertes experimentelles Design zurückgreifen. Dabei ist möglichst sicherzustellen, daß jeder Duft von einer gleich großen Anzahl von Testpersonen an jeder Testposition beurteilt wird. Außerdem ist es sinnvoll, die Kombination der Auswahl der präsentierten Duftproben systematisch zu variieren, um eine Verzerrung der Ergebnisse durch Reihenfolgeeffekte zu vermeiden. Zur Auswertung der Daten kommt vor allem die Varianzanalyse zum Einsatz. Der Duft, der anhand der Ergebnisse von der Zielgruppe signifikant am stärksten präferiert bzw. akzeptiert wird und der am besten zum Beduftungsobjekt paßt, ist für den späteren Einsatz prädestiniert.

(e) Technikauswahl

In Abhängigkeit der örtlichen Gegebenheiten und des Beduftungsziels wird eine geeignete Beduftungstechnik eingesetzt. Anhand der Beantwortung folgender Fragen können die Duftexperten eine Entscheidung bezüglich der optimalen Technik treffen:

- Sollen üble Gerüche wirkungsvoller dadurch bekämpft werden, daß vor dem Dufteinsatz eine Luftreinigung erfolgt?
- Soll der ganze Raum beduftet werden oder nur ausgewählte Bereiche?
- Welche Raumgröße soll beduftet werden und welche besonderen Luftverhältnisse bestehen im Raum?
- Soll der Duft dauerhaft wahrnehmbar sein oder nur für kurze Momente (z.B. beim Betreten des Raums oder wenn man durch eine bestimmte Abteilung geht)?
- Soll der Duft mit anderen Medien synchronisiert werden (z.B. mit Geräuschen oder Bildern in einer Ausstellung)?
- Soll die Duftintensität regelbar sein?

Die eingesetzte Technik muß auch dem Parfümeur mitgeteilt werden, damit dieser den Duftstoff gegebenenfalls anpassen kann. Dies ist notwendig, weil der ausgewählte Duft unabhängig von der eingesetzten Technik immer gleich riechen soll. Da ein Gel beispielsweise andere Materialeigenschaften hat als flüssiges Parfümöl, muß der Duft so verändert werden, daß er als Gel genauso riecht wie als Parfümöl (zu den wichtigsten Dufttechniken vgl. Kap. 5.4.3.).

(f) Implementierung

Wenn Duft und Technik feststehen, kann das Gerät eingebaut werden. Die Installation ist bei der Verwendung von Stand-, Wand- oder Deckengeräten relativ einfach und schnell zu realisieren. Insbesondere beim Einbau in Regale oder Zuluftanlagen können jedoch auch Probleme entstehen, da neben den Befestigungsmöglichkeiten der Geräte auch die gewünschten Duftaustrittspunkte und die Luftströmungen berücksichtigt werden müssen.

Die anschließende Einstellung der Duftintensität hängt vor allem vom Beduftungsziel ab. Möchte man für allgemeines Wohlbefinden und eine angenehme Atmosphäre sorgen oder ist aus Konsumentensicht keine „natürliche" Duftquelle zu sehen, dann sollte die Intensität leicht oberhalb der Wahrnehmungs- bzw. Geruchsschwelle, aber noch unterhalb der Entdeckungsschwelle liegen *(Ohloff, 1996, S. 292)*, so daß der Duft noch nicht bewußt wahrgenommen wird. Mit der unbewußten Duftwahrnehmung umgeht man das Problem, daß die Wahrnehmung durch kognitive Einflüsse „verzerrt" wird. Negative Einstellungen gegenüber Raumdüften äußern sich nämlich in einer negativen Verhaltensdisposition bzw. in einer Abwehrhaltung gegenüber dem Dufteinsatz. Derartige Kognitionen würden sich entgegen der eigentlichen Intention negativ auf das Wohlbefinden auswirken.

Sofern man mit Düften arbeitet, die auch der Information dienen, oder wenn es einen visuellen Anker zum Duft gibt (z.B. eine Schale mit Orangen bei der Verwendung eines Orangenduftes), kann man die Intensität so wählen, daß der Duft über der Erkennungsschwelle liegt und bewußt wahrgenommen wird. Aber auch hier gilt, daß ein als zu intensiv wahrgenommener Duft grundsätzlich negativ wirkt.

(g) Wirkungsanalyse

Nach der Installation der Dufttechnik werden Kunden und Mitarbeiter zu ihrer Raumluftwahrnehmung und zu anderen duftspezifischen Wirkungsvariablen befragt. Die möglichen Wirkungsdimensionen erfragt man indirekt über die Produkt- und Sortimentsbeurteilung, die Wahrnehmung der Mitarbeiter durch die Kunden, die hedonische Beurteilung der Raumgestaltung und der Raumluft sowie über die subjektive Befindlichkeit der Befragten (Stimmung, Aktivierung, Neugier). Die geschickte Formulierung von indirekten Fragen ist wichtig, weil manche Menschen dem Einsatz von Düften als Marketingvariable grundsätzlich skeptisch gegenüberstehen. Deshalb sollte man die Befragten nicht über das genaue Untersuchungsziel informieren *(Scharf/Schubert, 2001, S. 384f.)*. Durch dieses Vorgehen lassen sich die durch Einstellungen gegenüber der Duftanwendung bedingten Verzerrungen in den Antworten vermeiden.

Eine weitere Möglichkeit, die Duftwirkungen in Räumen zu erfassen, ist die Beobachtung. Die Untersuchungsperson sollte sich im Raum, z.B. in einem Verbrauchermarkt, unbeobachtet fühlen (biotische Beobachtung) und der Beobachter sollte in seiner Rolle unerkannt bleiben. Andernfalls besteht die Gefahr, daß sich die Beobachteten nicht wie gewöhnlich verhalten *(ebenda, S. 390)*. Mit der Beobachtung kann man nur das offene Verhalten erfassen, so daß sich diese Methode nur für sehr einfache Fragestellungen empfiehlt (z.B. Erfassung von Annäherungs-/Meidungsverhalten, Spontankäufen, Verweildauer) oder als ergänzende Methode zur Befragung verwendet wird.

Neben der Befragung und der Beobachtung kann man auch ökonomische Aspekte (Absatz- und Umsatzdaten) messen. Dazu werden beispielsweise die Daten aus Scannerkassen zwischen einem Zeitraum mit Duft und einem Zeitraum ohne Duft verglichen. Signifikante Veränderungen lassen in der Regel auf eine Duftwirkung schließen. Allerdings muß man darauf achten, daß die Testzeiträume nicht mit anderen konsumrelevanten Ereignissen zusammenfallen. Da es beispielsweise im Buchhandel kurz vor Weihnachten zu höheren Umsätzen kommt, sollte man diesen Zeitraum für die Wirkungsmessung meiden. Ansonsten würde man die höheren Umsatzdaten irrtümlich auf den Dufteinsatz zurückführen. Ein besonderes Zurechnungsproblem stellt die Verwendung von Themendüften dar. Wenn es beispielsweise kurz vor Weihnachten gilt, die Wirkung eines Lebkuchendufts an einer Verkaufsinsel für Backbücher zu überprüfen, sollte man zur Auswertung nicht nur die Umsatzdaten aus dem Testzeitraum heranziehen, sondern möglichst auch die durchschnittlichen Umsätze aus dem Vergleichszeitraum der letzten Jahre.

Um die Duftwirkung genau zu überprüfen, muß man experimentell vorgehen. Hierzu werden die Wirkungsvariablen bei zwei Gruppen miteinander verglichen. Eine Gruppe wird im unbedufteten Raum untersucht, die andere Gruppe im bedufteten Raum. Beide Gruppen können entweder parallel (z.B. in zwei strukturgleichen Geschäften) oder nacheinander (z.B. in der ersten Woche ohne Duft, in der zweiten Woche mit Duft) befragt werden. Die Wirkungsunterschiede in beiden Gruppen werden durch den Vergleich der jeweiligen Daten sichtbar.

Der ISI Scent Optimizer ist zwar als Phasenmodell dargestellt, er kann aber auch als Prototyping verstanden werden. Der aus der Softwareentwicklung stammende Begriff Prototyping bedeutet in diesem Zusammenhang, daß vor dem endgültigen Einsatz von Düften und Duftgeräten eine Testversion vor Ort installiert wird, mit der man die Duftwirkungen in der Zielgruppe überprüft. Das ist besonders dann ratsam, wenn ein Unternehmen zunächst etwas über die Duftwirkung in ihrem speziellen Fall erfahren möchte, um sich später für oder gegen einen dauerhaften Einsatz zu entscheiden. Sollte ein Duft nicht die gewünschte Wirkung erzielen, dann kann man anhand der Ergebnisse der Wirkungsanalyse ein weiteres Briefing für den Parfümeur erstellen. Auf Basis dieser Ergebnisse werden die Auswahldüfte modifiziert und der Prozess beginnt von vorne. Das Prototyping sieht also eine rekursive Schleife vom Duftbriefing bis zur Wirkungsanalyse vor, damit man sich bei komplexen Aufgabenstellungen schrittweise an die optimale Lösung heranarbeiten kann. Das Modul der Wirkungsanalyse kann auch dazu verwendet werden, um innovative Dufttechniken zu testen. Dabei bezieht sich die Wirkungsanalyse nicht auf den Duft sondern auf die Akzeptanz und die Wirkung der Dufttechnik.

(h) Wartung und Nachkaufservice

Im letzten Modul geht es darum, den erforderlichen Service für die installierten Duftgeräte anzubieten. Hierzu zählen das Auffüllen von Duftstoffen (z.B. bei schwer zugänglichen Geräten), die Reinigung der Duftgeräte von Rückständen oder sonstigen Verschmutzungen, welche die Duftqualität beeinflussen könnten, die technische Wartung (z.B. Austausch der Pumpe, Erneuerung des Schlauchsystems) und die Bereitstellung von Saisondüften (z.B. Lebkuchen zu Weihnachten, Maiglöckchen im Frühling, Früchte im Sommer) oder Aktionsdüften (z.B. Sonnencremeduft für eine Verkaufsförderungsaktion für Reiseliteratur). Im Rahmen des Services sollten die Techniker vor Ort auch die Einstellung der Duftintensität überprüfen und gegebenenfalls korrigieren. Bedingt durch die Adaptation von Duftstoffen hat man oft das Problem, daß ein Händler nach kurzer Zeit keinen Duft mehr wahrnimmt, weil er sich daran gewöhnt hat. Wenn er nun die Duftintensität erhöht, riecht der Händler den Duft zwar für kurze Zeit wieder, doch wenig später setzt die Adaptation erneut ein. Dieser Kreislauf wird manchmal so lange fortgesetzt, bis der Duft für den Händler dauerhaft wahrnehmbar ist. Das Problem ist nur, daß Kunden, die das Geschäft betreten, den Duft als viel zu intensiv empfinden, weil er mittlerweile an der Sättigungsschwelle liegt. Die Kunden verkürzen deshalb ihre Aufenthaltszeit oder meiden das Geschäft sogar. Dadurch besteht die Gefahr, daß das betreffende Handelsunternehmen mit der Raumbeduftung genau das Gegenteil von dem erreicht, was ursprünglich angestrebt wurde.

5.4.2. Einsatzbereiche von Düften in der Raumgestaltung

Die Einsatzbereiche kann man zunächst in Flächenbeduftung und in Inselbeduftung unterteilen. Bei der Flächenbeduftung wird der Raum vollständig beduftet, während bei der Inselbeduftung nur Teilbereiche (Inseln) des Raums mit einem Duft versehen werden. Ein Beispiel für die Flächenbeduftung ist ein Tagungsraum, der vollständig mit einem dezenten, aktivierenden Duft versetzt wird. Bei der Beduftung des Gartencenters in einem Baumarkt mit Blumenduft spricht man von einer Inselbeduftung, sofern die umliegenden Abteilungen unbeduftet bleiben. Die Duftinseln kann man bis auf die Größe einzelner Aktionstische oder Verkaufstresen verkleinern.

Gilt es, die Einsatzbereiche von Düften in Räumen weiter zu konkretisieren, ist es sinnvoll, Räume anhand ihrer Funktion zu kategorisieren:

- Verkaufsräume: Malls und Einkaufszentren, Ladengeschäfte, Verkaufsstellen in Geschäften (Shop-in-Shop), Messen und Ausstellungen etc.
- Halböffentliche Räume: Hotelzimmer, -flure, Frühstücksräume, Ferienhäuser, Reisebusse, Fitness- und Sportclubs, Krankenhäuser, Arztpraxen etc.
- Öffentliche Räume: Museen, Behörden, Linienverkehr (Nahverkehrsbus, Bahn, Flugzeug, Fähren), Taxis, Fahrstühle, Schwimmbäder, Freizeitparks, Kinos, Theater, Gastronomie etc.
- Sanitärräume: Toiletten, Duschen, Umkleidekabinen
- Kraftfahrzeuge: PKWs, LKWs
- Tagungsräume: angemietete Tagungsräume in Hotels und Kongreßzentren, Konferenz- und Besprechungsräume in Büros etc.

- Büros und Arbeitsräume (Personalmarketing): Fabriken, Werkstätten, Labore, Büroräume etc.

Die Einsatzbereiche lassen sich auch anhand der angestrebten funktionalen Wirkung unterscheiden, die bei den Personen im Raum erreicht werden sollen:

- Maskierung: Überdecken unangenehmer Gerüche mit angenehmen Düften.
- Konzentrationsförderung: Erhaltung der Aufmerksamkeit in Konferenzen, auf Tagungen, in Schulen und Hörsälen.
- Aktivierung: bei sportlichen Betätigungen, als Signalduft bei übermüdeten Kraftfahrern,[1] zur Erhöhung von Spontankäufen, zur Lenkung der Aufmerksamkeit auf einen bestimmten Bereich.
- Beruhigung und Entspannung: beruhigende Düfte in Räumen für große Menschenmassen (z.B. U-Bahnhöfe), Entspannung in Wartezonen (Kassenbereich, Wartezimmer), bewußte Entspannung (Massagepraxen, Kurhäuser).
- Begrüßung: Welcome-Düfte in Eingangsbereichen, die einen positiven ersten Eindruck schaffen sollen.
- Information: Information über Produkte in Geschäften oder bei Betriebsbesichtigungen, Lehrdüfte in Naturkundemuseen und -ausstellungen oder Geschichtsmuseen.[2]
- Identifikation: Corporate Smell, der signalisiert, daß man sich im Gebäude eines bestimmten Unternehmens befindet.
- Lernen: Düfte als Kontextreiz zur Unterstützung der Lernfähigkeit in Schulen und Universitäten.

---

[1] In einem unveröffentlichten experimentellen Versuch in einem Fahrsimulator konnte nachgewiesen werden, daß ein kontrollierter Duftausstoß vor einer Gefahrensituation die Fahrqualität in kritischen Situationen verbessert.

[2] Mit Erfolg werden in einem britischen Wikingermuseum Erinnerungsleistung und Erlebniswert durch Duft gesteigert *(Aggleton/Waskett, 1999)*.

- Unterhaltung: Spaßdüfte, die in Freizeiteinrichtungen für einen höheren und intensiveren Erlebniswert sorgen.

Einer Beduftung von Räumen sind nur dort Grenzen gesetzt, wo zu starke Luftströmungen herrschen oder wo die Räume zu groß sind. Hier wäre der Aufwand wesentlich größer als die zu erwartenden Nutzen. Starke Luftströmungen können beispielsweise in Eingangsbereichen oder Fluren mit mehreren viel frequentierten Zugängen vorkommen. Durch die Luftströmung besteht die Gefahr, daß der Duft zu schnell verfliegt oder sich unkontrolliert im Raum ausbreitet. In diesem Fall würde die kontinuierliche Duftabgabe nur Kosten verursachen, aber nicht den erhofften Nutzen bringen. Gleiches gilt etwa für Hallen mit sehr hohen Decken, in denen der Duft schnell nach oben steigt und keine Wirkung entfalten kann.

5.4.3. Technische Realisierung der Raumbeduftung

Alle technischen Geräte zur Raumbeduftung bestehen aus mindestens zwei Elementen: dem Duftspeicher und der Einheit zur Duftausbringung. Beide Elemente basieren auf mehreren technischen Umsetzungen, die im folgenden näher erläutert werden:

(a) Duftspeicher-Techniken

Flüssigkeitsspeicher: meistens geruchsneutrale Behälter aus Edelstahl oder Glas, die mit flüssigen Duftstoffen gefüllt sind

Gels: Die Duftstoffe werden in eine feste Masse (Gel) eingearbeitet. Das Gel wird meistens in Kunststoffdosen oder Gläser abgefüllt und gut verschlossen, so daß es über einen längeren Zeitraum gelagert werden kann. Der Duftstoff wird dadurch freigesetzt, daß das Gel im geöffneten Behälter verdunstet. Gel hat den Vorteil, daß es bei der Handhabung nicht verschüttet werden kann.

Granulat: Körner aus verschiedenen weitporigen Materialien (Kunststoff, Kiesel- bzw. Silicagel, Kalk, Ton usw.) saugen die flüssigen Duftstoffe auf und speichern sie in ihrem Inneren. Der Duftstoff wird durch Verdunstung oder durch die Durchlüftung des Granulats mit Druckluft freigesetzt. Granulate können einen Durchmesser zwischen 1 mm und 10 mm haben.

Gas: Speicherung der Düfte als Aerosole in Sprühflaschen (z.B. Raumsprays). Das Gas mit dem gelösten Duftstoff wird in die Umgebung gesprüht. Duftsprays enthalten allerdings flüchtige organische Verbindungen, die in hohen und häufigen Dosierungen zu gesundheitlichen Beeinträchtigungen führen können (o.V., 2000), so daß von deren regelmäßigem Einsatz abzuraten ist.

Sonstige Trägermaterialien: saugfähige Materialien wie Vliesstoffe, Filtermatten oder Filz- und Tonkorken. Die vollgesaugten Materialien geben den Duft durch Verdunstung wieder ab.

(b) Verfahren der Duftausbringung

Warmverdunstung (Verdampfung): Bei der Warmverdunstung werden die Duftstoffe entweder manuell oder durch das Gerät gesteuert in eine erwärmte Schale getropft und dort verdampft. Ein Ventilator verteilt die verdampfenden Duftmoleküle anschließend in der Umgebung. Die Intensität kann man über eine Intervallschaltung[1] oder über die zu verdampfende Duftmenge steuern. Die Warmverdunstung eignet sich vor allem für flüssige Duftstoffe. Eingesetzt wird sie häufig in Stand- und Tischgeräten. Dieses Verfahren weist allerdings einige Schwächen auf. Erstens muß man beachten, daß sich durch die Erhitzung der Charakter des Duftes verändern kann. Das muß in der Regel bei der Herstellung des Duftes berücksichtigt werden. Zweitens bleiben nach der Verdampfung oftmals Rückstände im Gerät zurück, so daß man auf eine regelmäßige Reinigung der Leitungen und

---

[1] Bei der Intervallschaltung wird das Gerät so programmiert, daß sich Phasen der Duftausbringung mit Phasen abwechseln, in denen kein Duft ausgebracht wird. Durch die Beduftung in Intervallen erreicht man eine geringere Duftintensität als bei kontinuierlicher Duftabgabe.

anderer Teile, die mit dem Duftstoff in Berührung kommen, achten muß. Drittens setzen sich die erwärmten Duftmoleküle durch die Abkühlung in der Umgebungsluft im Raum ab. Dieser Niederschlag kann dafür sorgen, daß der Duftstoff den bedufteten Raum dauerhaft kontaminiert.

Kaltverdunstung: Bei diesem Verfahren werden die Duftstoffe nicht mittels Erhitzung, sondern durch die natürliche Umgebungswärme verdunstet. Der Duftspeicher kann offen im Raum stehen und den Duft abgeben oder er befindet sich in einem Gehäuse, aus dem der Duft über einen Ventilator in die Umgebung abgegeben und verteilt wird. Für die Kaltverdunstung eignen sich flüssige Duftstoffe und Gels. Flüssige Duftstoffe werden häufig mit einem Docht aus dem Duftbehälter gesogen oder der Behälter verfügt über einen saugfähigen Korken bzw. Verschluß, der sich vollsaugt, während der Behälter im Gerät auf dem Kopf steht. Der Docht bzw. der Verschluß wird von der umgebenden Luft umströmt und gibt so die Duftmoleküle ab. Die Intensität kann man über eine Intervallschaltung, über die Umdrehungszahl des Ventilators oder über Schieberegler steuern, die mal mehr und mal weniger Luft an den Docht bzw. Verschluß lassen. Dieses Verfahren wird häufig in Stand- und Tischgeräten eingesetzt. Der Duft muß auf die Kaltverdunstung abgestimmt sein. Andernfalls besteht die Gefahr, daß er durch die unterschiedlichen Flüchtigkeiten seiner Komponenten „auseinanderfällt".

Feinstvernebelung, Zerstäubung: Bei der Feinstvernebelung werden die Duftstoffe mit einer Pumpe zu einem Kompressor gepumpt, wo die stark komprimierte Luft den Duftstoff in feinste Tropfen zerteilt und in einem kaum sichtbaren Sprühnebel nach außen abgibt. Die Tropfen sind so klein, daß sie sich gut im Raum verteilen und sich auch relativ schnell mit der Umgebungsluft verbinden, so daß – zumindest bei leistungsstarken Geräten – keine dauerhaften Niederschläge entstehen. Für die Zerstäubung sind ausschließlich flüssige Duftstoffe geeignet. Die Intensität wird üblicherweise über eine elektronische Intervallschaltung gesteuert.

Geräte, die nach diesem Prinzip arbeiten, sind gut für größere Räume geeignet.

Ionisierung: Dieses Verfahren wurde bislang hauptsächlich zur olfaktorischen Neutralisierung der Raumluft verwendet und stammt aus der Massenspektrometrie. In der Beduftung wird es bislang kaum eingesetzt, obwohl man damit qualitativ hochwertige Ergebnisse erzielen kann. Das Verfahren ist etwas aufwendiger. Es ist vergleichbar mit dem Pumpzerstäuber, wie man ihn von alten Parfümflakons her kennt. Durch das Drücken des Luftbalgs tritt am Zerstäuber ein feiner Parfümnebel aus. Bei der Ionisierung erzeugt man diesen Parfümnebel, indem man das Parfümöl mit Hochspannung elektrisch auflädt und dadurch einen Elektronen-Ionen-Nebel erzeugt. Durch das Anlegen der Hochspannung erreicht die Flüssigkeit einen kritischen Punkt, an dem sie keine weitere Spannung mehr halten kann und instabil wird. Die Duftmoleküle polarisieren und die gleichförmig geladenen Teilchen stoßen sich gegenseitig ab. Es entsteht eine Wolke kleinster, geladener Tröpfchen, deren Durchmesser weniger als 10 μm beträgt (1 μm = 1 millionstel Meter). Die Tröpfchen steigen entlang eines Dochts aus dem Duftspeicher und entladen sich in den Raum, wodurch eine sehr gleichmäßige Duftverteilung erzielt wird. Auch hier können nur flüssige Duftstoffe verwendet werden und die Intensität läßt sich sehr differenziert einstellen. Obwohl das Gerät mit Hochspannung arbeitet, wird eine geringe Stromstärke verwendet. Derartige Geräte können auch mit leistungsfähigen Batterien betrieben werden. Dadurch, daß sich die Duftöle durch die Ionisierung in einzelne Ionen aufspalten, verbindet sich die Flüssigkeit sofort mit der Umgebungsluft und ist so fein, daß keine Niederschläge entstehen. Folglich ist dieses Verfahren sehr gut für Belüftungsanlagen geeignet, kann aber ebenso als Stand-, Tisch- oder Regalgerät eingesetzt werden. Auch ein schneller Duftwechsel ist möglich, weil sich der in der Luft gelöste Duftstoff nach Abschalten des Spannungsfelds in kurzer Zeit wieder verflüchtigt. Die Duftintensität lässt sich intervallgeschaltet steuern.

Ultraschall: Bei der Verwendung von Ultraschall wird der flüssige Duftstoff auf ein flexibles Material getropft. Dieses Material wird in hoch frequente Schwingungen versetzt. Die so entstehende Vibration zerteilt die Flüssigkeit in kleinste Tröpfchen, die dann durch einen Luftstrom an die Umgebung abgegeben werden (japanisches Patent: Ultrasonic Type Scent Generator). Ultraschall wird in der Medizin auch zur Tötung schädlicher Bakterien (Sterilisation) eingesetzt, so daß derartige Geräte auch einen begrenzten Beitrag zur Luftreinigung leisten. Ultraschall-Geräte sind jedoch zur Zeit noch wenig verbreitet.

Druckluft: Druckluft wird vor allem dazu benutzt, um in Granulat gespeicherte Duftstoffe freizusetzen. Dazu wird eine Pumpe verwendet, die vorzugsweise zuvor gefilterte Luft durch das Granulat pumpt, so daß die am anderen Ende des Granulatbehälters ausströmende Luft mit Duftstoffen versetzt ist. Die Intensitätssteuerung erfolgt über die Stärke des Luftstroms, indem man die Pumpenleistung reguliert. Optimal an diesem System ist, daß sich die Duftstoffe bereits beim Ausströmen in der Gasphase befinden, so daß im Gegensatz zu den anderen Systemen keine Flüssigkeiten – und seien die Tropfen noch so klein – in den Raum gelangen. Die Gasphase minimiert die Gefahr einer dauerhaften Kontamination der Umgebung mit dem eingesetzten Duftstoff. Sobald die Pumpe ausgestellt wird, verfliegt der Duft, so daß eine exzellente Duftsteuerung möglich ist, die insbesondere bei Inselbeduftungen, kurzzeitigen Duftimpulsen oder kleinen Räumen nützlich ist. Wenn man über ein Leitungssystem mehrere Granulatbehälter an die Pumpe anschließt, besteht außerdem die Möglichkeit, den Duft gezielt an bestimmten Stellen im Raum auszubringen.

Piezo-Technik: Diese Technik ist vor allem durch ihren weit verbreiteten Einsatz in Tintenstrahldruckern bekannt. Anstelle der Tinte werden flüssige Duftstoffe in kleinsten Tropfen über die Piezo-Membran abgegeben und über einen Ventilator weiter verteilt. Die Piezo-Technik selbst dient als Pumpeinheit zur Duftausbringung aus dem Speicher. Beim Piezoeffekt wird über das Anlegen eines elektrischen Feldes an geeignete Materialien (z.B. Quarz, Kristalle) deren äußere Abmessung derart beeinflußt, daß sich das Material in Abhängigkeit des elektrischen Feldes verlängert oder verkürzt. Durch das Anlegen hoch frequenter elektrischer Wechselfelder kann man das Material in Eigenschwingung versetzen. Diese Schwingung wird für die Freisetzung des Duftes genutzt. Um diese Freisetzung zu beschleunigen, kann der Duftstrahl auch auf eine Heizplatte gelenkt werden, auf welcher der Duftstoff dann so schnell verdampft (quasi explodiert), daß sich die Qualität des Dufts im Gegensatz zur Warmverdunstung nicht verändert. Alternativ ist auch eine Zerstäubung möglich (deutsches Patent: Gerät zur Abgabe von Düften). Die Intensität wird über die Länge der Duftabgabe in einer Intervallschaltung gesteuert. Dieses Verfahren kann jedoch nicht in größeren Räumen eingesetzt werden, weil es nur wenig Duftstoffe freisetzt. Für Fahrgastzellen in Autos oder für kleine Räume ist die Intensität allerdings ausreichend.

Traditionelle Verfahren: Hierbei handelt es sich um klassische Raumbeduftungsverfahren, wie z.B. Potpourris, Duftkerzen und Aromalampen, die ebenfalls mit Kaltverdunstung oder Verdampfung arbeiten. Für den professionellen Einsatz sind diese Beduftungstechniken nicht geeignet, weil es ihnen an jeglicher Steuerungsmöglichkeit fehlt. Man kann weder die Intensität noch die Verbreitung der Duftstoffe im Raum regeln. Diese fehlende Kontrolle äußert sich häufig in zu starken Raumdüften, die auf viele Kunden eher abstoßend wirken. Ihr Einsatzbereich liegt vor allem in privaten Räumen.

Zur weiteren Differenzierung können die Geräte zur Duftausbringung stationär und mobil sowie elektronisch oder manuell gesteuert sein. **Stationäre Geräte** sind fest installiert und werden häufig für Klima- und Zuluftanlagen verwendet. Aber auch Geräte zur Wand- und Deckenmontage sowie Kunstpflanzen, in deren Pflanztopf die Dufttechnik versteckt wird, finden sich unter diesen Produkten. Stationäre Geräte sind für den dauerhaften Einsatz in einem Raum oder Gebäude konzipiert.

Mobile Geräte sind vor allem als Säulen oder als kleinere Tischgeräte erhältlich. Man kann sie in kürzester Zeit zu unterschiedlichen Einsatzorten bringen, so daß sie neben dem dauerhaften Einsatz in kleinen Räumen oder Geschäften auch gut für einen kurzzeitigen Einsatz im Rahmen bestimmter Events oder anderer Anlässe geeignet sind.

Die elektronische Steuerung dient vor allem der Kontrolle von Duftaktivierung, -dauer und Intensität. Die Schaltung der Duftaktivierung ist für Begrüßungsdüfte oder für eine Regal- bzw. Inselbeduftung interessant. Die Einschaltung erfolgt über eine Zeitschaltuhr oder einen Bewegungssensor, der das Duftgerät nur dann für eine bestimmte Zeit aktiviert, wenn sich Menschen im bedufteten Bereich befinden. Der Sensor stellt das Duftgerät wieder ab, wenn sich die Menschen aus dem Sensorbereich entfernen.

Hinsichtlich der Dauer der Beduftung kann das Gerät auch so geschaltet werden, daß es nur zu den Büro- oder Geschäftszeiten läuft und sich zu Geschäftsschluß automatisch abschaltet. Eine zweite Möglichkeit der Steuerung ist die reine Intervallschaltung, mit der man auch die Duftintensität beeinflussen kann. Die Intervallprogrammierung legt fest, wie lange ein Duft abgegeben wird und welche Länge die Pausen zwischen den Beduftungsintervallen haben sollen. Pausen- und Beduftungsintervall können zwischen wenigen Sekunden und wenigen Stunden betragen. Zur Intensitätssteuerung empfehlen sich kurze Beduftungsintervalle von wenigen Sekunden, die sich je nach Strömungsverhältnissen der Raumluft mit Pausen von bis zu einigen Minuten abwechseln können. Die reine Intervallschaltung ist gut für eine dauerhafte Raumbeduftung geeignet, während Bewegungssensoren den Duft nur bei Bedarf ausbringen.

Bei den Beduftungsmethoden ohne elektronische Steuerung ist es nicht möglich, die Duftausbringung zu automatisieren. Hier ist ein Eingreifen des Benutzers notwendig, indem er in Abhängigkeit von der Technik das Gerät von Hand ein- und ausschaltet, den Gelbecher öffnet und verschließt oder die Duftkerze anzündet bzw. löscht.

5.5. Kritik am Einsatz von Duftstoffen in Räumen

Die vielschichtigen Erkenntnisse über die Wirkung von Düften haben auch zu Bedenken gegenüber dem Dufteinsatz geführt. Sie beziehen sich hauptsächlich auf gesundheitliche Bedenken und auf die Angst vor Manipulation.

Gesundheitliche Bedenken werden insofern geäußert, als durch das notwendige Vorhandensein von Duftmolekülen in der Atemluft die Gefahr besteht, daß sich die Duftstoffe negativ auf den menschlichen Organismus auswirken. Abwehrreaktionen wie Kopfschmerzen sind möglich, und auch die zunehmenden Allergien der Menschen können ein Problem darstellen. Die häufigste Art allergischer Reaktionen sind allerdings Kontaktallergien, die für die Raumbeduftung unerheblich sind. Kontaktallergien entstehen bei der kosmetischen Duftverwendung auf der Haut. Ursache für die allergischen Reaktionen sind zumeist Alkohole, in denen der Duft gelöst und verdünnt wird. Alkohole trocknen die Haut aus, so daß es bei empfindlichen Menschen zu unerwünschten Reizungen und Hautreaktionen kommen kann.

Häufig richtet sich die Kritik auch gegen synthetische Duftstoffe, die bereits seit geraumer Zeit den größten Anteil der Grundsubstanzen für Duftstoffe ausmachen. Synthetische Substanzen werden oft als gesundheitsgefährdend dargestellt, während natürliche Duftstoffe und ätherische Öle als gesund eingestuft werden. Dabei übersieht man, daß natürlich nicht mit gesund gleichzusetzen ist. „Natürlich" bedeutet lediglich, daß das Ausgangsmaterial von natürlichen Quellen pflanzlicher oder tierischer Art stammt. Zwar haben natürliche Materialien oft eine lange Anwendungstradition, so daß sowohl deren positiven als auch negativen Wirkungen recht gut bekannt sind. Allerdings kommt es hier auch häufiger zu unsachgemäßer Anwendung durch die Wahl zu hoher Konzentrationen oder durch den Einsatz ungeeigneter Stoffe *(Bridges, 1999)*. Anfang 2002 brachte das Bundesinstitut für gesundheitlichen Verbraucherschutz und Veterinärmedizin in Berlin zum wiederholten Mal eine Warnung vor falsch angewendeten pflanzlichen Duftölen heraus. Diese können beispielsweise bei Kindern zu Vergiftungserscheinungen und Atemstörungen führen, wenn sie versehentlich in die Nase oder in den Rachen gelangen *(o. V., 2002)*. Synthetische Substanzen gelten gegenüber rein pflanzlichen Duftstoffen als zuverlässiger, weil ihre Qualitätskontrolle einfacher ist *(Bridges, 1999)*. Viele dieser Stoffe haben ein aufwendiges Zulassungsverfahren hinter sich und alle Materialien in synthetisch hergestellten Duftstoffen sind im Gegensatz zu einigen ätherischen Ölen bekannt.

Diese offiziellen Warnungen und Bedenken zeigen eine zunehmende Sensibilisierung der Bevölkerung und der Behörden gegenüber Konsumprodukten: Konsumgüter haben künftig nicht mehr allein einen individuellen Nutzen für die Anwender zu erbringen (z.B. Verfügbarkeit von kostengünstigen Nahrungs- und Genußmitteln, angenehmer Duft im Raum), sondern sie müssen außerdem einen Kollektivnutzen erbringen, der zusätzlich zum individuellen Produktnutzen auch die Reinhaltung von Gewässern, die Erhaltung der natürlichen Umwelt, die Verwendung unbelasteter Futtermittel in der Tierzucht oder die Re-Naturisierung von Lebensmitteln zwecks Verhinderung von Allergien, um nur einige Beispiele zu nennen, berücksichtigt. Die Skandale der Vergangenheit (BSE, Nitrofen) zwingen die Unternehmen zum Umdenken und erfordern als proaktive Maßnahme gegenüber den Konsumenten einen offeneren Umgang mit sensiblen Themen.

Zu einer solchen Maßnahme sollte es beispielsweise gehören, daß die Duftstoffindustrie sich verstärkt der Untersuchung von Riechstoffen auf Allergene widmet. Auch wenn viele Parfüms und Duftstoffe als unbedenklich gelten, sollte das Gefahrenpotential durch vorsorgliche Untersuchungen minimiert werden. Qualitätsnachweise, z.B. in Form von Siegeln, geben den Anwendern und Konsumenten mehr Sicherheit, schaffen Vertrauen und stellen damit auch einen Wettbewerbsvorteil dar. Die Duftstoffindustrie muß den Anwendern die Sicherheit geben, die durch den Dufteinsatz gewünschten positiven Ziele zu erreichen. Sie steht in der Pflicht, zu dokumentieren, daß sie den Konsumenten mit ihren Produkten etwas Gutes tut und die bei vielen Menschen und in vielen Kulturen vorhandene „Lust am Duft" verantwortungsvoll befriedigt.

Ein weiteres Phänomen im Zusammenhang mit gesundheitlichen Bedenken ist das der Dufthalluzination. Es wurde bereits mehrfach nachgewiesen, daß allein die Ankündigung einer Raumbeduftung zu vegetativen Abwehrreaktionen führen kann. Sofern Menschen gegenüber Duftstoffen negativ eingestellt sind oder meinen, derartige Substanzen nicht vertragen zu können, führt diese Auffassung zu einer verstärkten Selbstbeobachtung, die wiederum zu Symptomen führen kann, ohne daß tatsächlich eine physische Reaktion vorliegen muß *(Cioffi, 1992, S. 289)*. Derartige psychosomatische Reaktionen kann man durch Suggestion auslösen, die sich in Dufthalluzinationen äußert. Beispielsweise beobachtete *Slosson* in einem Versuch, daß destilliertes, geruchsloses Wasser zu Duftwahrnehmungen führen kann *(Slosson, 1899, S. 407)*. In einer Suggestionsuntersuchung behauptete *O'Mahony*, Duft per Rundfunk übertragen zu können. Im Anschluß an das Experiment klagten einige Radiohörer bei der Radiostation, über die der Test durchgeführt wurde, über Heuschnupfenattacken und Niesanfälle *(O'Mahony, 1978)*.

Diese Phänomene sind bekannt und sehr verbreitet. Dennoch sollte man mögliche Gesundheitsrisiken nicht ignorieren und vorzugsweise zugelassene und getestete Duftstoffe in der Raumbeduftung einsetzen. Hier müssen die Duftstoffhersteller in die Pflicht genommen werden. Ätherische Öle sind aus den vorgenannten Gründen mit großer Vorsicht zu behandeln.

Bedenken hinsichtlich möglicher Manipulationen durch Raumbeduftung gründen darauf, daß man sich dem Duft nicht entziehen kann, weil man atmen muß, und daß Düfte schon unterhalb der Wahrnehmungsschwelle Stimmung und Verhalten beeinflussen können. Daher entsteht Angst, hinsichtlich des Kaufverhaltens unterschwellig beeinflußt zu werden, was auch das Image des Duftanwenders belasten könnte, falls sich Verbraucher hintergangen fühlen.

Manipulation bedeutet, daß man systematisch und zielgerichtet Bewußtsein, Denkgewohnheiten und Gefühlslagen der Menschen prägt und lenkt, um selbständige rationale Entscheidungen zu verhindern. Es mag Düfte geben, die in der Lage sind, unerwünschtes Verhalten zu unterbinden[1]. Dabei handelt es sich jedoch um extrem unangenehme Gerüche, deren Einsatz im Marketing keinen Sinn macht. Mit angenehmen Düften wird man im psychosozialen Sinne kaum manipulieren können. Wenn man diesem Vorwurf die Schärfe nimmt, gelangt man automatisch zum gemäßigteren Begriff der Beeinflussung. Beeinflussung ist stets im Sinne der Marketingkommunikation. Sie läßt sich beim Dufteinsatz genauso wenig abstreiten wie bei jeglicher Art der menschlichen Kommunikation.

Kommunikation hat stets zwei Aspekte: den Inhaltsaspekt und den Beziehungsaspekt *(Nawratil/Rabaioli-Fischer, 1994, S. 105)*. Der Inhaltsaspekt bezieht sich auf die sachliche Mitteilung, also in unserem Fall auf die Information, die der Duft bietet. Ein Backduft kann beispielsweise bewußt über die Frische von Backwaren informieren, ein frischer Duft informiert unbewußt über die hygienischen Zustände in Sanitärräumen. Es sei jedoch eindringlich davor gewarnt, mit Backduft alte Brote verkaufen zu wollen oder mit Zitrusdüften über mangelnde Hygiene hinwegzutäuschen. Wenn Produkte oder Dienstleistungen nicht das halten,

---

[1] Die US-Armee prüft den Einsatz übler Gerüche als nicht tödliche Waffen, mit denen Partisanen und Demonstranten in die Flucht geschlagen werden sollen *(vgl. Albrecht, 2001)*.

was sie versprechen, dann führt das zu Enttäuschung.[1] Und enttäuschte Verbraucher werden ein Produkt kein zweites Mal kaufen.

Der Beziehungsaspekt der Kommunikation betrachtet die emotionale Ebene, die sich meist unbewußt äußert (z.B. im Tonfall oder nonverbal). Düfte sind vor allem ihres emotionalen Wertes wegen interessant. Eine Beeinflussung auf dieser Ebene ist in gewissem Rahmen also gewollt. Es liegen jedoch keine Hinweise auf den direkten positiven Einfluß von Düften auf komplexes menschliches Verhalten wie beispielsweise extensives Kaufverhalten vor. Menschen können durch Duft nicht dazu gebracht werden, Produkte zu kaufen, die sie nicht haben möchten oder absolut nicht benötigen *(Jellinek, 1994a, S. 99)*. Man darf auch nicht vergessen, daß der Dufteinsatz nur ein Baustein im Instrumentarium der Marktbeeinflussung ist. Erst die gewichtete Summe aller Einzelteile ist präferenzbildend wirksam und in der Lage, komplexes Verhalten zu steuern. Von daher ist der Manipulationsvorwurf als unberechtigt anzusehen.

---

1 Hartnäckig hält sich das Gerücht, Bäckereien würden künstliche Backdüfte verströmen, um Kunden anzulocken. Eigene europaweite Recherchen konnten jedoch keinen synthetischen Backduft ausfindig machen, der annähernd an den Duft frisch gebackener Teigwaren herankommt. Die menschliche Nase kann sehr feine Unterschiede erfassen und würde jede Abweichung vom frischen Duft sofort bemerken. Während des Backens und Bratens laufen komplizierte chemische Prozesse ab, die sich bislang nicht künstlich nachbilden lassen. Man kann also davon ausgehen, daß dort, wo es nach frischen Brötchen riecht, auch tatsächlich frisch (auf)gebacken wird.

6. Sensorische Produktforschung - Messung der Wahrnehmung und Beurteilung von Düften

6.1. Begriff und Aufgabe der sensorischen Produktforschung

Unter **sensorischer Produktforschung** versteht man die systematisch angelegte wissenschaftliche Untersuchung des Zusammenhangs zwischen den chemisch-physikalischen Bestandteilen von Produkten, den daraus resultierenden sensorischen Reizen und den durch sie ausgelösten Reaktionen des Menschen. Gegenstand der sensorischen Produktforschung ist demnach die Messung der auf visuellen, akustischen, haptischen, olfaktorischen und gustatorischen Sinneseindrücken beruhenden Produktwahrnehmung und Produktbeurteilung *(Scharf, 2000, S. 20)*.

Strenggenommen besitzen Produkte keine sensorischen Eigenschaften, sondern nur chemisch-physikalische Charakteristika, welche für die sensorischen Reize verantwortlich sind. Der Mensch erfüllt im Rahmen der sensorischen Produktforschung folglich eine doppelte Funktion, er ist Empfänger der Informationen und Meßinstrument zugleich *(Solms, 1977, S. 11)*. **Sensorische Produkteigenschaften** lassen sich folglich definieren als die von den chemisch-physikalischen Produktbestandteilen ausgelösten Reize, welche dem Menschen über seine Sinnesorgane direkt zugänglich sind: Ein Verbraucher kann beispielsweise die Farbe, den Geruch und die Konsistenz eines Shampoos vor bzw. während des Gebrauchs direkt sinnlich wahrnehmen.

Im Mittelpunkt der sensorischen Produktforschung steht traditionell die Messung, Analyse und Interpretation der sensorischen Wahrnehmung und Beurteilung von Nahrungs- und Genußmitteln. Aber auch Produkte aus anderen Bereichen wie beispielsweise Körperpflegeartikel, Reinigungsmittel und Kosmetika sind zunehmend Gegenstand einer systematischen Erfassung der menschlichen Wahrnehmung und Beurteilung.

6.2. Verfahren der sensorischen Produktforschung

Im Hinblick auf die zu messenden menschlichen Reaktionen lassen sich die Verfahren der sensorischen Produktforschung in zwei Kategorien unterteilen, und zwar in Verfahren zur Messung der Produktwahrnehmung und Verfahren zur Messung der Produktbeurteilung. Im Rahmen der **Wahrnehmungsmessung** unterscheidet man wiederum zwei grundlegende Varianten: Die Verfahren zur Identifizierung von Produktunterschieden, die als Diskriminationstests bzw. Unterschiedstests bezeichnet werden, dienen der Feststellung sinnlich wahrnehmbarer Unterschiede zwischen zwei oder mehreren chemisch-physikalisch ähnlichen, jedoch nicht identischen Produkten. Aufgrund der Fähigkeit des menschlichen Wahrnehmungssystems, geringe sensorische Unterschiede zu bemerken, ist die Beurteilungsaufgabe für die Testpersonen vergleichsweise leicht zu bewältigen.

Eine zuverlässige Erfassung sensorischer Produktreize ist nur über die Sinnesorgane des Menschen möglich. Das Ziel der sogenannten deskriptiven Verfahren, der zweifellos anspruchsvollsten Methoden der sensorischen Produktforschung, besteht deshalb darin, mit Hilfe der objektivierten menschlichen Wahrnehmung alle sensorischen Eigenschaften relevanter Testprodukte zu identifizieren und zu quantifizieren.

Die zweite Kategorie der Verfahren der sensorischen Produktforschung dient der **Messung der Produktbeurteilung**, d.h. der Ermittlung affektiver Urteile relevanter Zielgruppen bezüglich der sensorischen Eigenschaften von Produkten. Man unterscheidet hier wiederum in Abhängigkeit von der Art der Beurteilungsaufgabe zwischen Präferenztests und Akzeptanztests (vgl. hierzu Kap. 6.2.3.). Die Abbildung 6-1 veranschaulicht die Systematik der Verfahren der sensorischen Produktforschung.

Bezogen auf die Erfassung der menschlichen Reaktion auf olfaktorische Produktreize lassen sich durch den Einsatz der Verfahren der sensorischen Produktforschung unter anderem die folgenden Fragen beantworten:

Abb. 6-1: Systematik der Verfahren der sensorischen Produktforschung *(Quelle: Scharf, 2000, S. 23)*

- Nehmen die Konsumenten einen olfaktorischen Unterschied zwischen zwei Produkten wahr, z.B. zwischen einer eigenen Innovation und dem Marktprodukt des stärksten Konkurrenten? Wenn ja, durch welche olfaktorischen Eigenschaften unterscheiden sich die beiden Produkte (olfaktorische Produktwahrnehmung)?

- Welche olfaktorischen Eigenschaften in welchen Ausprägungen sind dafür verantwortlich, daß ein Produkt akzeptiert bzw. einem anderen Produkt vorgezogen wird (olfaktorische Produktbeurteilung)?

6.2.1. Verfahren zur Identifizierung olfaktorischer Produktunterschiede

Eine methodisch einfache und zugleich zuverlässige Art der Erfassung menschlicher Reaktionen auf sensorische Produkteigenschaften ist die Identifizierung sinnlich wahrnehmbarer sensorischer Unterschiede zwischen zwei chemisch-physikalisch ähnlichen, jedoch nicht identischen Produkten.

Die als **Diskriminationstests** (Unterschiedstests) bezeichneten Verfahren berücksichtigen in optimaler Art und Weise die Fähigkeiten des menschlichen Wahrnehmungssystems. Aufgrund seiner sinnesphysiologischen Gegebenheiten ist der Mensch erheblich besser dazu in der Lage, Unterschiede zwischen vorgegebenen sensorischen Reizen zu erkennen, als sensorische Merkmale eines Produktes zu benennen bzw. deren Intensität anzugeben. Der Einsatz von Diskriminationstests ist jedoch nur bei geringfügigen sensorischen Unterschieden zwischen den interessierenden Produkten sinnvoll. Bei größeren Unterschieden empfiehlt sich hingegen der Einsatz deskriptiver Verfahren, um das Ausmaß der sensorischen Abweichung zwischen zwei Produkten exakt ermitteln zu können *(Neumann/Molnár, 1991, S. 123f.)*. Andererseits sollte – aus forschungsökonomischen Gründen – bei bekanntermaßen geringen sensorischen Unterschieden zunächst mittels Diskriminationstest sichergestellt werden, daß ein signifikanter Unterschied zwischen den Testprodukten besteht, bevor diese einer deskriptiven Analyse oder einem affektiven Test unterzogen werden *(Stone/Sidel, 1993, S. 143)*.

Die Ergebnisse eines Diskriminationstest erfüllen im Rahmen der Informationsbeschaffung für die olfaktorische Produktgestaltung unterschiedliche Aufgaben, wie die folgenden Beispiele zeigen:

Ziel einer das olfaktorische Produktprofil betreffenden Rationalisierungsentscheidung („cost reduction“) ist es, die Produktionskosten beispielsweise durch die Reduktion der eingesetzten Riechstoffe oder durch Änderungen im Produktionsprozeß zu senken, ohne daß die Konsumenten diese Veränderungen sensorisch wahrnehmen können. Ein Hersteller einer Hautcreme, der einen teuren Riechstoff durch einen kostengünstigeren ersetzen möchte, muß sicherstellen, daß diese Modifikation von den Abnehmern nicht bemerkt wird. Liefert ein Diskriminationstest die Information, daß die beiden Hautcremes von aktuellen Käufern nicht unterschiedlich wahrgenommen werden, kann das Unternehmen die modifizierte Variante ohne Risiko einführen.

Auch zur Realisierung olfaktorischer Me-too-Produkte sind die Ergebnisse von Unterschiedstests eine unverzichtbare Informationsquelle. Beabsichtigt beispielsweise ein Parfümhersteller, das sensorische Profil eines erfolgreichen Konkurrenzproduktes zu kopieren, sind im Innovationsprozeß nicht nur die analytischen Fähigkeiten der Parfümeure sowie Ergebnisse instrumenteller Analysen (z.B. Gaschromatographie), sondern auch Ergebnisse olfaktorischer Diskriminationstests von elementarer Bedeutung.

Eine andere Informationsfunktion erfüllen Tests zur Ermittlung sensorischer Produktunterschiede im Rahmen von Umpositionierungen. Verfolgt ein Hersteller von Haarpflegeprodukten etwa das Ziel, ein Shampoo durch einen neuen Wirkstoff stärker auf die Nutzendimension „Milde“ auszurichten, kann ein leicht modifizierter Duft zum Erfolg dieser Umpositionierung beitragen. Ein Diskriminationstest wird hier durchgeführt, um zu ermitteln, ob die beiden Düfte unterschiedlich wahrgenommen werden. Ist das der Fall, gibt ein anschließender Akzeptanz- bzw. Präferenztest Aufschluß darüber, ob der neue Duft besser oder schlechter beurteilt wird als der gegenwärtige Duft des Shampoos.

Ein weiteres wichtiges Einsatzfeld der Verfahren zur Ermittlung olfaktorischer Produktunterschiede ist die Identifizierung unbeabsichtigter Veränderungen der olfaktorischen Qualität marktreifer Produkte (Nullserien) im Vergleich zu Prototypen, die auf Pilotanlagen hergestellt wurden. Auch distributionsbedingte Veränderungen am Geruch eines Produkt in der Einführungsphase können durch Diskriminationstests zuverlässig aufgedeckt werden (olfaktorisches Monitoring). Bei sensorischen Innovationen, die an unterschiedlichen Standorten produziert werden (z.B. bei Lizenzproduktion), ist sicherzustellen, daß die olfaktorische Produktqualität nicht wahrnehmbar durch den Produktionsstandort beeinflußt wird.

Im Hinblick auf das Untersuchungsziel unterscheidet man zwei Arten von olfaktorischen Diskriminationstests *(Meilgaard et al., 1999, S. 60)*:

(1) Mit Hilfe der Verfahren zur **Identifizierung ganzheitlicher Produktunterschiede** soll die Frage beantwortet werden, ob zwischen zwei Testprodukten A und B ein olfaktorischer Unterschied besteht, ohne daß Informationen über die Art des Unterschieds vorliegen. Ganzheitliche Diskriminationstests kommen in denjenigen Fällen zum Einsatz, in denen keine Klarheit über das Merkmal bzw. die Merkmale besteht, deren Intensität zwischen den Testprodukten variiert. Es ist folglich kein Training zur Identifizierung eines bestimmten sensorischen Merkmals (z.B. „Moschus") erforderlich, hinsichtlich dessen der Unterschied zwischen beiden Proben beurteilt werden muß.

Die Ergebnisse eines ganzheitlichen Unterschiedstests enthalten demnach nur die Information, ob ein statistisch gesicherter sensorischer Unterschied zwischen den Produkten A und B besteht oder nicht. Die Frage, hinsichtlich welcher sensorischen Produkteigenschaft(en) die beiden Produkte differieren, bleibt hingegen unbeantwortet.

(2) Das Ziel der Verfahren zur **Identifizierung merkmalsbezogener Produktunterschiede** besteht hingegen darin zu ermitteln, ob das Produkt A ein vorab bestimmtes und den Testpersonen präzise beschriebenes olfaktorisches Merkmal (z.B. Lavendel) in höherer bzw. geringerer Intensität aufweist als das Produkt B. Im Gegensatz zu den ganzheitlichen Unterschiedsprüfungen muß der Testleiter hier sicherstellen, daß die Probanden genau wissen, welches olfaktorische Phänomen mit der verbalen Beschreibung des relevanten Merkmals gemeint ist. Außerdem ist es erforderlich, daß alle Testpersonen in der Lage sind, dieses Merkmal eindeutig im Produkt zu identifizieren. Bei komplexen Duftgemischen ist diese Aufgabe schwer zu bewältigen. Merkmalsbezogene Diskriminationstests erfordern deshalb eine intensivere Schulung der olfaktorischen Wahrnehmung als ganzheitliche Diskriminationstests. Die Abbildung 6-2 liefert einen Überblick über die wichtigsten Diskriminationstests, von denen einige wenige im folgenden exemplarisch näher beschrieben werden *(Scharf, 2000, S. 212ff.)*.

Verfahren zur Ermittlung ganzheitlicher Produktunterschiede	**Verfahren zur Ermittlung merkmalsbezogener Produktunterschiede**
• Einfacher Paarvergleichstest • Einprobentest • Dreieckstest • Duo-Trio-Test • Zwei-aus-Fünf-Test • Polygonaler Unterschiedstest	• Merkmalsbezogener Paarvergleichstest • Merkmalsbezogener Dreieckstest • Rangordnungstest

Abb. 6-2: Überblick über gängige Verfahren zur Identifizierung olfaktorischer Produktunterschiede

Eine gängige Variante ganzheitlicher Diskriminationstests ist der **einfache Paarvergleichstest** („simple difference test" oder auch „same/different test"). Hier müssen die Probanden angeben, ob zwei Proben A und B, die ihnen gleichzeitig oder nacheinander präsentiert werden, olfaktorisch unterschiedlich sind oder nicht. Der Einsatz dieses Tests empfiehlt sich beispielsweise bei komplexen Stimuli (z.B. Parfüms) oder bei Körperpflegeprodukten, die jeweils auf einer Körperhälfte aufgetragen werden (z.B. Handcremes).

Der einfache Paarvergleichstest berücksichtigt alle vier Kombinationsmöglichkeiten der beiden Produkte A und B (AB, BA, AA und BB), die über alle Testpersonen systematisch variiert werden, so daß jede Kombination gleich häufig erscheint. Die Präsentation der beiden identischen Proben ist erforderlich, da andernfalls zumindest ein Teil der Prüfpersonen nach ein bis zwei Testdurchgängen aufgrund der wahrgenommenen Unterschiede zwischen den Produkten zweifellos schlußfolgern würde, daß alle Probenpaare olfaktorisch unterschiedlich sind und somit alle Aufgaben – unabhängig von der Wahrnehmung – korrekt zu lösen vermag.

Die Abbildung 6-3 enthält die Ergebnisse eines einfachen Paarvergleichstests, bei dem jede der vier Kombinationen zehnmal präsentiert wurde.

AB correct/trails	BA correct/trails	AA correct/trails	BB correct/trails	Total correct/trails
5/10	5/10	4/10	5/10	19/40

Abb. 6-3: Anzahl richtiger Entscheidungen bei einem einfachen Paarvergleichstest in Abhängigkeit von der Kombination der beiden Proben

Sofern durch die zu testende Produktart keine schnelle sensorische Ermüdung hervorgerufen wird (z.B. bei sehr intensiven Gerüchen), ist es sinnvoll, daß die Probanden in jeder Sitzung mehr als einen Test durchführen. Die zusätzlichen Informationen, die auf diese Weise gewonnen werden können, erhöhen die Aussagekraft der Ergebnisse.

Test-person	**1. Test**	**2. Test**	**Test-person**	**1. Test**	**2. Test**
1	AA	BB	7	BB	AB
2	AA	AB	8	BB	BA
3	AA	BA	9	AB	BB
4	BB	AA	10	BA	BB
5	AB	AA	11	AB	BA
6	BA	AA	12	BA	AB

Abb. 6-4: Experimentelles Design für den einfachen Paarvergleichstest

Die Abbildung 6-4 enthält ein geeignetes experimentelles Design für einen einfachen Paarvergleich mit Meßwiederholung. Jede Testperson beurteilt hier nacheinander zwei der vier möglichen Kombinationen. Soll jede Kombination zusammen mit jeder anderen Kombination jeweils einmal im ersten und im zweiten Durchgang präsentiert werden, sind mindestens 12 Tests erforderlich.

Die Auswertung des einfachen Paarvergleichstests erfolgt mittels einseitigem Binomialtest oder mittels χ^2-Test *(Meilgaard et al., 1999, S. 76; O'Mahony, 1986, S. 83)*. Die Ratewahrscheinlichkeit beträgt 50 Prozent. Abbildung 6-5 enthält die Ergebnisse eines einfachen olfaktorischen Paarvergleichs mit 60 Testpersonen für zwei innovative Shampoo-Varianten A und B. Mittels χ^2-Test wird der experimentelle Effekt („treatment effect“) mit dem sogenannten Placeboeffekt verglichen. Letzterer gibt Auskunft darüber, daß 13 der 30 Probanden, denen zwei identische Testprodukte präsentiert wurden, diese unterschiedlich wahrgenommen haben. Die Nullhypothese lautet, daß kein Unterschied zwischen den beiden Effekten existiert. Der empirische χ^2–Wert liegt mit 4,34 über dem theoretischen χ^2–Wert von 3,84, so daß die Null hypothese verworfen werden kann (vgl. Abb. 6-5).

Die Anwendung des χ^2–Tests ist jedoch problematisch, wenn ein einfacher Paarvergleich oder auch ein anderer Diskriminationstest mit Meßwiederholung vorliegt. Da zwei oder mehr Urteile von einer Testperson stammen, wird in diesem Fall die Annahme der Unabhängigkeit der Beobachtungen verletzt und somit der Vergleich zwischen empirischem und theoretischem χ^2–Wert anhand der entsprechenden Tabelle unzulässig. In der Literatur existieren unterschiedliche Vorschläge zur Lösung dieses Problems.

		Kombination der Proben		
		AA oder BB	AB oder BA	Σ
Antwort der Befragten	identisch	17	9	26
	unterschiedlich	13	21	34
	Σ	30	30	60

$$\chi^2 = \sum_{i=1}^{r} \sum_{j=1}^{s} \frac{(B_{ij} - E_{ij})^2}{E_{ij}}$$

B_{ij} = beobachtete Häufigkeiten in Zelle ij
E_{ij} = erwartete Häufigkeiten in Zelle ij
r_i = Ausprägung des Merkmals i $i = 1, ..., I$
s_j = Ausprägung des Merkmals j $j = 1, ..., J$

$\chi^2 = (17\text{-}13)^2/13 + (9\text{-}13)^2/13 + (13\text{-}17)^2/17 + (21\text{-}17)^2/17 = \underline{\underline{4.34}}$

Der kritische χ^2–Wert beträgt 3,84 (df = 1; p = 0,05)

Abb. 6-5: Beispiel für die Auswertung des einfachen Paarvergleichstests

Roessler et al. schlagen beispielsweise vor, mittels χ^2–Test zunächst zu überprüfen, ob der Anteil richtiger Antworten der Meßwiederholung von denen des ersten Testdurchgangs signifikant abweicht oder nicht *(Roessler et al., 1978, S. 940f.;* ferner *Smith, 1981, S. 513ff.)*. Besteht kein statistisch signifikanter Unterschied zwischen beiden Testdurchgängen, dürfen deren Ergebnisse zusammengefaßt und anhand der herkömmlichen Tabelle auf Signifikanz des sensorischen Unterschieds geprüft werden. *Meilgaard et al.* setzen hingegen den *McNemar*-Test zur Auswertung einfacher Paarvergleichstests mit Meßwiederholung ein *(Meilgaard et al., 1999, S. 77)*. Eine weitere Möglichkeit, Replikationen statistisch zu berücksichtigen, besteht darin, nur Antworten von Testpersonen als korrekt zu werten, die in beiden Testdurchgängen die richtige Entscheidung getroffen haben *(Roessler et al., 1978, S. 941)*.

Der bekannteste und am häufigsten gewählte Ansatz zur Identifizierung ganzheitlicher sensorischer Produktunterschiede ist der **Dreieckstest** ("triangle test"). Die Testpersonen werden hier mit drei codierten Produkten konfrontiert und erhalten die Aufgabe anzugeben, welches der drei Produkte sich von den anderen beiden olfaktorisch unterscheidet. Es existieren sechs mögliche Kombinationen für die Probenpräsentation: AAB, ABA, BAA, BBA, BAB und ABB. *Fritjers* schlägt vor, die Anweisung an die Testpersonen insofern zu modifizieren, als sie lediglich die beiden Proben angeben sollen, die sich am ähnlichsten sind *(Fritjers, 1980, S. 390f.)*. Diese veränderte Aufgabenstellung ist vor allem dann sinnvoll, wenn nicht ausgeschlossen werden kann, daß auch die beiden „identischen" Produkte, z.B. aus fertigungstechnischen Gründen, ungewollte sensorische Unterschiede aufweisen.

Der Name „Dreieckstest" resultiert aus der Präsentation der Stimuli, d.h. die Aufstellung der Proben in einem Dreieck. Demgegenüber weist die Aufstellung der Proben in einer Reihe den Nachteil auf, daß die mittlere Probe nur aufgrund ihrer Position häufiger als abweichend identifiziert wird als die anderen beiden Proben *(Neumann/Molnár, 1991, S. 128)*. Die Ratewahrscheinlichkeit beträgt bei einem Dreieckstest 1/3.

Die Versuchsanordnung beim Dreieckstest ist zwar einfach, die Beurteilungsaufgabe gestaltet sich jedoch auch für sensorisch geschulte Testpersonen anspruchsvoll. Der olfaktorische Eindruck von der ersten und zweiten Probe muß während des Riechens der dritten Probe im Gedächtnis präsent sein, um eine Entscheidung treffen zu können. Tatsächlich handelt es sich bei einem Dreieckstest also um die Kombination aus drei impliziten Paarvergleichen (A_1A_2, A_1B und A_2B).

Die Auswertung der Ergebnisse des Dreieckstests erfolgt mittels Binomial-Test. Der Test ist einseitig, da – sofern die Nullhypothese verworfen wird – vorhersagbar ist, daß die gewählte Probe tatsächlich die unterschiedliche ist *(O'Mahony, 1986, S. 88)*. Die Mindestanzahl korrekter Antworten bei gegebenem Signifikanzniveau läßt sich einer entsprechenden Statistiktabelle entnehmen. Wird beispielsweise ein Dreieckstest mit 20 Probanden durchgeführt, sind mindestens 13 korrekte Antworten erforderlich, um bei einem Signifikanzniveau von einem Prozent einen signifikanten Unterschied zwischen den beiden Produkten nachzuweisen.

Bei den Verfahren zur Identifizierung merkmalsbezogener Produktunterschiede kommt neben merkmalsbezogenen Paarvergleichs- und Dreieckstests auch der **Rangordnungstest** („simple ranking test") zum Einsatz, der folgenden Aufbau aufweist: Die Testpersonen müssen drei oder mehr Proben nach einem vorab spezifizierten Kriterium (z.B. Intensität des Zitrusgeruchs) in eine Rangfolge bringen, wobei entweder alle Proben miteinander verglichen werden oder eine Probe als Bezugsreiz dient.

Rangordnungstests eignen sich vor allem dann, wenn mehrere Proben ohne lange Pausen evaluiert werden können. Vorteilhaft ist, daß im Gegensatz zu anderen Unterschiedstests drei oder mehr olfaktorisch ähnliche Produkte gleichzeitig miteinander verglichen werden können *(Fliedner/Wilhelmi, 1989, S. 113)*. Die Daten weisen jedoch nur ordinales Skalenniveau auf, so daß keine Informationen über die Größe der sensorischen Produktunterschiede verfügbar sind. Im Vergleich zu den meisten anderen Verfahren zur Identifizierung von Produktunterschieden erfordert der Rangordnungstest mehr Testpersonen bzw. Testdurchgänge, um zu aussagekräftigen Ergebnissen zu gelangen *(Lyon et al., 1992, S. 26; Meilgaard et al., 1999, S. 108)*.

In der Praxis kommen olfaktorische Rangordnungsprüfungen vor allem zum Einsatz, um eine größere Anzahl von Prototypen für weitergehende Unterschiedsprüfungen vorzusortieren. Diese Tests eignen sich auch zur Gewinnung von Informationen über den Zusammenhang zwischen der Variation einer Komponente eines Duftgemisches einerseits und der olfaktorischen Wahrnehmung andererseits, ohne auf die kosten- und zeitintensiven deskriptiven Verfahren der sensorischen Produktforschung zurückgreifen zu müssen.

Die statistische Analyse der Ergebnisse des Rangfolgetests erfolgt im allgemeinen mittels *Friedman*-Test, einem nonparametrischen Test, der auf der χ^2-Verteilung beruht. Eine einfache Auswertungsmöglichkeit bieten die auf der Basis des Rangsummentests entwickelten Tabellen mit kritischen Werten für Unterschiede zwischen den Rangsummen von *Kramer et al. (1974, S. 121ff.)* sowie deren Modifikation durch *Basker (1988, S. 79ff.)* und *Newell/McFarlaine (1987, S. 1721)*. Bei gemittelten Rangplätzen für zwei oder mehr nicht unterscheidbare Produkte führen diese Tabellen jedoch zu unkorrekten Ergebnissen.
Die Formel zur Überprüfung der Nullhypothese lautet beim *Friedman*-Test *(Lawless/Heymann, 1998, S. 447)*:

$$\chi^2 = \{(12 / [K (J) (J + 1)]\} \Sigma (T_j^2) - 3 (K) (J + 1)$$

mit: K = Anzahl der Testpersonen/Testdurchgänge

J = Anzahl der Testprodukte

T_j = Rangplatz für Testprodukt j

Erhält man einen empirischen χ^2-Wert, der über dem kritischen χ^2-Wert liegt, dann sind die Rangunterschiede zwischen den Produkten signifikant. Zur Ermittlung, welche der drei bis J Produkte sich bezüglich des spezifizierten sensorischen Merkmals signifikant unterscheiden, empfiehlt sich die Durchführung eines „Least significant difference test“ (LSD-Test) für Rangsummen *(Lawless/Heymann, 1998, S. 447)*:

Testperson	Ränge A	Ränge B	Ränge C	Testperson	Ränge A	Ränge B	Ränge C
1	2	1	3	11	2	1	3
2	2	1	3	12	3	1	2
3	3	2	1	13	1	2	3
4	1	2	3	14	1	2	3
5	1	2	3	15	2	1	3
6	1	3	2	16	3	2	1
7	1	2	3	17	1	2	3
8	1	3	2	18	2	1	3
9	1	3	2	19	3	1	2
10	1	2	3	20	1	2	3
				Rangsummen	33	36	51

$$\chi^2 = \{(12 / [20\ (3)\ (3 + 1)]\}\ [(33)^2\ (36)^2\ (51)^2] - 3\ (20)\ (3 + 1) = \underline{\underline{9{,}3}}$$

Der theoretische (kritische) χ^2-Wert beträgt 5,99 (df = 2; p = 0,05)

⇒ H_0 wird verworfen ($\chi^2_{emp.} > \chi^2_{theor.}$); zwischen mindestens einem Produktpaar besteht ein signifikanter Unterschied.

$$LSD_{rank} = 1{,}96\ \sqrt{(20)\ (3)\ (3 + 1) / 6} = \underline{\underline{12{,}4}} \quad (df = 2;\ p = 0{,}05)$$

Ein signifikanter Unterschied besteht zwischen den Produkten A und C und zwischen B und C, da die Differenz der Rangsummen bei diesen Produktpaaren größer ist als der kritische Wert von 12,4.

Abb. 6-6: Empirisches Beispiel für die statistische Auswertung der Ergebnisse des Rangfolgetests *(Quelle: leicht modifiziert nach Lawless/Heymann, 1998, S. 448f.)*

$$LSD_{rank} = t\ \sqrt{KJ\ (J + 1) / 6}$$

mit: K = Anzahl der Testpersonen /Testdurchgänge

J = Anzahl der Testprodukte

t = kritischer t-Wert

Abbildung 6-6 enthält ein abschließendes Beispiel zur Auswertung eines Rangfolgetests für die drei Varianten A, B und C eines neuen Haushaltsreinigers und 20 Testpersonen. Den ersten Rang erhält jeweils die Produktvariante mit dem intensivsten Zitrusgeruch.

6.2.2. Verfahren zur Identifizierung und Quantifizierung sensorischer Produkteigenschaften

Das Ziel der Verfahren zur Identifizierung und Quantifizierung sensorischer Produkteigenschaften, die kurz auch als **deskriptive Verfahren** bezeichnet werden, besteht in der objektiven Beschreibung der menschlichen Wahrnehmung sensorischer Produkteigenschaften durch eine für diese Aufgabe speziell geschulte Personengruppe, die im allgemeinen als **deskriptives Panel** bezeichnet wird *(Meilgaard et al., 1999, S. 161)*.

Als Ergebnis erhält man für jedes Testprodukt ein detailliertes sensorisches Profil, mit dessen Hilfe es zum einen gelingt, die Beziehungen zwischen den chemisch-physikalischen Komponenten eines Produktes und den durch sie ausgelösten sensorischen Eigenschaften dieses Produktes zuverlässig aufzudecken. Zum anderen dienen die Daten deskriptiver Analysen dazu, diejenigen sensorischen Merkmale und deren Intensitäten zu identifizieren, welche für die Bevorzugung bzw. Ablehnung eines Produktes durch relevante Zielgruppen verantwortlich sind *(Stone/Sidel, 1993, S. 202)*.

In den letzten 50 Jahren ist aus der grundlegenden Idee, sensorische Produkteigenschaften durch die Objektivierung der menschlichen Wahrnehmung zuverlässig zu erfassen, eine Vielzahl unterschiedlicher Varianten deskriptiver Verfahren der sensorischen Produktforschung entwickelt worden. Die Abbildung 6-7 gibt einen Überblick über die wichtigsten Varianten.

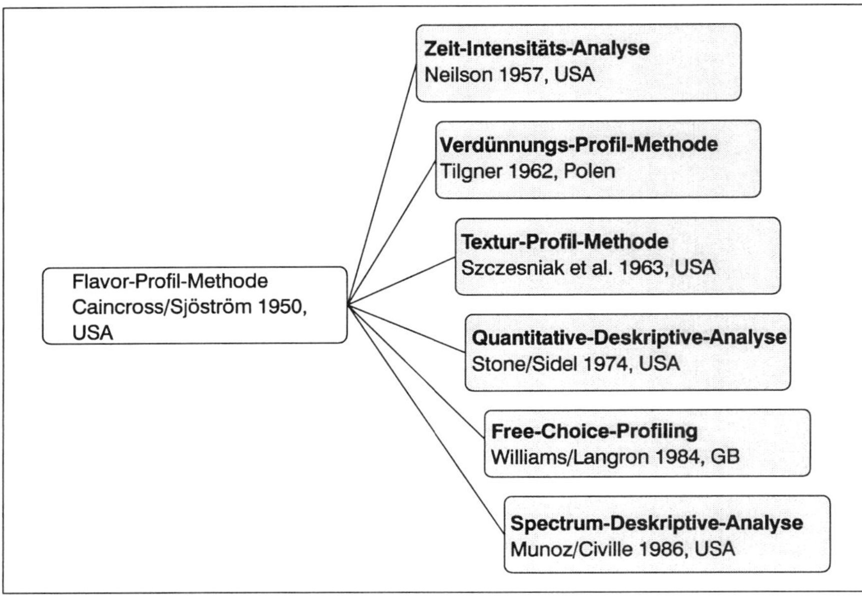

Abb. 6-7: Überblick über die wichtigsten Verfahren zur Identifizierung und Quantifizierung sensorischer Produkteigenschaften *(Quelle: Scharf, 2000, S. 277)*

Deskriptive Verfahren lassen sich idealtypisch durch drei aufeinander folgende Untersuchungsschritte charakterisieren:

(1) Das Ziel der **Auswahlphase** („screening") besteht darin, durch geeignete Tests eine größere Anzahl potentieller Teilnehmer auf diejenigen zu reduzieren, welche besonders gut für die objektive Beschreibung der sensorischen Wahrnehmung von Produkten geeignet sind. Im Rahmen der Identifizierung und Quantifizierung olfaktorischer Produkteigenschaften gilt es vor allem, die Fähigkeit potentieller Probanden zu erfassen, verschiedene Gerüche im Gedächtnis abzuspeichern und sich später zuverlässig an diese Gerüche zu erinnern sowie gängige Gerüche sofort zu erkennen und exakt zu benennen. Ferner spielen auch persönliche Faktoren der Bewerber wie z.B. Kommunikations- und Teamfähigkeit, Motivation sowie zeitliche Flexibilität eine entscheidende Rolle.

Die Repräsentanz der Teilnehmer für eine bestimmte Grundgesamtheit ist aufgrund der Zielsetzung der deskriptiven Analyse hingegen nicht von Bedeutung *(Scharf, 1996, 148)*.

(2) Aufgrund der Besonderheiten der Aufnahme und Verarbeitung sensorischer Produktinformationen ist die **Schulung** der sensorischen Wahrnehmung ausgewählter Testpersonen integraler Bestandteil der deskriptiven Verfahren der sensorischen Produktforschung. Da in der olfaktorischen Wahrnehmung nicht trainierte Menschen im allgemeinen über kein angemessenes Vokabular zur präzisen olfaktorischen Beschreibung der Testprodukte verfügen, müssen in der Schulungsphase zunächst geeignete Begriffe (Deskriptoren) erarbeitet werden.

In der Regel müssen sich die Teilnehmer mit vielen verschiedenen Produkten der interessierenden Produktart vertraut machen sowie möglichst alle olfaktorischen Eigenschaften der Testprodukte aufzuspüren und verbal exakt beschreiben. Zur Unterstützung dieser Aufgabe können auch geeignete Referenzreize (z.B. Grundstoffe) zum Einsatz kommen. Das Ergebnis dieses Vorgehens ist eine Liste mit olfaktorischen Deskriptoren, die im Idealfall die folgenden Kriterien erfüllen:

- Diskriminierung zwischen den Testprodukten
- Orthogonalität
- keine affektive Aufladung
- direkter Bezug zu affektiven Urteilen von Konsumenten
- direkter Bezug zu instrumentellen Daten bzw. chemisch-physikalischen Produktmerkmalen
- Eindimensionalität
- präzise und konsistente Handhabung durch die Panelisten
- eindeutige Beziehung zwischen einem Deskriptor und der ihm zugrunde liegenden sensorischen Produkteigenschaft
- Verständlichkeit für Informationsempfänger.

Die Abbildung 6-8 enthält als Beispiel eine Deskriptorenliste, die von einem deskriptiven Panel zur olfaktorischen Beschreibung verschiedener Raumsprays entwickelt wurde.

♦ würzig	♦ Citrus	♦ holzig
♦ süß	♦ blumig	♦ Minze
♦ fruchtig	♦ grün	♦ Kräuter

Abb. 6-8: Deskriptorenliste zur olfaktorischen Beschreibung verschiedener Raumsprays *(Quelle: Lawless, 1999, S. 327f.)*

Ein weiterer Bestandteil der Schulungsphase ist das Skalentraining. Jeder Teilnehmer muß lernen, die Intensität, mit der er ein sensorisches Merkmal wahrnimmt, in einen entsprechenden Skalenwert zu transformieren. Zum Einsatz kommen verschiedene Linien- und Ratingskalen, deren Pole in der Regel verbal verankert sind (z.B. 0 = „nicht vorhanden"; 100 = „sehr intensiv"), sowie Magnitudenskalen.

Am Ende der Schulungsphase kann die Überprüfung der Leistungsfähigkeit („performance") des deskriptiven Panels anhand von Probemessungen erfolgen. Zu diesem Zweck werden verschiedene Produkte mehrmals zur Messung der sensorischen Wahrnehmung präsentiert und die Ergebnisse anschließend analysiert. Die Diskussion dieser Ergebnisse mit den Teilnehmern ist ebenfalls sinnvoll. *Homa/Cultice (1984, S. 83)* konnten nachweisen, daß ein angemessenes Feedback einen wichtigen Beitrag zur korrekten Verwendung der entwickelten Terminologie leistet.

Probemessungen liefern zum einen Informationen darüber, welche Personen sich bei welchen Merkmalen in ihrer sensorischen Wahrnehmung von der Wahrnehmung der Gruppe signifikant unterscheiden und welche Personen starke Schwankungen bezüglich der wiederholten sensorischen Wahrnehmung eines Produktes aufweisen. Die betroffenen Teilnehmer werden in diesen Fällen nochmals gezielt geschult, bis die angestrebte Leistungsfähigkeit erreicht ist.

(3) Aufgrund der schulungsbedingten Sensibilisierung und Objektivierung ihrer sensorischen Wahrnehmung sind die Teilnehmer eines deskriptiven Panels in der Lage, die Testprodukte einer quantitativen Analyse zu unterziehen. Die **Messung** der olfaktorischen Wahrnehmung der Panelisten bezüglich der relevanten Testprodukte wird auch als „profiling" bezeichnet und erfolgt unter Ausschluß möglichst aller Störgrößen. Die Testpersonen befinden sich in Einzelkabinen, die Proben sind codiert, ihre Reihenfolge entspricht einem geeigneten experimentellen Design. Beleuchtung, Raumtemperatur und Luftfeuchtigkeit werden konstant gehalten. Die Aussagekraft der Wahrnehmungsdaten läßt sich dadurch erhöhen, daß jede Testperson jedes Produkt mehrmals beurteilt (Replikation).

Die Darstellung der mittels deskriptiver Analyse gewonnenen Wahrnehmungsdaten erfolgt im allgemeinen anhand von Strahlenprofilen („spider webs"). Die eingezeichneten Strahlen repräsentieren die Produktmerkmale, auf denen wiederum die gemessenen Intensitäten eines Produktes abgetragen werden. Durch die Verbindung der einzelnen Intensitätspunkte auf den Strahlen erhält man das olfaktorische Profil eines Testproduktes.

Die Abbildung 6-9 zeigt beispielhaft die Geruchsprofile von zwei verschiedenen Raumsprays. Die wahrgenommenen Intensitäten bezüglich der neun Deskriptoren wurden mittels einer 100-Punkte-Skala erfaßt. Die Darstellung beruht auf den über alle Teilnehmer gemittelten Werten.

Die sensorisch geschulten Teilnehmer sollten in der Meßphase keinesfalls zur zusätzlichen Abgabe affektiver Urteile bezüglich der relevanten Testprodukte aufgefordert werden *(Pangborn, 1980, S. 637f.; Lawless/Claassen, 1993, S. 139)*. Aufgrund der Schulung ihrer sensorischen Wahrnehmung verfügen sie über ein anderes affektives Verhältnis zu den evaluierten Produkten als „normale"

Konsumenten. Folglich liefern von diesem Personenkreis abgegebene affektive Urteile keine brauchbaren Informationen für die Prognose der Präferenz- bzw. Akzeptanzurteile bestimmter Zielgruppen.

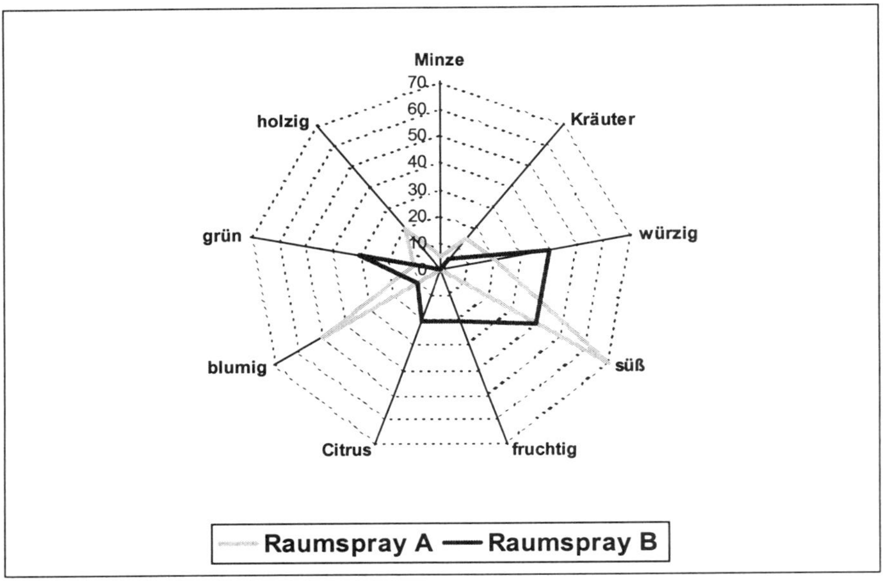

Abb. 6-9: Visualisierung der Geruchsprofile zwei verschiedener Raumsprays mittels „spider web“

Der Einsatz deskriptiver Verfahren der sensorischen Produktforschung ist heute insbesondere für viele Unternehmen der Nahrungs- und Genußmittelbranche ein wichtiges Tool für die Verbesserung bestehender bzw. die Entwicklung neuer Produkte. In den letzten Jahren hat sich jedoch die Erkenntnis durchgesetzt, daß die Identifizierung und Quantifizierung olfaktorischer Produkteigenschaften mit besonderen **Problemen** behaftet ist, welche Modifikationen in der Vorgehensweise notwendig erscheinen lassen:

Zunächst muß als Problem die Komplexität der Geruchswahrnehmung beachtet werden: Der Mensch ist in der Lage, Tausende verschiedener Düfte zu unterscheiden, und zwar unabhängig davon, ob er mit ihnen bereits früher konfrontiert wurde oder nicht *(Youngentob, 1999, S. 28)*. Außerdem kann die menschliche Nase - im Vergleich zu den Geschmacksrezeptoren - extrem niedrige Konzentrationen wahrnehmen *(Amerine et al., 1965, S. 145)*. Demgegenüber ist die menschliche Fähigkeit schlecht entwickelt, olfaktorische Sinneseindrücke exakt zu verbalisieren *(Sekuler/Blake, 1994, S. 410)*. Dieser Sachverhalt läßt sich durch die bereits oben erläuterten Besonderheiten der Verarbeitung olfaktorischer Stimuli im Gehirn erklären (vgl. Kap. 2.1.). Ein Individuum beurteilt einen Geruch intuitiv positiv oder negativ, ihm fehlt jedoch die Fähigkeit zu erkennen, welche olfaktorischen Eigenschaften seinem affektiven Urteil zugrunde liegen.

Ein weiteres Problem besteht darin, daß Düfte in der Regel komplexe Mischungen sind, d.h. sich aus einer Vielzahl unterschiedlicher Komponenten zusammensetzen. Die kognitive Fähigkeit des Menschen bezüglich der Zerlegung der olfaktorischen Gesamtwahrnehmung in einzelne Geruchskomponenten ist jedoch äußerst begrenzt. Empirische Untersuchungen belegen, daß die zuverlässige kognitive Zerlegung des olfaktorischen Gesamteindrucks in seine Bestandteile bereits bei Gerüchen scheitert, die nur aus vier bis fünf Komponenten bestehen *(Moskowitz, 1996, S. 313f.; Jinks/Laing, 2001, S. 57)*.

Schließlich ist es fraglich, ob eine Testperson überhaupt in der Lage ist, die Intensitäten einzelner Duftkomponenten zuverlässig anzugeben. Als Zuhörer bei einem klassischen Konzert kann der Mensch - bei entsprechender Übung - den akustischen Gesamteindruck problemlos in die verschiedenen Tonfolgen der einzelnen Instrumente zerlegen und für jedes Instrument die Lautstärke im Vergleich zu den anderen Instrumenten des Orchesters feststellen. Auch beim Trinken einer Tasse Kaffee sind entsprechend geschulte Testpersonen in der Lage anzugeben, wie bitter bzw. süß sie diesen Kaffee wahrnehmen. Diese kognitive Aufgabe, deren Bewältigung eine grundlegende Voraussetzung für den Einsatz der deskriptiven Analyse bildet, funktioniert jedoch bei komplexen Duftgemischen nicht *(Lawless, 1999, S. 325f.)*. Empirische Untersuchungen von *Engen & Pfaffmann* legen vielmehr den Schluß nahe, daß durchschnittlich nur drei Intensitätsabstufungen der identifizierten Komponente eines komplexen Duftstimulus unterschieden werden können *(Engen/Pfaffmann, 1960, S. 218)*.

Aufgrund der skizzierten Probleme schlägt *Lawless* vor, auf die Identifizierung und Quantifizierung einzelner Geruchskomponenten grundsätzlich zu verzichten und stattdessen Ähnlichkeitsurteile zu erheben. Jede Testperson hat bei diesem Vorgehen die Aufgabe, einen Duft nacheinander mit geeigneten, vorab festgelegten Referenzreizen im Hinblick auf die wahrgenommene Ähnlichkeit zu vergleichen (vgl. Abb. 6-10).

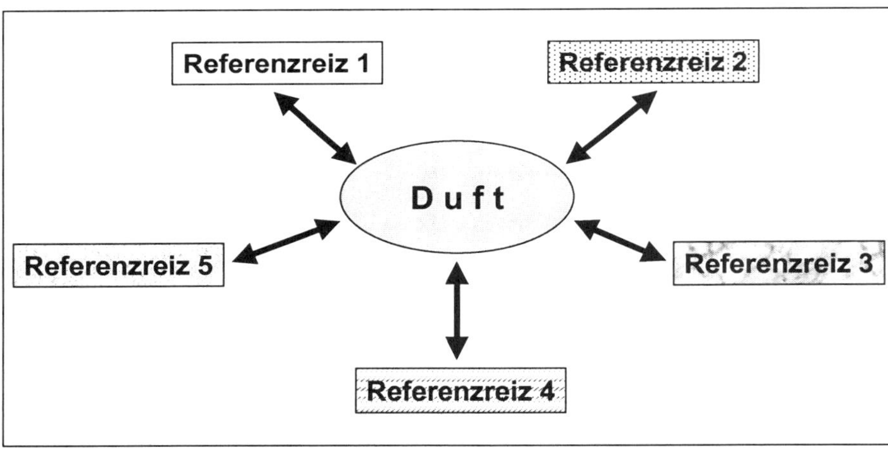

Abb. 6-10: Ganzheitliche Erfassung der Ähnlichkeit zwischen einem Duft und ausgewählten Referenzreizen

In einer von *Schutz* durchgeführten Studie zur Beschreibung des Geruchs von bestrahltem Rindfleisch wurde die wahrgenommene Ähnlichkeit zwischen einer Probe und den ausgewählten Referenzreizen beispielsweise mittels einer 8-stufigen Ratingskala mit verbal verankerten Polen (1 = nicht ähnlich; 8 = extrem ähnlich) erfaßt *(Schutz, 1964, S. 521)*. Ein empirischer Vergleich zwischen einer Kategorienskala sowie einer strukturierten und unstrukturierten Linienskala führte zu dem Ergebnis, daß unstrukturierte Linienskalen zu präziseren Ergebnissen führen, da auch kleinste wahrgenommene Unterschiede abgetragen werden können *(Galvez/Resurreccion, 1990, S. 261)*. Abbildung 6-11 enthält ein Beispiel für die unstrukturierte Linienskala.

Abb. 6-11: Beispiel für eine unstrukturierte Linienskala zur Erfassung olfaktorischer Ähnlichkeitsurteile

Als Ergebnis erhält man einen über alle Testpersonen gemittelten Ähnlichkeitswert für jeden Referenzreiz im Vergleich zum Duftstimulus. Das olfaktorische Profil eines Produktes kann folglich – wie oben skizziert –als „spider web" visualisiert werden (vgl. Abb. 6-9). *Schutz* schlägt vor, die wahrgenommene Ähnlichkeit zwischen zwei Düften auf der Grundlage ihrer Ähnlichkeiten bezüglich aller Referenzreize mit Hilfe der euklidischen Distanz zu berechnen *(Schutz, 1964, S. 522f.)*.[1] Abbildung 6-12 enthält als Beispiel die Ähnlichkeitskoeffizienten für die Geruchsprofile von fünf verschiedenen Raumsprays.

Mittels geeigneter multivariater Analyseverfahren können die auf diese Weise ermittelten ganzheitlichen Ähnlichkeitsurteile in einem zwei- oder dreidimensionalen Raum visualisiert werden. Zur Konstruktion auf Ähnlichkeitsdaten basierender Produktpositionierungsmodelle kommt vor allem die Multidimensionale

1 Die quadrierten Differenzen der Ähnlichkeit zweier Stimuli bezüglich eines Referenzreizes werden addiert und anschließend die Quadratwurzel aus dieser Summe gezogen.

Skalierung zum Einsatz *(Scharf, 1991, S. 129 ff.)*. Je ähnlicher zwei Düfte – betrachtet über alle Referenzreize – von den Testpersonen wahrgenommen werden, desto geringer ist ihre räumliche Distanz im Modell. Die Referenzreize können als Vektoren dargestellt werden. Sie lassen sich mittels Regressionsanalyse nachträglich so in den olfaktorischen Wahrnehmungsraum integrieren, daß die Rangfolge der auf einen Vektor projizierten Düfte ihrer Ähnlichkeitsrangfolge in bezug auf den betreffenden Referenzreiz entsprechen.

	Raumspray				
	A	**B**	**C**	**D**	**E**
A	0,0				
B	13,5	0,0			
C	7,4	12,4	0,0		
D	7,6	11,8	4,1	0,0	
E	15,0	12,4	12,7	12,1	0,0

Abb. 6-12: Ähnlichkeitskoeffizienten bezüglich der Geruchsprofile von fünf verschiedenen Raumsprays

Der Abbildung 6-13 ist zu entnehmen, daß die Geruchsprofile der beiden Raumsprays C und D am ähnlichsten wahrgenommen werden. Bezüglich des olfaktorischen Referenzreizes „Minze" weist Raumspray A die größte und Raumspray E die geringste Ähnlichkeit auf. Die anderen Eigenschaftsvektoren sind nur aus Gründen der Übersichtlichkeit verkürzt dargestellt.

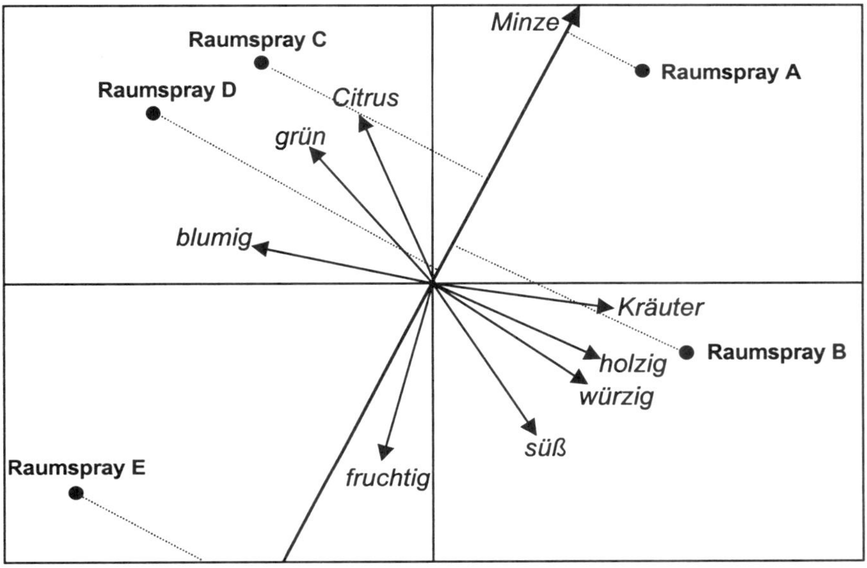

Abb. 6-13: Visualisierung der Geruchsprofile von fünf Raumsprays und der sie charakterisierenden Referenzreize

6.2.3. Verfahren zur Erfassung der olfaktorischen Produktbeurteilung

Während die Verfahren zur Ermittlung sensorischer Produktunterschiede bzw. sensorischer Produktprofile an der menschlichen Wahrnehmung ansetzen, besteht das Ziel der sogenannten **affektiven Tests** in der Erfassung der gefühlsmäßigen Wertschätzung relevanter Zielpersonen bezüglich der wahrgenommenen sensorischen Eigenschaften von Produkten. Analog zu Diskriminationstests und deskriptiven Analysen handelt es sich bei einem affektiven Test im Rahmen der sensorischen Produktforschung definitionsgemäß um eine als Blindtest angelegte Untersuchung, d.h., die Testprodukte sind nur durch einen Code gekennzeichnet.

Ein Produkt, dessen olfaktorisches Profil von der anvisierten Zielgruppe positiv beurteilt wird, garantiert zwar allein noch keine hohe Kaufwahrscheinlichkeit bzw. kein großes Marktpotential, da der Einfluß anderer Elemente der gesamten Marktleistung wie Markierung, Verpackung, Preis, Distribution und Kommunikation unberücksichtigt bleibt. Bei Produkten, deren olfaktorische Eigenschaften die Kaufentscheidung mehr oder weniger stark determinieren, bilden jedoch überzeugende Präferenz- bzw. Akzeptanzwerte bezüglich des Geruchs in den meisten Fällen eine grundlegende Voraussetzung für den Erst- bzw. Wiederkauf.

Die Aussagekraft der Ergebnisse eines affektiven Tests ist vor allem abhängig von der **Auswahl der richtigen Testpersonen** *(McDermott, 1990, 154ff.)*. Im Mittelpunkt stehen dabei nicht deren sensorische Fähigkeiten, sondern ihre Repräsentanz für eine bestimmte Zielgruppe. In der Regel erfolgt die Auswahl der Testpersonen zum einen anhand soziodemographischer Merkmale, zum anderen spielt die Häufigkeit der Verwendung eines bestimmten Produktes bzw. einer bestimmten Produktart als Merkmal des beobachtbaren Kaufverhaltens eine zentrale Rolle.

Testpersonen, die an Diskriminationstests oder deskriptiven Analysen teilgenommen haben, sind für affektive Tests grundsätzlich nicht geeignet. Erfahrungen mit der Identifizierung sensorischer Produktunterschiede, eine geschulte sensorische Produktwahrnehmung sowie Kenntnisse über die Herstellung eines Produktes bzw. über dessen Rezeptur beeinflussen die affektiven Urteile, so daß diese nicht mehr mit denen einer bestimmten Zielgruppe vergleichbar sind. Die Teilnehmer an affektiven Tests sollten folglich ausschließlich „sensorische Laien“ sein, die – abgesehen von der Formulierung der Beurteilungsaufgabe – über keine Informationen bezüglich der Testprodukte, der Untersuchungsziele etc. verfügen.

Im Gegensatz zu Diskriminationstests und deskriptiven Analysen, für deren Durchführung in der Regel ein gut ausgestattetes Sensoriklabor erforderlich ist, bestehen bezüglich des **Testortes** für einen affektiven Test unterschiedliche Alternativen. Die Untersuchung kann als Labortest, Studiotest oder Haushaltstest angelegt sein. Welche Variante jeweils geeignet ist, um den Informationsbedarf zu decken, hängt ab vom konkreten Untersuchungsziel, da der Testort die Ergebnisse eines affektiven Tests in vielfältiger Hinsicht beeinflussen kann. Unter bestimmten Umständen erhält man in Abhängigkeit von der örtlichen Umgebung für identische Stichproben und Produkte signifikant abweichende Urteile, da die Dauer bzw. die Art des Produktkontaktes sowie die Kontrolle äußerer Einflüsse stark variieren *(Scharf, 2000, S. 342ff.)*.

Die Variante mit der größten internen Validität ist der Labortest, da die sensorische Bewertung der Testprodukte unter weitgehend kontrollierten Bedingungen erfolgt (Raumtemperatur, Beleuchtung etc.). Bei einem Studiotest, der auch als „Central Location"-Test bezeichnet wird, findet die affektive Beurteilung der Produkte an einem Ort statt, an dem genügend potentielle Testpersonen verfügbar sind. Bestehen regionale Unterschiede in den affektiven Urteilen der Zielgruppe oder werden derartige Unterschiede vermutet, ist eine Aufteilung der Stichprobe auf mehrere Orte bzw. Regionen erforderlich.

Haushaltstests („Home-use"-Tests) kommen vor allem am Ende der Entwicklung neuer Produkte zum Einsatz, wenn die Anzahl erfolgversprechender Varianten einer Innovation durch Labor- und/oder Studiotests bereits reduziert wurde. Die repräsentativ ausgewählten Zielhaushalte testen die Produkte in ihrer häuslichen Umgebung in der gewohnten Art und Weise über einen längeren Zeitraum, so daß die Ergebnisse eines Haushaltstests im Vergleich zum Labor- bzw. Studiotest eine höhere externe Validität aufweisen.

Grundsätzlich lassen sich affektive Tests in Abhängigkeit von der Beurteilungsaufgabe und dem damit verbundenen Skalenniveau in sensorische Präferenz- und Akzeptanztests unterteilen.

Olfaktorische Präferenztests sind dadurch gekennzeichnet, daß die Testpersonen eine ganzheitliche Wahlentscheidung zwischen zwei oder mehreren olfaktorisch unterschiedlichen Produkten treffen müssen. Zu diesem Zweck werden ihnen die codierten Testprodukte gleichzeitig oder nacheinander mit der Bitte vorgelegt, die Probe mit dem präferierten Geruch anzugeben.

Der grundlegende Vorteil dieses Ansatzes besteht in der Einfachheit der Beurteilungsaufgabe, die auch Personen mit beschränkten intellektuellen Fähigkeiten bewältigen können. Die Ergebnisse eines olfaktorischen Präferenztests liefern jedoch keinen Aufschluß über die Beliebtheit des sensorischen Profils eines Produktes *(Lyon et al., 1992, S. 31; Moskowitz, 1983, 302)*. So ist es beispielsweise denkbar, daß die Probanden den Duft einer neuen Duschgel-Variante einer anderen Variante zwar im Blindtest vorziehen, jedoch beide Produkte gleichermaßen als nicht akzeptabel einstufen. Folglich sind zusätzliche Informationen über den „affektiven Status" der Testprodukte erforderlich.

Der einfache Paarvergleich ist hinsichtlich der Beurteilungsaufgabe die einfachste Form olfaktorischer Präferenztests. Jede Testperson gibt an, welche der beiden codierten Proben sie bevorzugt, d.h., sie muß sich für eine Probe entscheiden („forced choice"). Der Paarvergleichstest ist einfach zu organisieren, da nur zwei Möglichkeiten der Stimuluspräsentation existieren (A-B und B-A). Die Auswertung der Daten erfolgt mittels Binomial-Test bzw. Chi^2-Test (vgl. Kap. 6.2.1.). Die Nullhypothese lautet hier: Die Zielgruppe, welche durch die Stichprobe repräsentiert wird, präferiert keines der beiden Testprodukte, so daß die Wahrscheinlichkeit, daß A gewählt wird, ebenso groß ist wie die Wahrscheinlichkeit, daß B gewählt wird *(Lawless/Heymann, 1998, S. 433)*. Der Test ist im allgemeinen zweiseitig, da a priori keine Information darüber vorliegt, welches Testprodukt bevorzugt wird.

Sollen die Testpersonen in einer Sitzung den Duft von mehr als zwei Produkten miteinander vergleichen, kann ein multipler Paarvergleich durchgeführt werden. Zu beachten ist jedoch, daß der Testaufwand mit der Anzahl der Proben überproportional ansteigt. So sind etwa bei vier verschiedenen Produkten sechs Paarvergleiche, bei fünf verschiedenen Produkten bereits 10 Paarvergleiche nötig. Ein Vorteil des multiplen Paarvergleichstests besteht darin, daß die Ergebnisse in Rangdaten und sogar in metrische Daten transformiert werden können, die sich mittels verschiedener multivariater Verfahren differenziert analysieren lassen *(Stone/Sidel, 1993, S. 250)*.

Bei der Bildung olfaktorischer Präferenzrangfolgen müssen die Testpersonen drei oder mehr Proben nach zunehmender oder abnehmender Präferenz ordnen. Zur Analyse der Daten kommt wie bei der Auswertung des Rangordnungsverfahrens im Rahmen der Diskriminationstests vorzugsweise der Friedman-Test zum Einsatz. Abbildung 6-14 gibt einen Überblick über die verschiedenen Varianten des olfaktorischen Präferenztests.

Bezeichnung	**Anzahl der Testprodukte**	**Beurteilungs-aufgabe**	**Art der Stimulus-Präsentation**
Paarvergleich	2	Welche Probe bevorzugen Sie?	(A-B)
Multipler Paarvergleich	≥ 3	Welche Probe bevorzugen Sie jeweils?	(A-B) (A-C) (B-C)
Präferenz-Ranking	≥ 3	Welche Probe bevorzugen Sie am stärksten, welche wählen Sie an zweiter, dritter Stelle?	(A-B-C)

Abb. 6-13: Gängige Varianten olfaktorischer Präferenztests *(Quelle: Scharf, 1996, S. 161)*

Die verschiedenen Varianten des olfaktorischen Präferenztests weisen zweifellos den Vorteil auf, daß die Testpersonen ihre Beurteilungsaufgabe leicht verstehen und intuitiv eine Entscheidung treffen können, ohne ihr affektives Urteil in einen Skalenwert transformieren zu müssen. Unter forschungsökonomischen Gesichtspunkten sind Präferenztests jedoch weniger informativ und weniger effizient als die direkte skalenbezogene Messung affektiver Urteile. Relativierte Urteile (z.B. Produkt A wird Produkt B vorgezogen) lassen keine Aussage über die Stärke der Bevorzugung für ein Produkt zu. Außerdem erhält man nicht – wie bei der direkten Skalierung der olfaktorischen Beliebtheit – für jedes Produkt, sondern nur für jedes Produktpaar eine Antwort. Schließlich sind die Ergebnisse eines Präferenztests mit den Ergebnissen eines anderen Präferenztests nur dann miteinander vergleichbar, wenn die beurteilten Testprodukte identisch sind, da die Wertschätzung für einen bestimmten Stimulus unmittelbar von allen anderen Stimuli abhängt, mit denen er im direkten olfaktorischen Vergleich steht. Der Einsatz olfaktorischer Präferenztests für mehrere Produkte ist aufgrund der hohen kognitiven Belastung und der Gefahr von Adaptations- und/oder Habituationsprozessen bei den Testpersonen nicht ratsam.

Olfaktorische Akzeptanztests dienen der Erfassung affektiver Urteile von Konsumenten anhand einer metrischen Skala. In der Regel sind Akzeptanztests monadische bzw. sequentiell monadische Tests, d.h., die Probanden beurteilen entweder nur ein Produkt oder mehrere Produkte nacheinander anhand einer metrischen Skala.

Die Skala mit der größten empirischen Relevanz ist die Neun-Punkte-Hedonik-Skala *(Peryam/Giradot, 1952, S. 58ff.)*. Sie ist bipolar, verbal verankert und beinhaltet eine neutrale Antwortmöglichkeit („neither like nor dislike"). Außerdem ist die Neun-Punkte-Hedonik-Skala balanciert, d.h., die Anzahl positiver und negativer Antwortmöglichkeiten ist gleich groß. Die Wortanker für die neun Stufen basieren auf einem einzigen Wortstamm, und die zur Abstufung verwendeten Adjektive sind im positiven und negativen Bereich identisch. Der Neun-Punkte-Hedonik-Skala liegt die Annahme zugrunde, daß Konsumenten ihre gefühlsmäßige Wertschätzung gegenüber den sensorischen Eigenschaften eines Produktes in diskrete, positiv und negativ formulierte Kategorien einer Skala transformieren können *(Lawless/Heyman, 1998, S. 450)*.

Die metrische Skalierung ermöglicht die Berechnung von Mittelwerten, Varianzen und Häufigkeitsverteilungen für die getesteten Produkte. Die sensorischen Akzeptanzurteile können außerdem in Rangdaten bzw. Paarvergleichsdaten transformiert werden, so daß sich Aussagen bezüglich der Präferenzwirkung der Produkte treffen lassen. Die Abbildung 6-14 veranschaulicht die Neun-Punkte-Hedonik-Skala, wobei durch empirische Untersuchungen belegt ist, daß unterschiedliche Gestaltungen der Skala, d.h. die horizontale oder vertikale Anordnung der Antwortmöglichkeiten sowie unterschiedliche Anordnungen der Pole, die Ergebnisse nicht beeinflussen *(Lawless/Heyman, 1998, S. 450)*.

O Like extremely

O Like very much

O Like moderately

O Like slightly

O Neither like nor dislike

O Dislike slightly

O Dislike moderately

O Dislike very much

O Dislike extremely

Abb. 6-14: Neun-Punkte-Hedonik-Skala zur Ermittlung olfaktorischer Akzeptanzurteile

Ein Beispiel für die Anwendung der Neun-Punkte-Hedonik-Skala zur affektiven Beurteilung zwei verschiedener Shampoo-Duftnoten enthält die Abbildung 6-15. Insgesamt 40 regelmäßige Shampoo-Verwender beurteilten nacheinander den Duft des aktuellen Marktproduktes und den Duft einer neuen Variante in einem Blindtest, wobei jeder Duft gleich häufig an erster und an zweiter Stelle präsentiert wurde. Die Erfassung der Akzeptanzurteile erfolgte anhand einer lediglich an den Polen und in der Mitte verbal verankerten Neun-Punkte-Hedonik-Skala.

Die Nullhypothese lautet hier, daß in der Grundgesamtheit, die durch die Stichprobe repräsentiert wird, kein Unterschied bezüglich der olfaktorischen Akzeptanz der beiden Proben besteht. Die Überprüfung dieser Hypothese erfolgt mittels t-Test für abhängige Stichproben. Der Test ist zweiseitig, da vorher nicht bekannt ist, welcher Duft, sofern ein Akzeptanzunterschied besteht, besser bewertet wird. Der empirische t-Wert ist in diesem Beispiel größer als der kritische t-Wert, so daß die Nullhypothese verworfen werden kann. Die Testpersonen beurteilen den neuen Duft des Shampoos signifikant besser als den Duft des aktuellen Marktproduktes.

Der Vorteil der 9-Punkte-Hedonik-Skala besteht in ihrer vergleichsweise einfachen Handhabung auch durch Testpersonen, die über keinerlei Erfahrungen bezüglich der olfaktorischen Produktbeurteilung verfügen. Die Reliabilität und Validität der mittels dieser Skala gewonnenen Akzeptanzurteile ist durch eine Vielzahl empirischer Untersuchungen belegt worden *(Peryam/Pilgrim, 1957, S. 12ff.)*. Zu Problemen kann der Einsatz der Neun-Punkte-Hedonik-Skala bei länderübergreifend angelegten Akzeptanztests führen, die aufgrund der Internationalisierung der Märkte in den letzten Jahren zunehmend an Bedeutung gewonnen haben. Die verbalen Beschreibungen der neun Skalenpunkte lassen sich in bestimmte Sprachen (z.B. das Deutsche) nicht exakt übersetzen. In diesen Fällen empfiehlt es sich, mit neunstufigen Ratingskalen zu arbeiten, die lediglich an den Polen und gegebenenfalls in der Mitte verbal verankert sind.

Olfaktorisches Akzeptanzurteil

O O O O O O O O O

extrem gut (=9) | weder gut noch schlecht | extrem schlecht (=1)

Akzeptanzwerte

Tpn.	Duft neu	Duft alt	Tpn.	Duft neu	Duft alt
1	5	6	21	8	4
2	6	4	22	6	5
3	7	3	23	6	4
4	5	2	24	6	4
5	4	5	25	5	4
6	6	4	26	7	3
7	7	3	27	8	5
8	8	6	28	5	6
9	4	5	29	4	8
10	3	7	30	3	3
11	5	4	31	5	4
12	6	3	32	6	6
13	7	9	33	7	5
14	8	5	34	8	6
15	8	6	35	9	7
16	9	3	36	8	5
17	6	4	37	7	6
18	5	7	38	5	7
19	7	6	39	4	6
20	4	5	40	5	5
			Mittelwerte	**6,05**	**5,00**

$$t_{emp.} = \frac{\bar{d}}{S/\sqrt{N}}$$

$\bar{d}$ = Differenz der beiden Mittelwerte

S = Standarbweichung der paarweisen Differenzen der Variablenmittelwerte

N = Stichprobengröße

Empirischer t-Wert: 2,933.

Kritischer t-Wert: 2,019

(df = 39; p = 0,05; zweiseitig)

Abb. 6-15: Beispiel für die Auswertung eines sensorischen Akzeptanztests mittels Neun-Punkte-Hedonik-Skala

Neben der Neun-Punkte-Hedonik-Skala kommen auch andere Ratingskalen sowie Linien- und Magnitudenskalen zum Einsatz, die jedoch keine vergleichbare empirische Fundierung aufweisen. Um auch Akzeptanzurteile von kleineren Kindern zuverlässig erfassen zu können, sind spezielle **Gesichterskalen** entwickelt worden, welche die Beurteilungsaufgabe vereinfachen sollen. Die Abbildung 6-16 enthält verschiedene Beispiele für diese Gesichterskalen.

Abb. 6-16: Beispiele für den Einsatz von Gesichterskalen zur Erfassung affektiver Urteile von Kindern *(Quelle: Meilgaard et al., 1999, S. 214; Moskowitz, 1985, S. 150)*

Mit Hilfe sogenannter „Just-right"-Skalen wird die Akzeptanz der wahrgenommenen Intensität des Geruchs („overall intensity") bzw. bestimmter Geruchskomponenten (z.B. Blumigkeit) gemessen. Eine gängige Variante der „Just-right"-Skala ist eine Ratingskala mit verbal verankerten Antwortmöglichkeiten sowie der Formulierung „gerade richtig" in der Mitte der Skala *(Shepherd et al. 1991, S. 229; Pokorny/Davidek, 1986, S. 757-763)*. Abbildung 6-17 veranschaulicht zwei Varianten der „Just-right"-Skala.

Fruity	**Odour Intensity**
O too fruity	O Much too strong
O just right	O Too strong
O not fruity enough	O Just about right
	O Too weak
	O Much too weak

Abb. 6-17: „Just-right"-Skalen zur Ermittlung der Akzeptanz der wahrgenommenen Intensität des Geruchs bzw. einer Geruchskomponente

Für die olfaktorische Produktoptimierung sind mittels „Just-right"-Skalen gewonnene Akzeptanzurteile besonders interessant, da sie den Produktentwicklern konkrete Hinweise auf die zielgruppenspezifische Optimierung des Geruchs liefern können. Andererseits ist die Anwendung dieses Skalentyps und der damit verbundenen Beurteilungsaufgabe mit verschiedenen Einschränkungen bzw. Problemen behaftet. Ein grundlegendes - bereits oben diskutiertes Problem - besteht darin, daß die Testpersonen häufig nicht genau wissen, welche olfaktorische Komponente sich hinter einer verbalen Beschreibung verbirgt. Da die Teilnehmer an einem affektiven Test Laien bezüglich der olfaktorischen Produktwahrnehmung und Produktbeurteilung sein müssen, leuchtet es unmittelbar ein, daß sich „Just-right"-Skalen nur für diejenigen olfaktorischen Dimensionen eignen, die von allen Testpersonen einheitlich interpretiert werden.

Abschließend ist festzuhalten, daß es – obwohl in der Praxis durchaus üblich – keinen Sinn macht, im Rahmen affektiver Tests auch nach der Kaufwahrscheinlichkeit bzw. Kaufbereitschaft für die Testprodukte zu fragen. Da die Proben codiert präsentiert werden, d.h., keine über die olfaktorischen Produkteigenschaften hinausgehenden Informationen verfügbar sind, stimmt der für die Kaufbereitschaft bzw. Kaufwahrscheinlichkeit ermittelte Wert im allgemeinen mit dem olfaktorischen Gesamturteil weitgehend überein. Prognosen bezüglich des Markterfolgs neuer Düfte lassen sich nur gewinnen, wenn Personen der Zielgruppe die geplante Kombination aus intrinsischen und extrinsischen Produktmerkmalen, d.h. die gesamte Marktleistung, evaluieren.

7. Ethische und rechtliche Rahmenbedingungen bei dem Einsatz von Duftstoffen im Marketing

Wenn von ethischen und rechtlichen Rahmenbedingungen für das Marketing mit Duftstoffen die Rede ist, denkt man wohl zunächst an Regelungen in Gesetzen und Verordnungen des nationalen wie auch des supranationalen Rechts, die entweder direkt die Verwendung von Duftstoffen betreffen oder aber sich auf andere, umfassendere Bereiche erstrecken und quasi als "Nebeneffekt" auch Duftstoffe erfassen können. Verbindliche Regelungen ohne Gesetzescharakter stellen etwa die Verhaltenskodices nationaler oder internationaler Organisationen dar, die den Handlungsspielraum ihrer Mitglieder bezüglich der Verwendung von Duftstoffen einschränken.

Damit ist schon angedeutet, daß Rechtsnormen in Form von Gesetzen und Verordnungen nur die eine Richtschnur für den Einsatz von Duftstoffen im Marketing sind. Die andere erstreckt sich auf die Frage nach der "gesellschaftlichen und sozialen Verträglichkeit von Entscheidungen" *(Wöhe, 1993, S. 130)* über den Einsatz von Duftstoffen. Das Anlegen ethischer Grundsätze in diesem Zusammenhang soll Verstöße gegen gesellschaftliche Normen, gegen Anstand und Moral aufdecken und mit Sanktionen belegen.

7.1. Ethische Rahmenbedingungen

In der jüngeren Vergangenheit hat sich mehr und mehr die Auffassung durchgesetzt, daß es "offenbar nicht genügt, wenn Handlungsmaximen allein nach ökonomischen Prinzipien manifestiert werden“ *(Macharzina, 1993, S. 183)*.

Angesichts der zunehmenden Verbundenheit und Interdependenz von ökonomischen, ökologischen, gesellschaftlichen und kulturellen Phänomenen erweist sich ein übergeordnetes Regulativ, ein "Orientierungsmuster", eine "Meßlatte", die ethisch verankert ist, als erforderlich *(Macharzina, 1993, S. 183)*.

"Ethik untersucht die Frage nach den Maßstäben des 'richtigen', aus moralischer Sicht rechtfertigbaren Verhaltens" *(Macharzina, 1993, S. 183)*; sie befaßt sich mit "moralischen Werten ... und Normen ... für die Praxis des verantwortlichen menschlichen Handelns" *(Hansen, 1995, Sp. 616f.)*.

Das Erkenntnisfeld einer Marketing-Ethik -verstanden als Teil einer umfassenden Unternehmens-Ethik- ist nach *Hansen* abhängig von der zugrundegelegten Dimension des Marketingbegriffs *(Hansen, 1995, Sp. 618)*. Marketing - verstanden als marktorientierte Unternehmensführung - führt zu einer Marketing-Ethik, deren Ausgangspunkt die Kritik der vom Marketing - unmittelbar oder mittelbar - betroffenen Personengruppen am Marketing ist. Die Kritik kann sich auf die Produkte oder Dienstleistungen des Unternehmens sowie auf seine sämtlichen Marketinginstrumente beziehen.

Speziell im Blick auf das Marketing mit Duftstoffen umfaßt die Kritik etwa:

- Irreführungen und Täuschungen der Käufer (wenn z.B. Duftnoten eine bestimmte, nicht vorhandene Produktqualität vorspiegeln, oder wenn durch Beduftung -etwa eines zum Verkauf stehenden Fahrzeugs eines starken Rauchers- unangenehme Gerüche vorübergehend überdeckt werden;

- Schädigungen und Gefährdungen der Verwender/Verbraucher (z.B. durch gefährliche und unsichere oder ungesunde und ökologisch schädliche Produkte. So können Duftrohstoffe für die kosmetische Industrie hautreizende, toxische oder krebserzeugende Wirkungen haben; vgl. etwa das weiter unten angesprochene Moschus-Xylol-Beispiel. Erwähnt sei ferner die Gefahr, daß Kleinkinder mit Vanillin beduftete Radiergummis für eßbar halten);

- Manipulationen der Marktpartner (etwa durch Werbung). Angesichts der stark aktivierenden Wirkung von parfümierten Direct Mails könnten Verbraucher zu ungewollten Handlungen - etwa Käufe, Bestellungen - veranlaßt werden.

Bei den genannten Kritikpunkten ist nach *Hansen* stets zu fragen, ob es sich um Kritik grundsätzlicher Art (etwa den Vorwurf der Manipulation) oder um Kritik an partiellen Mißständen (z.B. irreführende Werbung) handelt und ob die Kritikpunkte generell, von der überwiegenden Mehrheit der Betroffenen vorgebracht werden oder aus unterschiedlicher Wertperspektive gesehen werden *(Hansen, 1995, Sp. 620)*. Gerade letztere, das zeigt auch die Diskussion über die "Manipulation" mittels Duftstoffen, wird stets umstritten sein.

Nieschlag et al. differenzieren nach verschiedenen "Fallgruppen von Verhaltensweisen" im Marketing, die gegen Grundsätze der Unternehmensethik verstoßen *(Nieschlag et al. 1997, S. 102 ff)*. Auch sie lassen sich auf den Fall des Marketing mit Duftstoffen anwenden:

- Bereitstellung und Verkauf fragwürdiger Erzeugnisse, deren Herstellung, Verbrauch, Gebrauch oder Entsorgung den Erwerbern, Bedarfsträgern oder Menschen um sie herum schaden können. Dies trifft für Aromastoffe in der Nahrungs- und Genußmittelindustrie ebenso zu wie auf geruchsbeeinflussende Zusätze in der Kosmetik- oder Pharmaindustrie.

- Verzicht auf Ausschöpfung von Umsatzpotential dadurch, daß der Hersteller bestimmte Produkte nicht in den Verkehr bringt oder bei anderen auf Verbesserungen verzichtet. Der Tatbestand, daß Verbrauchern oder gewerblichen Verwendern Produktverbesserungen vorenthalten werden, weil alte Produktionsanlagen noch nicht abgeschrieben oder F+E-Aufwendungen noch nicht amortisiert sind, kann sicher auch für Duftstoff erzeugende bzw. -verwendende Branchen nicht ausgeschlossen werden.

- Belieferung problematischer Abnehmer, was auch ohne böse Absicht des Herstellers der Fall sein kann. *Nieschlag et al.* erwähnen hier als Beispiel den Verkauf von Muttermilch-Ersatzprodukten der Firma Nestlé in Ländern der Dritten Welt (wo infolge falscher Anwendung Kleinkinder erkranken) und den Kodex der *World Health Organisation (WHO)* für die Vermarktung derartiger Produkte *(Nieschlag et al. 1997, S. 106)*. Auch der Verkauf von sog. "Dual-Use-Produkten" (etwa im Waffenhandel) fällt in diese Kategorie. Sicher sind solche Fälle auch für chemische Duft- und Aromastoffe denkbar.

- Wahrnehmung von Marktchancen unter Einsatz bedenklicher Mittel. Hierzu gehören Möglichkeiten, den Verbraucher zu verführen, zu übervorteilen oder auf andere Weise zu schädigen, ohne daß die Betroffenen oder die Justiz dagegen vorgehen (können). Die Bestimmungen des Verbraucherschutzes erweisen sich hier oft (noch) als lückenhaft. Die bekannte Aktivierungswirkung von Duftstoffen, ihre teilweise unterschwellige Wahrnehmung durch den Verbraucher bietet sicher Anknüpfungspunkte für solche Praktiken.

7.2. Rechtliche Rahmenbedingungen

7.2.1. Gesetzliche Grundlagen in Deutschland

Grundsätzlich gelten Vorschriften des **Bürgerlichen Gesetzbuches** auch beim Marketing mit Duftstoffen. So begründet der § 823 BGB unter anderem die Schadensersatzpflicht bei vorsätzlicher oder fahrlässiger Verletzung von Körper und Gesundheit. Eine Gesundheitsgefährdung wird aber so nicht verhindert, sondern dem Verbraucher wird erst nach bereits entstandenem Schaden ein Anspruch auf Wiedergutmachung zugesichert. Für das Marketing mit Duftstoffen könnte außerdem § 123 BGB von Bedeutung sein, nachdem der Verbraucher, der durch "arglistige Täuschung" (etwa durch Vorspiegelung bestimmter, nicht vorhandener Produkteigenschaften mittels Beduftung) zu einer Willenserklärung gebracht worden ist, diese Erklärung anfechten kann.

Da diese allgemeinen Regelungen für einen umfassenden Schutz des Verbrauchers vor Gesundheitsgefährdung und vor Täuschung nicht ausreichen und außerdem Umweltschutzregelungen fehlen, sind die im folgenden beschriebenen Vorschriften für den Bereich des Marketing mit Duftstoffen unmittelbar von Bedeutung.

Am 15.8.1974 wurde das "Gesetz zur Neuordnung und Bereinigung des Rechts im Verkehr mit Lebensmitteln, Tabakerzeugnissen, kosmetischen Mitteln und sonstigen Bedarfsgegenständen (Gesetz zur Gesamtreform des Lebensmittelrechts)" oder kürzer: das "**Lebensmittel- und Bedarfsgegenständegesetz (LMBG)**" beschlossen *(BGBl., Teil I, Nr. 95 vom 20.8.1974, S. 1945-1966)*. Eine Neufassung des Gesetzes, die alle bis dahin vorgenommenen Änderungen berücksichtigt, wurde am 8.7.1993 veröffentlicht. *(BGBl., Teil I, Nr. 36 vom 16.7.1993, S. 1169 - 1188)*. Weitere Neuerungen wurden im Zweiten Gesetz zur Änderung des LMBG vom 25.11.1994 festgehalten *(BGBl., Teil I, Nr. 85 vom 6.12.1994, S. 3539 - 3544)*.

Von besonderem Interesse für die Verwendung von Duftstoffen sind die Regelungen zu Lebensmitteln, kosmetischen Mitteln und Bedarfsgegenständen. Kosmetische Mittel werden im Gesetz als Stoffe definiert, die äußerlich oder im Mund zur Reinigung, Pflege, zur Beeinflussung des Aussehens oder des Körpergeruchs oder zur Vermittlung von Geruchseindrücken verwendet werden. Sie werden von Mitteln abgegrenzt, die Krankheiten heilen oder lindern sollen. *(LMBG, § 4)*

Unter Bedarfsgegenständen werden unter anderem Packungen von Kosmetika, Gegenstände, die mit dem Mundinneren oder der Haut in Berührung kommen (wie z.B. Perücken, Brillen, Armbänder, Zahnbürsten, Kleidung), Körperpflege-, Reinigungs-, Pflege- und Imprägniermittel und Mittel und Gegenstände zur Geruchsverbesserung oder Insektenvertilgung in Räumen (außer

Pflanzenschutzmitteln) zusammengefaßt *(LMBG, § 5).* Dies sind Produkte, die teilweise schon in der Vergangenheit mit Duftstoffen angereichert wurden.

Um den Schutz der Gesundheit des Verbrauchers zu gewährleisten, verbietet das Gesetz zum einen die Herstellung gesundheitsschädigender kosmetischer Mittel und Bedarfsgegenstände. Dabei ist das *LMBG* an geltendes EU-Recht angepaßt worden: Es muß nicht nur einer gesundheitsschädigenden Wirkung bei bestimmungsgemäßem, sondern auch bei vorauszusehendem Gebrauch der kosmetischen Mittel vorgebeugt werden *(LMBG, §§ 24 und 30).* Durch eine spezielle Rechtsverordnung soll zum anderen die Deklarations- und Informationspflicht des Herstellers über die verwendeten Inhaltsstoffe und ihre Wirkung geregelt werden *(LMBG, §§ 26a).* Ebenfalls in einer Verordnung kann der Bundesminister bei beiden Stoffgruppen bestimmte Stoffe verbieten oder Höchstmengen festlegen (LMBG, §§ 25 und 32). In § 29 wird der Bundesminister außerdem dazu ermächtigt, Bezeichnungen, Darstellungen, Aufmachungen und Aussagen, die den Verbraucher irreführen könnten, zu verbieten.

Das Bundesgesundheitsamt verfaßt eine amtliche Sammlung von Probenahme- und Untersuchungsverfahren, die unter Mitwirkung von Sachverständigen aus Wissenschaft und Wirtschaft immer auf dem neuesten Stand zu halten ist *(LMBG, § 35).* Diese Experten sollten auch gehört werden, bevor neue Verordnungen beschlossen werden *(LMBG, § 39).* Die Einhaltung des Gesetzes wird durch fachlich qualifizierte Personen überwacht, die insbesondere dazu berechtigt sind, Proben zu nehmen und Auskünfte zu verlangen *(LMBG, § 41).*

In der **Verordnung über kosmetische Mittel** (KosmetikVO) vom 16.12.1977 machte die Bundesgesundheitsministerin von der ihr im LMBG zugesprochenen Möglichkeit Gebrauch, bestimmte Stoffe für die Herstellung oder Behandlung von kosmetischen Mitteln zu verbieten bzw. ihre Verwendung einzuschränken *(BGBl., Teil I, Nr. 86 vom 21.12.1977, S. 2589 – 2621; KosmetikVO*

§§ 1 - 3). Eine Neufassung der Kosmetikverordnung wurde am 19.6.1985 vorgelegt *(BGBl., Teil I, Nr. 32 vom 26.6.1985, S. 1082 - 1121).* Die letzten Neuerungen - hauptsächlich die Aufnahme neuer Stoffe in die Anlagen - wurden in der "Dreiundzwanzigsten Verordnung zur Änderung der Kosmetikverordnung" vom 6.12.1994 festgehalten *(BGBl., Teil I, Nr. 88 vom 13.12.1994, S. 3729 - 3731).*

In den Anlagen werden unter anderem konkret die verbotenen Stoffe und die unter Einschränkungen erlaubten Stoffe aufgeführt *(KosmetikVO, Anlage 1, S. 2592 bzw. Anlage 2, S. 2597 und Anlagen 3 - 5, S. 2605ff.).* Außerdem werden Vorschriften zu Packungsangaben gemacht. So muß durch die Herstellungsnummer oder ein anderes Kennzeichen die Identifizierung der Herstellung möglich sein. Auch müssen bestimmte, im Produkt verwendete Stoffe, das Mindesthaltbarkeitsdatum und eventuelle Warnhinweise auf der Packung deklariert werden *(KosmetikVO, §§ 4 - 5).*

Die **Aromenverordnung** (AromenVO) wurde in ihrer ersten Fassung am 30.12.1981 im Bundesgesetzblatt im Rahmen der "Verordnung zur Neuordnung lebensmittelrechtlicher Kennzeichnungsvorschriften" veröffentlicht *(BGBl., Teil I, Nr. 60, S. 1677 - 1683).* Letzte Neuerungen wurden in der "Verordnung zur Änderung der Aromenverordnung und anderer lebensmittelrechtlicher Verordnungen" vom 29.10.1991 festgehalten *(BGBl., Teil I, Nr. 61 vom 8.11.1991, S. 2045 - 2050).*

In § 1 werden Aromen als Erzeugnisse oder Mischungen definiert, die Lebensmitteln einen bestimmten Geruch oder Geschmack verleihen sollen. Wie in der Kosmetikverordnung werden auch hier Verbote und Verwendungsbeschränkungen ausgesprochen, wobei die betroffenen Stoffe konkret in der Anlage aufgeführt werden *(AromenVO, § 2).* Außerdem müssen bei Aromen, die auf den Markt gebracht werden, unter anderem das Wort "Aroma" oder eine genauere Bezeichnung und die Anschrift der Herstellerfirma angegeben werden. Weitere Kennzeichnungspflichten richten sich danach, ob die Aromen an den Endverbraucher abgegeben werden oder nicht *(AromenVO, §§ 4 - 4a)*.

Die erste Version des **Chemikaliengesetzes** (ChemG) wurde am 16.9.1980 erstellt; eine Neufassung des Gesetzes stammt vom 14.3.1990 *(BGBl., Teil I, Nr. 58 vom 25.9.1980, S. 1717 - 1728 bzw. BGBl., Teil I, Nr. 13 vom 22.3.1990, S. 521 - 546)*. Das Gesetz soll Mensch und Umwelt vor schädlichen Wirkungen gefährlicher Stoffe schützen *(ChemG, § 1)*. Als gefährlich werden Stoffe (natürlich vorkommende oder hergestellte chemische Elemente bzw. Verbindungen) oder Zubereitungen (Kompositionen aus mehreren Stoffen) unter anderem dann eingestuft, wenn sie reizend, sensibilisierend, krebserzeugend oder umweltgefährlich sind. Diese letzte Bezeichnung wird für Stoffe verwendet, die den Naturhaushalt verändern und daher sofort oder später eine Gefahr für die Umwelt darstellen *(ChemG, § 3a)*.

Besonders für die Lieferanten von Riechstoffen ist dieses Gesetz von Bedeutung. Sie werden dazu verpflichtet, der Bundesanstalt für Arbeitsschutz neue Stoffe anzumelden. Zum Inhalt dieser Anmeldung gehören die Ergebnisse der Grundprüfung *(ChemG, § 7)*, so unter anderem die Eigenschaften und Verunreinigungen des Stoffes, seine Toxizität, reizende, ätzende, sensibilisierende Eigenschaften und Hinweise auf eine krebserzeugende Wirkung. Übersteigt die Jahresproduktion des jeweiligen Stoffes eine bestimmte Menge, so sind weitere Prüfungen des Stoffes -vor allem hinsichtlich seiner Umweltverträglichkeit- erforderlich *(ChemG, §§ 4 - 9)*. Alle chemischen Elemente oder Verbindungen (egal, ob sie natürlich vorkommen oder hergestellt werden) müssen also durch den Hersteller auf mögliche gefährliche Eigenschaften überprüft werden, ehe sie in den Wirtschaftskreislauf gelangen dürfen.

Neben weiteren Regelungen enthält das Gesetz Vorschriften zum Schutz der Beschäftigten, und als letzter wichtiger Punkt werden die "Grundsätze Guter Laborpraxis" formuliert *(ChemG, § 19ff.)*. Darin wird bestimmt, nach welchen Richtlinien experimentelle Prüfungen von Stoffen oder Kompositionen durchgeführt werden müssen. Das Bundesgesundheitsamt ist mit der Überwachung der Einhaltung dieser Grundsätze beauftragt *(ChemG, § 19d)*.

Am 26.10.1993 wurde die **Verordnung zur Novellierung der Gefahrstoffverordnung** (Verordnung zum Schutz vor gefährlichen Stoffen) beschlossen *(BGBl., Teil I, Nr. 57 vom 30.10.1993; S. 1782 -1810)*; damit traten vorherige Fassungen - etwa aus dem Jahr 1986 - außer Kraft. Die bisher letzte Änderung der Verordnung wurde am 19.9.1994 vorgenommen. Besonders Arbeitnehmer, aber auch Verbraucher sollen durch diese Regelungen vor arbeitsbedingten und anderen Gesundheitsgefahren geschützt werden; außerdem dient die Verordnung dem Umweltschutz.

Es wird festgelegt, daß die bereits im Chemikaliengesetz definierten gefährlichen Stoffe unter anderem durch Gefahrensymbole besonders gekennzeichnet werden müssen *(GefStoffV, §§ 5 - 9)*. Insbesondere für Wasch-, Reinigungs-, Putz- und Pflegemittel haben sich dadurch wesentliche Veränderungen ergeben. Allerdings gibt es nach Informationen des Industrieverbands Körperpflege- und Waschmittel e.V. nur wenige Reinigungsmittel, die mit einem Gefahrensymbol zu kennzeichnen sind *(Industrieverband Körperpflege- und Waschmittel e.V., 1995, S. 21)*.

Wichtig ist außerdem, daß diejenigen, die gefährliche Stoffe herstellen oder verkaufen, ab 1.5.1994 mit ihrer ersten Lieferung dem Abnehmer ein sogenanntes Sicherheitsdatenblatt übermitteln müssen *(GefStoffV, § 14 und § 54)*. Der Inhalt des Sicherheitsdatenblattes muß den jeweils geltenden Vorschriften der Europäischen Gemeinschaft entsprechen. Auf diese Weise soll es zum Beispiel den Kosmetikherstellern ermöglicht werden, die gesundheitliche Unbedenklichkeit der verwendeten Rohstoffe im Endprodukt zu gewährleisten.

Die Neufassung des **Wasch- und Reinigungsmittelgesetzes** (WRMG) vom 5.3.1987 beruht auf dem am 1.9.1975 beschlossenen Gesetz und späteren Änderungen *(BGBl., Teil I, Nr. 20 vom 19.3.1987, S. 875 - 879)*. Geringfügige Neuerungen gab es am

26.2.1993 und am 27.6.1994. Dieses Gesetz gilt für alle Erzeugnisse zur Reinigung, die nach dem Gebrauch in Gewässer gelangen können *(WRMG, § 1)*.

Es ist nach diesem Gesetz verboten, Wasch- und Reinigungsmittel zu verkaufen, deren Inhaltsstoffe nicht abbaubar sind und durch die so die Beschaffenheit der Gewässer gefährdet ist *(WRMG, §§ 1 und 3)*. Besondere Richtlinien gibt es weiterhin für Waschmittel, die nicht kosmetische Mittel sind; hier müssen die Hersteller genaue Inhalts- und Dosierangaben machen *(WRMG, § 7)*. Dieses Gesetz dient also vorrangig dem Umweltschutz.

7.2.2. Gesetzliche Grundlagen in Europa

Die **EG-Kosmetik-Richtlinie** des Rates vom 27.7.1976 zur Angleichung der Rechtsvorschriften der Mitgliedstaaten über kosmetische Mittel (Richtlinie 76/768/EWG) war im Sinne des angestrebten gemeinsamen europäischen Marktes erforderlich, da die rechtlichen Unterschiede, die für die Hersteller von kosmetischen Mitteln in den jeweiligen Ländern bestanden, den Warenverkehr mit diesen Produkten behinderten *(Amtsblatt der Europäischen Gemeinschaften, Nr. L262 vom 27.9.1976, S. 169ff.)*. Bei der EG-Richtlinie wie auch bei den Vorschriften der einzelnen Länder steht der Gesundheitsschutz der Bevölkerung im Mittelpunkt. Allerdings wird die Möglichkeit eingeräumt, daß trotz Einhaltung der Richtlinie Gesundheitsschäden auftreten könnten.

Ähnlich wie in der deutschen Kosmetikverordnung werden kosmetische Mittel definiert und bestimmte Stoffe zur Herstellung dieser Mittel verboten oder nur unter Einschränkung erlaubt *(EG-Kosmetik-Richtlinie, Artikel 4, S. 170)*. Nach einer Frist von drei Jahren sollte über das Verbot bzw. die Zulassung dieser Stoffe endgültig entschieden werden.

Auf dem Produkt oder der Verpackung müssen Name und Anschrift der Herstellerfirma, der Nenninhalt, das Verfalldatum, besondere Vorsichtsmaßnahmen für den Verbrauch und die Herstellungsnummer angegeben werden *(EG-Kosmetik-Richtlinie, Artikel 6, S. 171)*. Insoweit ähnelt die Richtlinie wieder der deutschen Kosmetikverordnung. Neu ist, daß ein Ausschuß eingesetzt wird, der die Richtlinie mit dem technischen Fortschritt weiterentwikkeln soll. Außerdem bleibt die Souveränität der Mitgliedstaaten bestehen: Ein Einzelstaat kann, falls sich ein Stoff als gesundheitlich bedenklich erweist, diesen zunächst in seinem Land verbieten. Die Entscheidung muß mit einer detaillierten Begründung den Mitgliedstaaten mitgeteilt werden, worauf die Kommission die Bedenken prüfen und eine Stellungnahme dazu abgeben muß *(EG-Kosmetik-Richtlinie, Artikel 12, S. 172)*.

Die "Richtlinie 934/35/EWG vom 14.6.1993 zur sechsten Änderung der Richtlinie 76/768/EWG zur Angleichung der Rechtsvorschriften der Mitgliedstaaten über kosmetische Mittel" brachte bzw. bringt einschneidende Änderungen mit sich *(Amtsblatt der Europäischen Gemeinschaften Nr. L151 vom 23.6.1993, S. 32 - 36)*. In der Einleitung der Richtlinie wird die Notwendigkeit neuer Regelungen unter anderem damit begründet, daß eine größere Transparenz hinsichtlich der Bestandteile und des Verwendungszwecks notwendig sei, damit kosmetische Mittel ohne Genehmigungsverfahren in den Verkehr gebracht werden könnten und der Verbraucher besser informiert werde *(6. Änderung der EG-Kosmetik-Richtlinie, 1993, S. 32)*.

Als einen Schritt in diese Richtung wird bestimmt, daß die Kommission bis zum 14.12.1994 unter Zusammenarbeit mit der Industrie eine Liste aller in kosmetischen Mitteln enthaltenen Bestandteile anfertigen soll. Ein vom Dachverband der europäischen Körperpflegemittel-Industrie (COLIPA) vorgelegtes Inventar von ca. 7000 Stoffen soll durch den Wissenschaftlichen Ausschuß für Kosmetologie der Europäischen Kommission überprüft werden. Außerdem wurde der Kommission 1994 eine von der Riechstoffindustrie erstellte Liste aller Parfüm- und Aromastoffe, die in Körperpflegemitteln enthalten sind, übergeben *(IKW, 1995, S. 11)*.

Eine der neuen Anforderungen an die Hersteller von Kosmetika ist, daß diese den Verwendungszweck und eine Liste aller Bestandteile auf dem Produkt, der Packung oder einem Beipackzettel angeben müssen. Riech- und Aromastoffe müssen nur mit dem Begriff "Parfüm" oder "Aroma" erwähnt werden. Auch gibt es die Möglichkeit, daß ein Hersteller aus Gründen der Geheimhaltung gewisse Bestandteile nicht offenlegen muß *(6. Änderung der EG-Kosmetik-Richtlinie, Artikel 6, S. 34)*.

Eine andere Neuregelung hat weitreichende Folgen für die duftstoffverarbeitende Industrie: Den Behörden müssen unter der Herstelleranschrift nähere Angaben zum Produkt, bei Riech- und Aromastoffen die Bezeichnung und die Code-Nummer der Zusammensetzung des Produkts sowie Angaben zur Identität des Lieferanten, leicht zugänglich sein *(6. Änderung der EG-Kosmetik-Richtlinie, Artikel 6, S. 34)*. Außerdem muß diesen hinterlegten Produktangaben eine Sicherheitsbewertung für das jeweilige Erzeugnis beigefügt werden. Diese Bewertung muß durch einen Verantwortlichen der Firma erstellt werden, der bestimmte Qualifikationsanforderungen erfüllt. Dabei sollen unter anderem das toxikologische Profil der Rohstoffe und die Exposition, also die Weise, auf die der Konsument mit dem Produkt in Berührung kommt, offengelegt werden. Dadurch soll gewährleistet werden, daß das Produkt nicht nur bei bestimmungsgemäßem kosmetischen Gebrauch, sondern auch unter Berücksichtigung des vorhersehbaren Gebrauchs sicher ist. Ist die Zusammensetzung von Parfümrohstoffen nicht bekannt, sollte eine Sicherheitsbewertung vom Lieferanten angefordert werden *(Huber, 1995, S. 100 - 102)*.

Außerdem müssen zu jedem Produkt bekannt gewordene unerwünschte Nebenwirkungen (gemeint sind von Verbrauchern oder Ärzten gemeldete Unverträglichkeiten) dokumentiert werden. Dabei sind nur fachlich bestätigte Berichte von Bedeutung. Eine angepriesene Wirkung des Erzeugnisses muß unter Umständen nachgewiesen werden *(6. Änderung der EG-Kosmetik-Richtlinie, Artikel 7a, 1993, S. 35; Huber, 1995, S. 102)*.

Ab 1.1.1997 müssen alle auf den Markt gebrachten kosmetischen Mittel diesen Richtlinien entsprechen und ab 1.1.1998 dürfen keine älteren Produkte mehr an den Verbraucher verkauft werden, die den Richtlinien nicht entsprechen *(6. Änderung der EG-Kosmetik-Richtlinie, Artikel 2, S. 36)*.

Diese Richtlinie bringt für den Verbraucher größere Sicherheit, da zum einen erstmals alle Inhaltsstoffe von kosmetischen Produkten (außer den verwendeten Parfümölen) auf der Packung angegeben werden müssen und zum anderen die Einhaltung der Bestimmungen hinsichtlich der Gesundheitsgefährdung jetzt auch faktisch durch behördliche Stellen überprüft werden kann. Allerdings bedeuten die gesetzlichen Auflagen (z.B. die Erstellung der Sicherheitsdatenblätter mit allen toxikologischen und ökologischen Daten zu den einzelnen verwendeten Produktbestandteilen) für die Industrie einen erheblichen Aufwand.

7.2.3. Deutsches und internationales Markenrecht

Die Entwicklung von Duftkompositionen und Riechstoffen ist zeitlich und finanziell häufig sehr aufwendig und der fertige Duft kann wesentlich zum Marken- und Produktwert beitragen. Von daher haben Unternehmen ein großes Interesse daran, ihre Düfte vor Nachahmungen bestmöglich - und damit auch rechtlich - schützen zu können. Der beste Schutz eines Duftes ist bislang seine streng geheim gehaltene Rezeptur. Doch mit modernen Analyseverfahren ist es mittlerweile möglich, die meisten Bestandteile des Duftes von der Art und Menge her zu erfassen und damit nachzubilden. Durch die enge Verknüpfung von Duft und Marke (z.B. Persil) bestehen natürlich auch Bestrebungen, den Duft über das Markengesetz zu schützen, denn Düfte können wesentlicher und differenzierender Markenbestandteil sein. Doch gerade hier besteht ein Problem, weil angenommen wird, daß der Duft funktional mit dem Produkt verbunden und somit nicht als Markenzeichen schützbar ist. Allerdings besteht die Möglichkeit, Düfte wie den von Persil auch für Lufterfrischer im Wäscheschrank, als

Textilparfüm oder eigenständig als Duftdruck in der Werbung einzusetzen. Parfüms können allerdings nicht als Marke geschützt werden, weil der Duft hier funktionalen Charakter hat. Einzelne Riechstoffmoleküle oder Riechstoffgruppen mit innovativen Eigenschaften (z.B. mit einer besonderen Eignung für Duft-Mikrosysteme) lassen sich hingegen als Patent schützen.

Gemäß § 3 Abs. 1 des Markengesetzes (MarkenG) gilt die Marke als schutzwürdiges Zeichen. Als markenfähig gelten Zeichen, die unabhängig von der Ware existieren können. Sie dürfen folglich kein notwendiger Produktbestandteil sein. Damit unterscheidet sich der rechtliche Begriff des MarkenG vom Markenbegriff des Marketing, das die Marke als subjektiv geprägte Assoziationen mit und Vorstellungen von markierten Produkten versteht *(vgl. Aaker & Joachimsthaler, 2001, S. 54; Baumgarth, 2001, S. 6; Bruhn, 2001, S. 18; Esch, 2000, S. 991; Meffert & Burmann, 2002, S. 65f.).* Die Marke selber existiert nur als Vorstellung in den Köpfen der Konsumenten und ist folglich nicht schutzfähig. Das MarkenG bezieht sich nur auf den Schutz von Markenzeichen.

Nach § 8 Abs. 1 des Markengesetzes sind Zeichen von der Eintragung ausgeschlossen, die sich nicht visuell darstellen lassen. Die Rechtsprechung ging folglich lange davon aus, daß olfaktorische Markenzeichen nicht eingetragen werden können. Soweit ersichtlich, wurde bis September 2002 in Deutschland noch keine Geruchsmarke eingetragen. Eine andere Auffassung vertreten die Juristen in den USA oder beispielsweise in den Benelux-Staaten. Das amerikanische „Patent and Trademark Office“ sieht eine Eintragungsmöglichkeit für Marken ohne graphische Darstellbarkeit, sogenannte „non-traditional Trademarks“ (z.B. ein Geräusch), vor. Der US-Supreme Court berichtet von der Marke „Pflaumenblüten auf Nähfaden“, die 1991 als Trademark registriert und 1997 wegen Formfehlern wieder gelöscht wurde. 2002 gab es in den USA nach eigenen Recherchen keinen aktiven Eintrag einer Duftmarke, obwohl dies prinzipiell möglich ist. Einige beantragte Marken wurden nicht zugelassen, weil ihnen eine eindeutige

Anwendung fehlte. Das britische Patent Office registrierte 1996 einen Rosenduft für die Anwendung auf Autoreifen und den starken Duft von bitterem Bier für die Anwendung auf Dartpfeilen.

Das europäische Harmonisierungsamt in Alicante hat im Oktober 2000 erstmals eine olfaktorische Gemeinschaftsmarke („smell of fresh cut grass") zur Beduftung von Tennisbällen eingetragen, die jedoch keine Unterscheidungskraft erlangte. Die erforderliche visuelle Darstellbarkeit des olfakorischen Markenzeichens wurde als erfüllt angesehen, da jedermann den Duft als olfaktorische Marke aufgrund seiner persönlichen Erfahrungen mit gemähtem Rasen allein durch die wörtliche Beschreibung („Besteht aus dem Duft von frisch gemähtem Gras, aufgetragen auf das Produkt.") wiedererkennen kann *(Fezer, 1999a, S. 5ff.)*. Das Harmonisierungsamt stellt damit letztlich auf die Imagery-Fähigkeit des Menschen ab und nähert sich in dieser Beziehung dem Markenverständnis des modernen Marketing an.

Laut Art. 4 der Gemeinschaftsmarkenverordnung (GMV) sind alle Zeichen schutzfähig, welche die Produkte eines Unternehmens von denen anderer Unternehmen unterscheiden können. Da die GMV neben das nationale MarkenG getreten ist, lassen sich olfaktorische Marken über diesen Weg innerhalb der gesamten EU und damit auch in Deutschland schützen. Den Mangel an grafischer Darstellung von Markenzeichen bezog das Harmonisierungsamt nur auf dreidimensionale und farbliche Darstellungen und § 12 Abs. 3 der MarkenVO („Sonstige Markenformen") erlaubt außerdem eine Beschreibung der Marke. Da die Gesetze und Verordnungen keine Hinweise auf Geruchsmarken enthalten, darf laut Argumentation der Beschwerdeinstanz in Alicante der Mangel an grafischer Darstellbarkeit die Eintragungsfähigkeit einer Geruchsmarke nicht hemmen *(Lips, 2001, S. 326f.)*.

Wie der offene Beispielkatalog der Markenformen im neuen Markenrecht zeigt, sind prinzipiell auch olfaktorische Markenzeichen als Markenform im Sinne des § 3 Abs. 1 MarkenG zulässig *(Fezer,*

1999b, S. 577). Als Beispiel wird dort das frisch geschnittene Gras für Tennisbälle angeführt *(Schröder, 2001, S. 313).* Das Bundespatentgericht lehnte jedoch „die Anmeldung eines wörtlich bezeichneten Geruchs, der ein Gebrauchsmuster in einer Flasche, sowie eine Formel und deren wörtliche Beschreibung beigegeben war", wegen fehlender Unterscheidungskraft ab (BPatG, 1999, Kap. D I.6.). Das BPatG bezweifelte die Eintragungsfähigkeit der Geruchsmarke in das deutsche Markenregister, denn das Markenzeichen müsse „in einer für die Allgemeinheit nachvollziehbaren Bestimmtheit ersichtlich sein, und zwar ohne daß sich der Inhaber einer älteren Marke umfangreichen und zeitaufwendigen Beschaffungsmaßnahmen ausgesetzt sehe" *(BPatG, 2000, S. 58).* Als problematisch wurde in diesem Fall auch die Variabilität und Instabilität von Düften angesehen, die sich in keiner chemischen Formel darstellen ließen.

In einem Beschluß vom 14.4.2000 gab das Gericht dann die Frage, ob Markenzeichen auch mittelbar durch ein Surrogat eintragungsfähig sind, an den EuGH zur Klärung weiter. Ein Anmelder hatte die Anmeldung der Geruchsmarke Zimtsäuremethylester beantragt, die chemische Strukturformel des Dufts als graphische Wiedergabe der Marke bezeichnet und den Duftstoff beim Deutschen Patent- und Markenamt hinterlegt. Der EuGH soll nun klären, ob ein Markenzeichen vor dem Hintergrund des § 8 Abs. 1 auch als Surrogat durch eine chemische Formel, durch eine Beschreibung, durch Hinterlegung oder durch eine Kombination dieser Alternativen wiedergegeben werden kann. Sollten diese Fragen positiv beantwortet werden, dann stünde einer weiteren Öffnung des markenrechtlichen Registerschutzes nichts mehr im Wege und Geruchsmarken wären in der entsprechenden Form auch in Deutschland eintragungsfähig.

Der momentanen Rechtsauffassung nach können Düfte zwar in das deutsche und europäische Markenregister als Markenzeichen eingetragen werden. Fraglich ist hingegen, in welcher Form diese Eintragung erfolgen soll. Mit der bloßen Hinterlegung des Dufts ist dieses Markenzeichen nur mit größerem Aufwand einzusehen, so daß es für Entwickler von Geruchsmarken bei steigenden Eintragungszahlen praktisch unmöglich ist, in den zuvor erfolgten Einträgen zu recherchieren. Zudem müßte die olfaktorische Marke so hinterlegt werden, daß chemische Reaktionen und Veränderungen ausgeschlossen sind, so daß nur der junge Duft geschützt ist und nicht die gesamte Lebensphase des Dufts bis hin zu seinem chemischen „Verfall", der beispielsweise durch vielfältige Reaktionen mit der Umwelt (Sauerstoff, Licht etc.) entstehen kann. Ferner sind viele Düfte nur im direkten Vergleich von Laien zu unterscheiden, so daß trotz des Markenschutzes immer die Gefahr einer Verwechslung bei ähnlichen Düften besteht. Der Duft eines grünen Apfels kann von Laien beispielsweise im direkten Vergleich vom Duft eines roten Apfels unterschieden werden. Riecht der Laie hingegen nur einen der beiden Düfte, wird er nicht sagen können, ob es sich um einen roten oder um einen grünen Apfel handelt. Für ihn riecht der Duft lediglich nach Apfel.

Mit der bloßen Hinterlegung der chemischen Formel würde man das wichtigste Kapital eines Dufts, seine Rezeptur, offen legen, so daß von einer Eintragung vermutlich in der Regel Abstand genommen werden würde. Mit der Einsicht in die Formel könnte man durch kleine Änderungen sehr ähnliche oder identische Dufteindrücke erzeugen, so daß Nachahmer sich beim Nachbau des Dufts sogar noch rechtlich absichern könnten, indem sie ihre Variation ebenfalls als Marke anmelden. Man könnte also denselben olfaktorischen Eindruck als eigenständige Marke schützen lassen, obwohl es in Wirklichkeit eine minimal variierte Kopie ist. Somit stellt sich die Frage, ob man den Duft schützen soll oder eine chemische Formel.

Die bloße Beschreibung des Dufts würde bei vielen Menschen nur im Falle relativ einfacher und gut bekannter Düfte (z.B. Blumen- und Fruchtdüfte) eine entsprechende Vorstellung auslösen. Da Menschen eine Duftbeschreibung je nach ihrer individuellen

Erfahrung mit unterschiedlichen Dufteindrücken verbinden und verschieden interpretieren, müßte man bei der Eintragung von Duftkompositionen auf die Fachsprache der Parfümeure zurückgreifen, um einigermaßen objektive Beschreibungen hinterlegen zu können.

Eine reine Beschreibung, wie sie im Fall von frisch geschnittenem Gras als Gemeinschaftsmarke durch das Harmonisierungsamt anerkannt wurde, ist mit dem MarkenG jedoch nicht vereinbar, so daß hier eine Anpassung speziell für Geruchsmarken erforderlich wäre. § 8 Abs. 2 Satz 2 verwehrt nämlich die Eintragung, wenn die Marke ausschließlich aus Angaben besteht, die im Warenverkehr zur Bezeichnung der Art, der Beschaffenheit, der Bestimmung oder zur Bezeichnung sonstiger Merkmale der Produkte dienen können. Beispielsweise wurde der Wortmarke „Der Duft zur Pflege" für Produkte der Körperpflege und der Parfümerie die Eintragung verwehrt, weil der Markentext beschreibend und nicht unterscheidungskräftig ist. Als Nichtschutz-Begründung wurde angeführt: „Hinweis, daß die so gekennzeichneten Produkte nicht nur pflegende Wirkung haben, sondern zusätzlich eine bestimmte Duftnote aufweisen" (Markenregister Aktenzeichen 396452949).

Weiterhin stellt sich die Frage, ob sich ein aus der Natur bekannter Duft überhaupt als Markenzeichen schützen läßt. Dies könnte der Fall sein, wenn die olfaktorische Marke Unterscheidungskraft für Waren und Dienstleistungen gegenüber der Konkurrenz aus derselben markenrechtlichen Leistungsklasse besitzt. Die Anmeldung des Duftes „frisch geschnittenes Gras" für Tennisbälle (Klasse 28: Turn- und Sportartikel) verfügt unserer Meinung nach über die geforderte Unterscheidungskraft, da er die so markierten Produkte eines Anbieters von denen der Konkurrenz differenziert. Die Anmeldung dieses Dufts für die Dienstleistungsklasse 44 (Dienstleistungen im Bereich der Land-, Garten- und Forstwirtschaft) hätte vermutlich wenig Aussicht auf Erfolg, weil er beispielsweise für viele Gartenbaubetriebe typisch ist.

Die Unterscheidungsfähigkeit olfaktorischer Marken hängt im Wesentlichen davon ab, ob es sich um einen weithin bekannten Duft handelt und mit welchen Assoziationen dieser Duft verknüpft ist oder ob es sich um einen unbekannten bzw. neuen Duft handelt, der allein aus dieser Tatsache heraus eine hohe Unterscheidungskraft besitzen wird. Zur Klärung dieser Fragen müßten im Streitfall also Gutachten von Duftforschern eingeholt werden, welche die Unterscheidungsfähigkeit belegen. Hieraus ergeben sich auch wichtige Hinweise für die Entwicklung und den Markenschutz eines „Corporate Smell“ (vgl. hierzu auch Kap. 4.5.).

Die hohe wirtschaftliche Bedeutung von Geruchsmarken erfordert gesonderte Vorschriften für die Eintragung von Düften als Markenzeichen. Das Interesse an einem Duft als Markenzeichen steigt in vielen Unternehmen, weil Düfte als Markenzeichen interessante Wirkungen bei den Verbrauchern entfalten können. Eine Einigung über die Art der Eintragung und die anschließende Anpassung der Markengesetze ist deshalb empfehlenswert.

7.3. Nationale und internationale Selbstregulierungen der Industrie

Das unabhängige, nicht gewinnorientiert arbeitende **Research Institute for Fragrance Materials** (RIFM) wurde von der Riechstoffindustrie in den USA 1966 gegründet, 1990 zählte es 75 Riechstoffunternehmen zu seinen Mitgliedern *(Perrothon/Schudel, 1990, S. 260)*. Das Ziel des Instituts ist es, Dokumente über die Unschädlichkeit von Riechstoffen zu erarbeiten. Für diesen Zweck unterhält RIFM ein fortlaufendes Forschungsprogramm, in dem ständig Geruchsstoffe guter Handelsqualität untersucht werden. Ein internationales Expertenkomitee, bestehend aus an Universitäten arbeitenden Toxikologen, Pharmakologen und Dermatologen, sichtet und interpretiert die erhaltenen Daten und trifft alle Entscheidungen zur Sicherheitsbeurteilung *(International Fragrance Association, 1983, o.S.)*.

Die Organisation gibt sogenannte "Advisory Letters" an ihre Mitglieder heraus, in denen Fragen von unmittelbarem Interesse behandelt werden. Außerdem werden die Untersuchungsergebnisse zusammengefaßt und in Sonderausgaben von "Food and Chemical Toxicology" publiziert. Diese Monographien enthalten unter anderem folgende Angaben: eine Beschreibung des untersuchten Stoffes, seine physikalischen Eigenschaften, biologische Daten über Toxizität, Inhalationstoxizität, Hautabsorption, Hautirritation und Sensibilisierung *(Perrothon/Schudel, 1990, S. 260)*.

Im Gegensatz zur nachfolgend genannten International Fragrance Institution stellt RIFM nur die Ergebnisse seiner Versuche mit der dazugehörigen Sicherheitsbeurteilung zusammen und veröffentlicht diese; die Organisation erläßt dagegen keine Richtlinien über die gefahrlose Verwendung oder über als unschädlich zu betrachtende Anwendungskonzentrationen von Riechstoffen *(IFRA; 1983, o.S.)*.

Erst mit der Gründung von RIFM und der 1973 gegründeten **International Fragrance Institution (IFRA)** konnten die Sicherheitskriterien der Riechstoffhersteller nach und nach international vereinheitlicht werden *(Perrothon/Schudel, 1990, S. 260)*. Die Mitglieder der IFRA als internationalem Verband sind nicht wie beim RIFM einzelne Firmen, sondern die nationalen Verbände der Riechstoffhersteller *(Perrothon/Schudel, 1990, S. 262)*. In Deutschland ist dies die "Vereinigung Deutscher Riechstoff-Hersteller e.V." (VDRH).

Da es keine besonderen Gesetze für die Handhabung von Riechstoffen gibt, hat die IFRA eine Selbstkontrolle der Industrie eingeführt. Das wichtigste Ergebnis der Arbeit des Verbandes ist der Verfahrenskodex für die Riechstoffindustrie. Der Anhang 1 dieses Kodex enthält toxikologische Mindest-Testanforderungen für Riechstoffe, in Anhang 2 folgen die für Mitglieder bindenden Richtlinien zur beschränkten Verwendung von Riechstoffen. So sind gewisse Stoffe beispielsweise wegen ihrer toxischen oder sensibilisierenden Wirkung verboten, für andere gelten Anwendungsbeschränkungen *(Perrothon/Schudel, 1990, S. 262)*. Zukunftsweisend ist Anhang 3, in dem die "Richtlinien der Industrie zum Schutz von Gesundheit und Umwelt" festgehalten sind. Darin heißt es unter anderem, daß nicht nur die Gesundheit sondern auch der Schutz der Umwelt gleichermaßen zu den Aufgaben der IFRA zählt *(IFRA, 1986, o.S.)*.

Diese Richtlinien basieren auf Empfehlungen des Technischen Sachverständigenkomitees (TAC). Diese Expertengruppe, der Delegierte aus allen Mitgliedsverbänden angehören, wertet die vorhandenen Testergebnisse des RIFM, Unterlagen anderer Auftraggeber und Berichte der Hersteller aus und konzentriert auf diese Weise die technische und wissenschaftliche Erfahrung der Riechstoffindustrie *(IFRA, 1986, o.S.)*. Die besondere Art der Zusammenarbeit von RIFM und IFRA wird dabei seit 1978 durch die Koordination der Aktivitäten über ein gemeinsames Komitee, das Joint Advisory Committee (JAC) unterstrichen.

Die Selbstregulierung ist sehr wirksam, weil zum einen die Hersteller selbst aus Gründen des Branchenschutzes nicht zulassen, daß ihre Konkurrenten die IFRA-Regeln nicht beachten, und zum anderen die Kunden sehr kritisch sind. Falls der Verdacht besteht, daß eine verwendete Riechstoffkomposition nicht den Richtlinien der IFRA entspricht, wird folgendes Verfahren angewendet: Zunächst muß die Partei, die den Vorwurf erhebt, daß ein verbotener Riechstoff oder eine zu hohe Konzentration eines Inhaltsstoffs verwendet wird oder daß nur ungenügende Anwendungsempfehlungen gegeben werden, ihre Behauptungen beispielsweise durch Analyseergebnisse begründen. IFRA bittet dann den betreffenden Hersteller um eine Stellungnahme zu den Vorwürfen. Falls der Hersteller seinen Fehler nicht zugibt, sind die nationalen Verbände zu besonderen Maßnahmen berechtigt. Es wird allerdings nicht weiter spezifiziert, wie diese Maßnahmen aussehen können *(IFRA, 1994, o.S.)*.

Interessant ist, daß IFRA die internationale Selbstregulierung für so gut hält, daß sie sich energisch gegen eine Offenlegung von

Riechstoffformeln wehrt. Ihrer Ansicht nach sind für das Kreieren solcher Parfümkompositionen ein erheblicher Aufwand und ein hohes Maß an Kreativität erforderlich. Da in den meisten Fällen kein Patentschutz gewährt werde, plädiert IFRA für eine absolute Geheimhaltung dieses geistigen Eigentums. Falls dies nicht geschieht, sieht IFRA die Gefahr, daß billige, minderwertige Kopien von Riechstoffkompositionen angefertigt werden könnten, die die Gesundheit der Verbraucher gefährden würden *(IFRA, 1984, o.S.)*.

Die Selbstregulierung der Riechstoffindustrie läßt sich am Beispiel Moschus-Xylol verdeutlichen:

Moschus-Xylol gehört zur Gruppe der künstlichen Moschusduftstoffe, die in großen Mengen produziert werden (weltweit über 1000 Tonnen im Jahr) und unter anderem in Parfüms, Kosmetika, Wasch- und Reinigungsmitteln und als Aromastoffe auch in Lebensmitteln enthalten sind. Diese Nitromoschus-Verbindungen ersetzen Moschus, das Drüsensekret des vom Aussterben bedrohten (männlichen) Moschustiers (Moschushirschs) und verleihen Produkten eine animalische Note. Sie sind unverzichtbarer Bestandteil von Parfüms, da sie, sofern sie in Verdünnung angewendet werden, Fülle und Wärme verleihen *(Müller et al., 1991, S. 66)*.

Alarmierende Meldungen in den Medien berichteten davon, daß Moschus-Xylol, für das der Anfangsverdacht bestehe, daß es krebserregend sei, in Fischen und in der Muttermilch nachgewiesen wurde. Zitiert wurden das Veterinäruntersuchungsamt Schleswig-Holstein und die Chemische Landesuntersuchungsanstalt Freiburg. Experten dieser Behörden nahmen an, daß der Stoff in Klärwerken nicht abgebaut wird und sich durch Aufnahme über die Haut im menschlichen Körper anreichert *(Keller-May, 1995, S. 31; o.V., 1993, S. 4)*.

RIFM hat Moschus-Xylol in mehreren Untersuchungen getestet. Bei Versuchen im Jahr 1990 wurde es an Mäuse verfüttert und dabei ein Anstieg der Zahl der Lebertumore beobachtet. Dieses Resultat war jedoch von zweifelhafter Bedeutung für den Menschen, unter anderem deshalb, weil beim Menschen eine Aufnahme des Stoffes über die Haut angenommen wird. 1992, 1993 und 1995 gab es neue Untersuchungsergebnisse, die den nach den ersten Befunden angenommenen Krebsanfangsverdacht nicht bestätigten. Es wird nun davon ausgegangen, daß Moschus-Xylol für den Menschen ungefährlich ist.[1]

Über die Arbeit von IFRA und RIFM wird zum einen deutlich, daß für den Schutz der Gesundheit des Verbrauchers sehr viel getan wird. Zum anderen zeigt sich aber an diesem Beispiel ein Schwachpunkt in der Arbeit dieser Organisationen: Bislang wird die biologische Abbaubarkeit der verwendeten Duftstoffe nicht überprüft, wohl in der Meinung, die verwendeten Mengen dieser Stoffe seien viel zu gering *(Perrothon/Schudel, 1990, S. 268)*. Wie das Auffinden der Nitromoschus-Verbindungen in Fischen und auch in der Muttermilch zeigt, spricht aus ökotoxikologischer Sicht aber einiges gegen die Verwendung dieser Stoffe, zumal die künftigen Folgen dieser Anreicherungen gar nicht abzusehen sind *(Ippen, 1994, S. 292f.)*.

Die **DIN 1946** (Teil 2) ist besonders für die Raumbeduftung im Zusammenhang mit der Raumluftqualität ("Indoor Air Quality") in klimatisierten Gebäuden von Bedeutung. In ihr werden gesundheitstechnische Anforderungen an die Behaglichkeit in Räumen festgelegt, in denen Menschen leichter körperlicher Arbeit nachgehen *(Normenausschuß Heiz- und Raumlufttechnik, 1994, S. 1)*. Normen können zwar keine gesetzliche Kontrolle ausüben, beschreiben aber den neuesten Stand der Technik. Sofern daher Firmen nicht ausdrücklich etwas anderes vertraglich vereinbaren, ist grundsätzlich diese allgemein als Standard anerkannte Norm bei der Errichtung von Gebäuden mit klimatisierter Luft zu be-

---

[1] In einem Brief hatte IFRA ihre Mitglieder über den "report"-Bericht in Kenntnis gesetzt und darüber informiert, daß sie dem Journalisten die neuen Ergebnisse über die Unbedenklichkeit von Moschus-Xylol zur Verfügung gestellt hatte. Dieser erwähnte jedoch diese Untersuchungsergebnisse nicht (IFRA, 1995, o. S.).

achten. Die DIN 1946 dient also auch dazu, eine Art Selbstkontrolle der Industrie auszuüben.[1]

Wichtig für das Marketing mit Duftstoffen ist die Norm deshalb, weil sie sich mit der Luftverunreinigung befaßt, die aufgrund von negativen olfaktorischen Wirkstoffen in der Luft -beispielsweise durch die Ausdünstungen von Stoffen oder Menschen innerhalb eines Raumes- entstehen. Zur Messung dieser vom Menschen als unangenehm empfundenen Verunreinigungen wurden die Maßeinheiten "Olf" und "Decipol" eingeführt *(Fanger, 1988, S. 216 – 219)*. Aufbauend auf diesen Maßeinheiten, für die Meßgeräte in der Entwicklung sind, werden in der DIN 1946, Teil 2, Anforderungen an die thermische Behaglichkeit (beispielsweise Grenzwerte der Raumtemperatur, Raumluftgeschwindigkeit und Luftfeuchtigkeit) und die Luftqualität in Räumen (unter anderem beeinflußt durch Verunreinigungen, Lüftungseffektivität und Außenluftstrom) festgehalten. Außerdem enthält die Norm technische Anforderungen an die Bauelemente raumlufttechnischer Anlagen (*Normenausschuß Heiz- und Raumlufttechnik, 1994, S. 5ff.)*.

---

[1] Immer häufiger wird außerdem in Gesetzen und Verordnungen auf DIN-Normen verwiesen, die damit in die Rechtsgrundlage mit eingehen.

8. Ausgewählte empirische Untersuchungen zum Marketing mit Duft

8.1. Erfassung und Vergleich olfaktorischer Produkterwartungen und olfaktorischer Produkterlebnisse

8.1.1. Problemstellung

Wie in den vorangegangenen Kapiteln bereits aufgezeigt wurde, hängt der Erfolg bestimmter Produktarten (z.B. Parfüms, Waschmittel, Raumsprays) mehr oder weniger stark von den verwendeten Duftstoffen ab. In diesen Fällen sind zum einen Informationen über die Wahrnehmung und Beurteilung dieser Duftstoffe durch aktuelle oder potentielle Verwender von elementarer Bedeutung. Zum anderen gilt es aber auch zu analysieren, in welcher Weise die Duftbeurteilung von anderen Produkteigenschaften (z.B. Verpackung, Name, Preis) beeinflußt wird *(vgl. hierzu ausführlich Scharf/Volkmer, 2000, S. 497ff.)*.

Die Art und Weise, wie Verwender etwa ein Parfüm wahrnehmen und beurteilen, entzieht sich der unmittelbaren Beobachtung. Gemäß des sogenannten S-O-R-Modells lösen bestimmte Reize (Stimuli = S) beim Konsumenten Informationsaufnahme- und Informationsverarbeitungsprozesse aus (Organismus = O), die dann bestimmte Reaktionen (= R) hervorrufen. Als Reize gehen sowohl personenbezogene als auch produktbezogene Faktoren in das Modell ein. Letztere lassen sich wiederum in intrinsische und extrinsische Faktoren unterteilen.

Durch das Zusammenwirken produkt- und personenbezogener Einflüsse werden bei dem Konsumenten bestimmte Erwartungen hinsichtlich des Produktes generiert. Derartige Erwartungen sind das Ergebnis aller Informationen, die eine Person vor dem eigentlichen Produktkontakt aufgenommen und verarbeitet hat, wobei man zwischen sensorischen und hedonischen Produkterwartungen unterscheiden kann. Beispielsweise erwartet eine Person, welche die Werbung für ein neues Parfüm gesehen hat, aufgrund der verfügbaren Informationen (z.B. Name des Produktes, Nutzenversprechen, Life-Style der gezeigten Verwenderinnen) bestimmte Produkteigenschaften (z.B. „blumig“, „intensiv“). Neben diesen sensorischen Produkterwartungen im Hinblick auf den Geruch beziehen sich die hedonischen Produkterwartungen auf das voraussichtliche affektive Urteil (Akzeptanz/Präferenz) gegenüber dem neuen Parfüm. Nur bei hohen Erwartungen im Hinblick auf die gewünschte Nutzenstiftung kommt es zum Erstkauf.

Die Verwendung des neuen Parfüms ermöglicht eine Überprüfung der Produkterwartungen. Stimmen Produktwahrnehmung und Produktbeurteilung in der Verwendungsphase mit den individuellen Erwartungen überein oder übertreffen diese sogar, dann kommt es zum Wiederkauf. Aus Marketingsicht kritisch ist hingegen die Situation, in der das Produkt die Erwartungen nicht erfüllt. Die Abbildung 8-1 dient zur Verdeutlichung dieser Wirkungszusammenhänge.

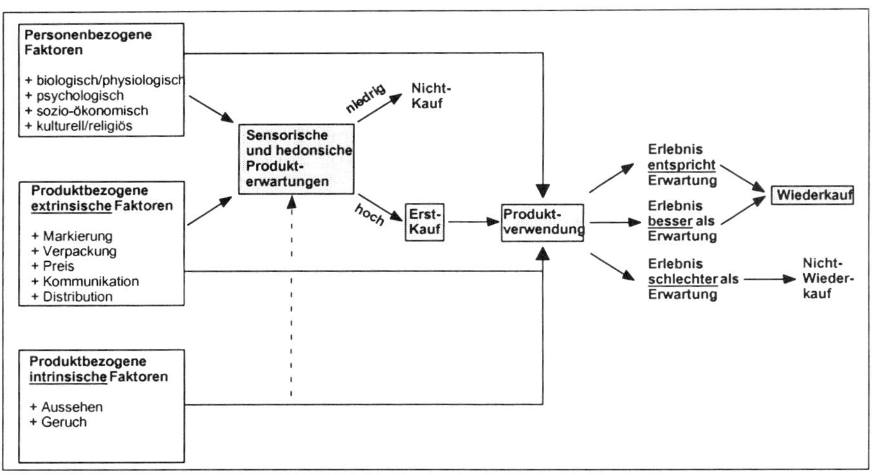

Abb. 8-1: Einfluß von Produkterwartungen auf das Produkterlebnis

In der Literatur werden vor allem vier psychologische Theorien diskutiert, welche unterschiedliche Voraussagen bezüglich des

Einflusses sich nicht bestätigender Produkterwartungen auf die sensorische Produktwahrnehmung und -beurteilung treffen *(Anderson, 1973, S. 38-41)*:

(1) Die **Theorie der generalisierten Negativität** geht davon aus, daß jede Abweichung zwischen erwarteter und erlebter Produktqualität grundsätzlich zu einer schlechteren Beurteilung führt. Erwartet ein Konsument eine bestimmte sensorische Produktqualität, erlebt jedoch eine andere, dann beurteilt er das Produkt grundsätzlich negativer als in einer Situation, in der diese Erwartung nicht besteht.

(2) Die **Assimilationstheorie** geht davon aus, daß ein Individuum die Abweichung zwischen erwarteter und erlebter Produktqualität – unabhängig von der Größe der Differenz – grundsätzlich durch die Anpassung der erlebten an die erwartete Produktqualität reduziert *(Anderson, 1973, S. 39; Cardello, 1994, S. 279)*. Begründet wird diese Reaktion gemäß der Theorie der kognitiven Dissonanz damit, daß der Mensch nach kognitiver Konsonanz strebt und deshalb Strategien entwickelt, um kognitive Dissonanzen auszugleichen *(Festinger, 1957, S. 3)*. Stellt ein Individuum fest, daß sich seine Erwartung hinsichtlich des sensorischen Profils eines Produktes nicht bestätigt, verspürt es einen inneren Druck, diesen Widerspruch aufzulösen. Eine typische Reaktion ist die Angleichung der sensorischen Produktwahrnehmung und -beurteilung an die Erwartung bezüglich des sensorischen Produktprofils.

Die Abbildung 8-2 veranschaulicht beispielhaft diesen Assimilationseffekt: Eine Testperson wird zum einen mit der Verpackung eines Parfüms konfrontiert (extrinsischer Stimulus) und aufgefordert, ihre Erwartung hinsichtlich der Süße des Geruchs anzugeben. Zum anderen muß die Testperson in einem Blindtest die wahrgenommene Süße des Parfüms beurteilen (intrinsischer Stimulus). Das Beispiel zeigt, daß die durch die Verpackung ausgelöste Erwartung an die Süße des Geruchs deutlich niedriger ausfällt als die tatsächlich wahrgenommene Süße im Blindtest. Wird die

Testperson nun gleichzeitig mit der Verpackung und dem Geruch des Parfüms konfrontiert, fällt das Urteil bezüglich der Süße des Geruchs deutlich niedriger aus als im Blindtest, d.h., die wahrgenommene Süße nähert sich der durch die Verpackung ausgelösten erwarteten Süße an.

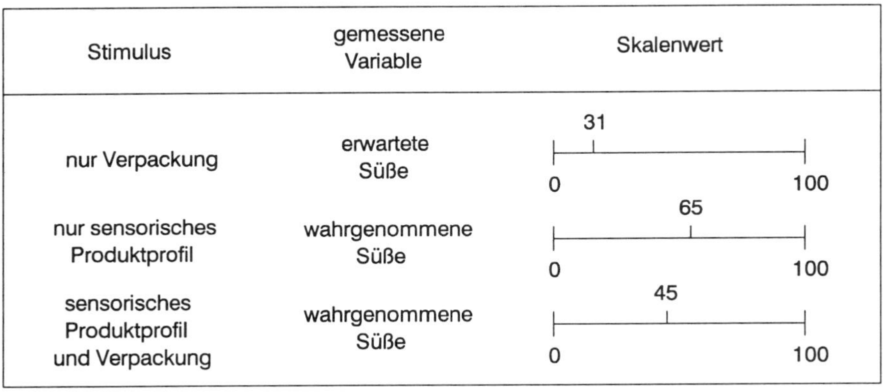

Abb. 8-2: Beispiel für einen Assimilationseffekt

(3) Die **Kontrasttheorie** unterstellt, daß sich der Unterschied zwischen erwarteter und erlebter Produktqualität grundsätzlich vergrößert, wenn er vom Individuum wahrgenommen wird. Ist die erlebte Produktqualität niedriger (höher) als die erwartete, beurteilt der Konsument das Produkt schlechter (besser) als in einer Situation, in der diese Erwartung nicht existiert *(Cardozo, 1965, S. 244f.)*. *Cardello* und *Sawyer (1992, S. 253ff.)* konnten im Rahmen einer empirischen Untersuchung zur Beurteilung von Granatapfelsaft in Abhängigkeit von der Produkterwartung einen Kontrasteffekt beobachten. In Situationen, in denen die Testpersonen eine bitter schmeckende Probe erwarteten, erhielt diese Probe einen niedrigeren Wert bezüglich der wahrgenommenen Bitterkeit als im Blindtest, d.h. ohne manipulierte Produkterwartung.

Die Abbildung 8-3 veranschaulicht diesen Kontrasteffekt. Wird die Testperson mit dem Parfüm und dessen Verpackung konfrontiert, fällt das olfaktorische Akzeptanzurteil aufgrund der enttäuschten Erwartung an das Produkt deutlicher schlechter aus als im Blindtest, d.h. ohne Einfluß der Verpackung.

Stimulus	gemessene Variable	Skalenwert
nur Verpackung	erwartete Akzeptanz	0 — 82 — 100
nur sensorisches Produktprofil	sensorische Akzeptanz	0 — 48 — 100
sensorisches Produktprofil und Verpackung	sensorische Akzeptanz	0 — 21 — 100

Abb. 8-3: Beispiel für einen Kontrasteffekt

(4) Die **Assimilation-Kontrast-Theorie** besagt, daß bei relativ kleinen Diskrepanzen zwischen erwarteter und erlebter Produktqualität ein Assimilationseffekt eintritt. Demgegenüber führt eine große Abweichung zwischen diesen beiden Variablen zu einem Kontrasteffekt. Die Theorie geht von der Annahme aus, daß Konsumenten aufgrund der geringen kognitiven Steuerung ihrer sensorischen Produktwahrnehmung und -beurteilung bei kleinen Abweichungen zwischen erwarteter und erlebter Produktqualität dazu neigen, die durch extrinsische Produktmerkmale geweckte Erwartung als zuverlässigen Indikator für die wahrgenommene Produktqualität anzusehen, so daß sich – weitgehend unbewußt – ein Assimilationseffekt einstellt *(Deliza/MacFie, 1996, S. 119)*. Übersteigt die Differenz zwischen erwarteter und erlebter Produktqualität eine bestimmte Schwelle, bemerkt das Individuum diese Diskrepanz, und die erlebte Produktqualität entfernt sich von der Erwartung, d.h., ein Kontrasteffekt entsteht *(Hovland et al., 1957, S. 244f)*. Abbildung 8-4 veranschaulicht die grundlegenden Annahmen der Assimilation-Kontrast-Theorie.

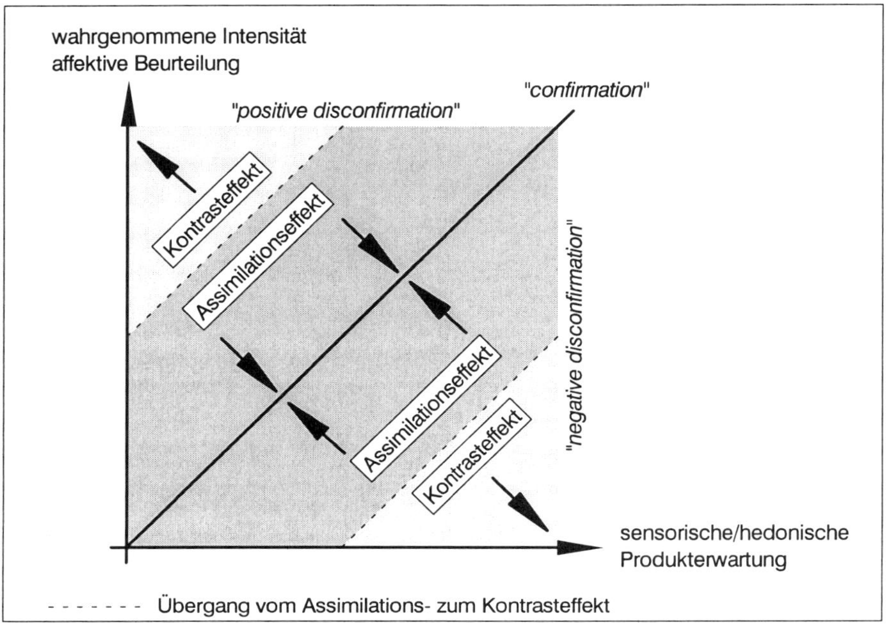

Abb. 8-4: Annahmen der Assimilation-Kontrast-Theorie *(Quelle: Scharf/Volkmer, 1997, S. 99)*

8.1.2. Ziele, Hypothesen und Design des Duft-Experiments

Als Gemeinschaftsprojekt des Instituts für Marketing und Handel und des Instituts für Statistik und Ökonometrie der Universität Göttingen wurde im Jahr 1997 eine Pilotstudie geplant und durchgeführt. Das Ziel der Untersuchung bestand darin, zu ermitteln, in welcher Weise die durch Produktinformationen ausgelösten duftbezogenen Produkterwartungen das olfaktorische Produkterlebnis beeinflussen. Dabei galt es, die Gültigkeit der Assimilation-Kontrast-Theorie im Hinblick auf die Wirkungen möglicher nicht bestätigter Erwartungen auf das Dufterlebnis zu überprüfen.

Folgende **Hypothesen** sollten im Rahmen des Experiments überprüft werden:

(1) Eine Person beurteilt einen Duft gemäß ihrer Erwartung, wenn die Diskrepanz zwischen Dufterwartung und Dufterlebnis so gering ist, daß sie von der Person gar nicht oder nur unbewußt wahrgenommen wird, d.h., es findet eine Annäherung des Erlebnisses an die Erwartung statt.

(2) Eine Person beurteilt einen Duft in entgegengesetzter Richtung zu ihrer Erwartung, wenn die Diskrepanz zwischen Dufterlebnis und Dufterwartung so stark ist, daß sie von der Person wahrgenommen wird, d.h., eine Ablehnung der Dufterwartung führt zu einem Verstärkungseffekt.

An der Untersuchung nahmen 48 Frauen im Alter zwischen 20 und 30 Jahren teil, die vorher angegeben hatten, regelmäßig Parfüm zu verwenden. Bei den zu testenden Düften handelte es sich mit „Anaïs Anaïs“ und „Diva“ um zwei marktgängige Produkte, die in zwei unterschiedlichen Intensitäten (8 %ige bzw. 20%ige Konzentration) vorlagen. Die Testpersonen erhielten lediglich die Information, daß sie vier unterschiedliche Düfte beurteilen sollten.

Das Experiment bestand aus insgesamt drei Sitzungen, zwischen denen jeweils 2 bis 3 Tage lagen. In der ersten Sitzung beurteilten die Versuchspersonen die vier Düfte in einem Blindtest, wobei ein Abstand von mindestens 2 Minuten zwischen jeder Probe eingehalten wurde. Ermittelt wurde sowohl die Akzeptanz der Düfte (hedonischer Aspekt) als auch die Beurteilung der olfaktorischen Merkmale „intensiv“, „süßlich“, „frisch“ und „blumig“. Die Bewertungen wurden anhand einer 10 cm langen Linienskala mit verbal verankerten Polen („trifft voll und ganz zu“ bzw. „trifft gar nicht zu“) vorgenommen.

Die zweite Sitzung setzte sich aus 2 Teilaufgaben zusammen. Zunächst wurden den Probandinnen nacheinander vier verschiedene Parfümverpackungen als Bildvorlage präsentiert. Diese Verpackungen sollten danach beurteilt werden, welche olfaktorischen Produkterwartungen durch sie ausgelöst werden. Die Bewertung erfolgte anhand der gleichen Fragen und Skalen wie in der ersten Sitzung. Die vier Verpackungen unterschieden sich jeweils nur in der Verpackungsfarbe („dunkelrot“ bzw. „pastellgrün“) und dem Markennamen („Christian Dior élégance“ bzw. „TIP woman“), die systematisch kombiniert waren. Im zweiten Teil der zweiten Sitzung mußten die Testpersonen jeweils vier der sechzehn möglichen Verpackungs-/Duft-Kombinationen (2x2x2x2) nach dem gleichen Schema beurteilen. In der dritten Sitzung erfolgte die Beurteilung vier weiterer Duft-Verpackungs-Kombinationen. Die Auswahl der insgesamt acht zu testenden aus den 16 möglichen Kombinationen erfolgte gemäß eines geeigneten faktoriellen Designs. Diese Beschränkung auf zwei Blöcke mit je vier Duft-/Verpackungs-Kombinationen diente dazu, Müdigkeit oder Langeweile bei den Testpersonen vorzubeugen. Außerdem galt es zu verhindern, daß die Probandinnen das Untersuchungsdesign durchschauten.

8.1.3. Darstellung und Diskussion der Ergebnisse

8.1.3.1. Einfluß olfaktorischer Produkterwartungen auf das olfaktorische Produkterlebnis

Die Ergebnisse der ersten Sitzung (Duft-Blindtest) zeigt die Abbildung 8-5. Erwartungsgemäß geht von der Duftnote ein signifikanter Einfluß auf alle fünf Beurteilungsdimensionen aus. Demgegenüber ist der Einfluß der Duftintensität nicht signifikant (n.s.). Die Duftnote „Diva“ wird eher als intensiv und süß, „Anaïs Anaïs“ eher als frisch und blumig empfunden. Der Anaïs-Duft gefiel den Versuchspersonen insgesamt besser als der Diva-Duft.

Die Ergebnisse der Verpackungsbeurteilung zur Ermittlung sensorischer und hedonischer Produkterwartungen enthält die Abbildung 8-6. Die Urteile bezüglich Akzeptanz, Süße und Blumigkeit werden signifikant durch den Markennamen beeinflußt, die Verpackungsfarbe beeinflußt alle abhängigen Variablen bis auf die Blumigkeit. Die hedonischen Erwartungen an einen Duft der

Marke „Christian Dior élégance“ sind erwartungsgemäß wesentlich höher als an ein Parfüm der Marke „Tip woman“.

Abhängige Variable / Unabhängige Variable		Olfaktorische Akzeptanz	Olfaktorische Intensität	Süße	Frische	Blumigkeit
Duftnote	Anais	47,8	55,5	53,8	56,0	63,4
	Diva	35,9	65,5	61,4	47,6	55,3
Duftintensität	niedrig	43,1	58,6	58,6	54,4	60,2
	hoch	40,6	62,4	56,5	49,2	58,5
Einfluß der Duftnote ($p < 0,1$)		0,01	0,01	0,01	0,06	0,07
Einfluß Duftintensität ($p < 0,1$)		n.s.	n.s.	n.s.	n.s.	n.s.
Zwei-Weg-Interaktionen		alle Interaktionen n.s. (nicht signifikant)				

Abb. 8-5: Ergebnisse des Blindtests (Mittelwerte und Signifikanz der Mittelwertunterschiede)

Abhängige Variable / Unabhängige Variable		Olfaktorische Akzeptanz	Olfaktorische Intensität	Süße	Frische	Blumigkeit
Farbe	pastellgrün	46,8	55,2	46,3	65,8	54,5
	Dunkelrot	41,2	76,1	65,0	37,5	53,1
Marke	TIP woman	29,1	68,4	63,3	48.9	56,8
	Christian Dior	58,9	62,9	48,1	54,5	50,7
Einfluß der Duftnote ($p < 0,1$)		0,01	< 0,01	< 0,01	< 0,01	n.s.
Einfluß Duftintensität ($p < 0,1$)		< 0,01	n.s.	< 0,01	n.s.	0,10
Zwei-Weg-Interaktionen		alle Interaktionen n.s. (nicht signifikant)				

Abb. 8-6: Ergebnisse der Verpackungstests (Mittelwerte und Signifikanz der Mittelwertunterschiede)

Aufschlußreich sind auch die Ergebnisse der Beurteilung der acht Duft-Verpackungs-Kombinationen. Die Abbildung 8-7 zeigt signifikante Einflüsse der Duftnote über alle Auskunftspersonen, während von der Duftintensität kein Effekt ausgeht. Die Verpackungsfarbe beeinflußt das Urteil über Intensität, Süße und Frische des Duftes. Vom Markennamen geht nur ein signifikanter Einfluß auf das Gefallen des Duftes aus.

Abhängige Variable / Unabhängige Variable		Olfaktorische Akzeptanz	Olfaktorische Intensität	Süße	Frische	Blumigkeit
Duftnote	Anais	43,7	59,6	52,9	53,7	58,1
	Diva	36,4	67,2	61,8	44,8	51,7
Duftintensität	niedrig	39,9	63,5	57,8	48,2	54,8
	hoch	40,2	63,3	56,9	50,3	55,0
Farbe	pastellgrün	40,9	60,8	53,7	54,4	55,2
	Dunkelrot	39,1	66,0	61,0	44,1	54,6
Marke	TIP woman	35,4	64,1	57,9	48,2	55,4
	Christian Dior	44,6	62,7	56,8	50,3	54,3
Einfluß der Duftnote (p < 0,1)		0,00	< 0,01	< 0,01	< 0,01	0,02
Einfluß Duftintensität (p < 0,1)		n.s.	n.s.	n.s.	n.s.	n.s.
Einfluß der Farbe (p < 0,1)		n.s.	0,02	0,01	< 0,01	n.s.
Einfluß der Marke (p < 0,1)		< 0,01	n.s.	n.s.	n.s.	n.s.
Zwei-Weg-Interaktionen		alle Interaktionen n.s. (nicht signifikant)				

Abb. 8-7: Ergebnisse des kombinierten Duft-/Verpackungstests (Mittelwerte und Signifikanz der Mittelwertunterschiede)

Während der Markenname aufgrund seiner Imagewirkung eher die hedonische Bewertung beeinflußt, löst die Farbe der Verpackung spezifische Assoziationen hinsichtlich der Einschätzung der sensorischen Merkmale aus. Der Markenname „Christian Dior élégance“ erhält beim Anaïs-Duft deutlich höhere Präferenzwerte als die „TIP woman“-Variante. Obwohl sich auch beim Diva-Duft Beurteilungsunterschiede feststellen lassen, wirkt sich der Einfluß durch die Marke hier geringer aus. Ebenso fällt auf, daß „Diva“ insgesamt hedonisch schlechter beurteilt wird als „Anaïs Anaïs“. Dieses Ergebnis entspricht den Bewertungen der Düfte im Blindtest.

8.1.3.2. Wirkungen nicht bestätigter Produkterwartungen auf das olfaktorische Produkterlebnis

Für die weitere Analyse wurden die Testpersonen auf der Basis ihrer beim Verpackungstest geäußerten Produkterwartungen mittels Clusteranalyse in Gruppen von Individuen mit weitgehend homogenen Produkterwartungen unterteilt. Der Einfluß von Dufterwartungen auf das Dufterlebnis gemäß der Assimilation-Kontrast-Theorie wurde mittels eines 2-stufigen t-Tests überprüft.

Zunächst galt es, für jedes der identifizierten Cluster zu ermitteln, ob die Beurteilungen im Duftblindtest im Vergleich zum Verpackungstest signifikante Unterschiede aufweisen. Bei Vorliegen eines Unterschiedes konnte anhand eines zweiten t-Tests festgestellt werden, ob bei diesen Clustern auch Beurteilungsunterschiede zwischen Blindtest und kombiniertem Duft-Verpackungs-Test vorlagen. Signifikante Ergebnisse in beiden t-Tests deuten auf die Gültigkeit der Assimilation-Kontrast-Theorie hin. Ein Assimilationseffekt liegt vor, wenn sich die Duftbeurteilung beim kombinierten Duft-Verpackungs-Test an die Erwartungen, die im Verpackungstest geäußert wurden, annähert. Entfernt sich das Gesamturteil von den Erwartungen des Verpackungstests, dann muß von einem Kontrasteffekt ausgegangen werden.

Das skizzierte Vorgehen läßt sich beispielhaft anhand der Akzeptanzurteile der Befragten veranschaulichen: Die Clusteranalyse ergab vier Segmente, die sich bezüglich ihrer hedonischen Produkterwartungen deutlich voneinander unterscheiden (vgl. Abb.8-8). Bei den Testpersonen des ersten Segments hängt die hedonische Bewertung vor allem vom Markenamen ab. Präferiert wird eindeutig die Dior-Verpackung. Außerdem wird eine grüne Verpackung der roten bei beiden Marken vorgezogen. Das zweite Segment ist durch die Bedeutung der Verpackungsfarbe für das Akzeptanzurteil gekennzeichnet, wobei die grüne Farbe gegenüber der roten bei beiden Marken präferiert wird. Auffällig ist ferner, daß die TIP-Verpackung bei beiden Farben den Vorzug erhält. Die hedonischen Produkterwartungen des dritten Segments entsprechen weitgehend denen des ersten Clusters, die rote TIP-Verpackung weist hier jedoch einen höheren Wert auf als die grüne TIP-Verpackung. Außerdem liegen die Beurteilungswerte deutlich unterhalb der Werte in den anderen Gruppen. Die Befragten im vierten Segment entscheiden sich ebenfalls eher für die Dior-Verpackung, bevorzugen aber eindeutig die rote Farbe.

Verpackung	Segment 1	Segment 2	Segment 3	Segment 4
Marke: TIP woman Farbe: pastellgrün	19,5	58,1	9,7	47,3
Marke: Christion Dior Farbe: pastellgrün	77,6	57,4	47,7	60,8
Marke: TIP woman Farbe: dunkelrot	11,2	44,3	14,1	52,0
Marke: Christion Dior Farbe: dunkelrot	68,1	24,4	30,6	73,2

Abb. 8-8: Segmentierung der Testpersonen nach ihren hedonischen Produkterwartungen

Der Vergleich zwischen olfaktorischen Produkterwartungen und olfaktorischen Produkterlebnissen bezüglich der Merkmale „Akzeptanz", „Intensität", „Süße", „Frische" und „Blumigkeit" ergab eine Reihe von Assimilationseffekten. Auf eine detaillierte Darstellung der Einzeldaten soll hier allerdings verzichtet werden. Abbildung 8-9 zeigt exemplarisch einen Assimilationseffekt, der im dritten Cluster bezüglich der Beurteilung der Akzeptanz von Anaïs in niedriger Konzentration gemessen wurde. Demgegenüber gelang lediglich der Nachweis eines einzigen statistisch gesicherten Kontrasteffekts bezüglich der wahrgenommenen Frische von Diva in niedriger Konzentration (vgl. Abb. 8-10).

Stimulus (unabhängige Variable)	Gemessenes Merkmal (abhängige Variable)	Skalenwert (0 bis 100)
Verpackung TIP woman / pastellgrün	Erwartete Akzeptanz	9,7
Duft Anais / 8%-Konzentration	Tatsächliche Akzeptanz	42,6
Duft und Verpackung Anais / 8%-Konzentration TIP woman / pastellgrün	Tatsächliche Akzeptanz	17,6

Abb. 8-9: Assimilations-Effekt bei der Beurteilung der Akzeptanz durch Segment 3

Stimulus (unabhängige Variable)	Gemessenes Merkmal (abhängige Variable)	Skalenwert (0 bis 100)
Verpackung Chr. Dior / pastellgrün	Erwartete Frische	87,1
Duft Diva / 8%-Konzentration	Tatsächliche Frische	61,7
Duft und Verpackung Diva / 8%-Konzentration Chr. Dior / pastellgrün	Tatsächliche Frische	43,3

Abb. 8-10: Kontrast-Effekt bei der Beurteilung des sensorischen Merkmals „Frische" durch Segment 4

8.1.4. Resümee

Als Ergebnis der ersten Sitzung (Duft-Blindtest) ergaben sich durchweg signifikante Beurteilungsunterschiede bezüglich der beiden Duftnoten. Demgegenüber spielte die Duftintensität bei der Beurteilung von Akzeptanz, Intensität, Süße, Frische und Blumigkeit keine wesentliche Rolle. Die Messung der olfaktorischen Produkterwartung anhand der Verpackung belegt, daß sowohl die Farbe als auch der Markenname die Erwartungen beeinflußt haben. Erwartungsgemäß erhält der Name „Christian Dior élégance“ deutlich bessere Akzeptanzwerte als „TIP woman“. Während die dunkelrote Verpackung eher mit einem süßlichen, intensiven Duft assoziiert wird, vermuten die Testpersonen bei der pastellgrünen Verpackung einen frischen Duft. Die kombinierte Duft-Verpackungsbeurteilung ergab, daß die Duftnote den stärksten Einfluß auf die Beurteilung des Parfüms ausübt. Signifikante Werte konnten aber auch für die Verpackungsfarbe (bezüglich der Merkmale „Intensität“, „Süße“ und „Frische“) sowie für den Markennamen (bezüglich des Merkmals „Akzeptanz“) ermittelt werden.

Durch die skizzierte experimentelle Untersuchung konnte nachgewiesen werden, daß sowohl sensorische als auch hedonische Produkterwartungen durch extrinsische Produktmerkmale eines Parfüms (hier: Verpackungsfarbe und Markenname) aufgebaut werden. Obwohl etliche Assimilationseffekte und ein Kontrasteffekt gemessen wurden, gelang es nicht, einen eindeutigen empirischen Beleg für die Gültigkeit des Assimilation-Kontrast-Modells zu erbringen, da die Ergebnisse keinen Aufschluß über den Übergang vom Akzeptanz- zum Ablehnungsbereich geben (vgl. Abb. 8-4). Die Hypothese, daß sich dieser Übergang bei starken Abweichungen zwischen olfaktorischer Produkterwartung und olfaktorischem Produkterlebnis beobachten läßt, konnte nicht bestätigt werden. Vielmehr setzte auch in diesen Fällen – abgesehen von der oben skizzierten Ausnahme (vgl. Abb. 8-10) – ein Assimilationseffekt ein. Eine Erklärung könnte die geringe kognitive Steuerung der olfaktorischen Produktwahrnehmung und -beurteilung sein, die dazu führt, daß die Parfüm-Verwenderinnen aufgrund einer gewissen „Beurteilungsunsicherheit“ dazu tendierten, das Produkterlebnis der Produkterwartung anzugleichen.

Der Übergang vom Akzeptanz- zum Ablehnungsbereich ist jedoch für Marketing und Produktentwicklung gleichermaßen interessant, da hierdurch Voraussagen über die Auswirkungen einer Änderung intrinsischer und/oder extrinsischer Produkteigenschaften auf die Wahrnehmung und Beurteilung eines Parfüms durch aktuelle bzw. potentielle Verwender möglich werden *(hierzu ausführlich Scharf/Volkmer, 1997, S. 93ff.)*. Um Mißerfolge zu vermeiden, ist es im Rahmen der Entwicklung eines neuen Parfüms erforderlich, den Einfluß durch Marketingmaßnahmen hervorgerufener olfaktorischer Produkterwartungen auf das olfaktorische Produkterlebnis bereits in frühen Phasen des Innovationsprozesses systematisch zu erfassen und diese Informationen zur simultanen Optimierung intrinsischer und extrinsischer Produkteigenschaften zu nutzen.

8.2. Beduftung von Verkaufsräumen - Auswirkungen auf Konsumenten beim Einkauf

8.2.1. Problemstellung und Zielsetzung der Untersuchung

Der Einzelhandel hat derzeit mit erheblichen Strukturveränderungen (z.B. Verdrängungswettbewerb) zu kämpfen und auch in Zukunft sind weitere tiefgreifende Wandlungen (z.B. infolge des Einzugs neuer Informationstechnologien) zu erwarten *(Gröppel, 1995, S. 59 ff.)*. Schlüssel zum Erfolg oder Mißerfolg ist der Kunde; daher sind Wege und Strategien, dem Kunden optimal (in seiner subjektiven Wahrnehmung) entgegenzukommen, gefragt.

Neuerdings ist ein Trend zum Erlebnismarketing zu beobachten. Dabei geht es um "Strategien zur Vermittlung von Emotionen, die den Einkauf zu einem persönlichen Erlebnis werden lassen" *(Weinberg, 1992, S. 3)*. Erlebnisstrategien gelten als potentielle Profilierungsmöglichkeit für die Unternehmen des Einzelhandels. Erfolgreiche Kundengewinnung beruht nicht mehr allein auf dem Einsatz traditioneller Erfolgsfaktoren, wie Sortiments-, Preis- und Standortpolitik, sondern auch auf Kosten- und Zeitmanagement, auf Imagepflege, Service und Ladengestaltung *(Berekoven, 1990, S. 67; Dietz, 1995, S. 31f.)*.

Die Ladengestaltung stellt ein "Schlüsselinstrument für das Erlebnismarketing" dar *(Gröppel, 1995, S. 65)*. Gestaltung des Verkaufsraumes bedeutet für die Vermittlung von Erlebniswerten nicht allein architektonische Gestaltung, sondern auch das Schaffen einer positiven Ladenatmosphäre, um auch der Tatsache Rechnung zu tragen, daß "die Verkaufstelle für die Wahrnehmung des Sortiments und des gesamten Handelsunternehmens durch den Kunden ausschlaggebend ist und immer mehr bestimmt, ob die Ware lediglich präsentiert oder auch verkauft wird *(Ackermann, 1997, S. 1)*.

Die Grundlagen für die Formung einer Atmosphäre am "Point of Sale", die den Konsumenten ein Einkaufserlebnis verschafft und das Geschäft damit weniger austauschbar gegenüber anderen macht, liefern Erkenntnisse aus der Umweltpsychologie. Vor allem das Modell von *Mehrabian/Russell* (vgl. auch Kap. 2.2.1.) kann hier als richtungweisend gelten. Der Kernpunkt dabei ist, daß verschiedene Umweltreize, wie Farben, Musik, Formen, Düfte, Gefühle auslösen, die wiederum Reaktionen gegenüber der Umwelt bedingen *(Gröppel, 1995, S. 68)*. Je anregender, d.h. abwechslungsreicher, lebendiger und überraschungsreicher eine Ladenumwelt ist, umso stärker ist der emotionale Eindruck (etwa Vergnügen, Erregung) für den Konsumenten *(Gröppel, 1995, S. 68f.)*.

Ein bislang eher stiefmütterlich behandeltes Element zur Gestaltung der Ladenatmosphäre ist der Duft. Dabei ist aus verschiedenen Forschungsarbeiten bekannt, daß eine olfaktorische Stimulation eine hohe Aktivierungskraft besitzt und über die Fähigkeit verfügt, Emotionen, Stimmungen und Erlebnisvorstellungen hervorzurufen *(Knoblich/Schubert, 1989, S. 2f.)*.

Ziel der im folgenden dargestellten empirischen Studie war es daher zu untersuchen, ob eine Beduftung am "Point of Sale" im Rahmen der Gestaltung des Verkaufsraumes einen Einfluß auf die Stimmung, das Verhalten der Konsumenten und die Beurteilung des Ladengeschäfts in verschiedenen Aspekten durch den Konsumenten hat. Als Ort der Durchführung der Erhebung wurde eine Filiale der Buchhandelskette Carl Habel Verlagsbuchhandlung GmbH in Kassel gewählt.

Der Buchhandel hat mit den gleichen Problemen zu kämpfen wie die anderen Branchen des Einzelhandels. Er ist vor allem durch eine starke Austauschbarkeit der Geschäfte gekennzeichnet. Auch hier werden in Zukunft profilschwache Unternehmen nur Chancen haben, wenn sie Strategien zur Profilierung entwickeln. Da eine Abhebung mittels Service, Sortiment und/oder Preis (letzteres erschwert durch Preisbindung) wenig wirkungsvoll erscheint, wird eine Erlebnisorientierung aufgrund der Tatsache favorisiert, daß der Bucherwerb oft ein Vorgang ist, der zur Freizeitgestaltung gerechnet werden kann. Mit dem Auswählen eines Buches, mit dem "Schmökern im Laden" ist -schon vor dem eigentlichen Kauf- Vergnügen und Spaß verbunden, die durch eine entsprechende Kaufatmosphäre noch verstärkt werden können.

Nach der Formulierung und Operationalisierung der Hypothesen werden die Vorbereitung und der Ablauf der Erhebung dargestellt. Im Rahmen der Ergebnispräsentation werden auch die Hypothesen überprüft. Dagegen kann in diesem Zusammenhang auf die Erörterung der theoretischen Grundlagen zur erlebnisorientierten Ladengestaltung ebenso verzichtet werden wie auf die physiologischen und psychologischen Grundlagen des Marketings mit Düften, die an anderen Stellen des Buches behandelt worden sind.

8.2.2. Formulierung und Operationalisierung der Hypothesen

Im Rahmen der Zielsetzung dieser Untersuchung wurden folgende Hypothesen formuliert:

Hypothese 1 (H1): Duftreize beeinflussen die Anmutung am Point of Sale (PoS), d.h. die Informationsrate, die emotionale Qualität sowie die Richtung der emotionalen Qualität, positiv.

Hypothese 2 (H2): Duftreize beeinflussen die emotionale Befindlichkeit der Konsumenten positiv.

Hypothese 3 (H3): Durch Duftreize wird das Sortiment in emotionaler und kognitiver Hinsicht positiver bewertet.

Hypothese 4 (H4): Durch Duftreize ist die Wahrnehmung einzelner Elemente der Ladengestaltung (Einrichtung, Raumluft) positiver.

Hypothese 5 (H5): Durch Duftreize wird die "Kauffreude" der Konsumenten größer.

Hypothese 6 (H6): Durch Duftreize werden positivere gedankliche Reaktionen zur äußeren Ladenumwelt entwickelt.

Hypothese 7 (H7): Durch Duftreize ist die Zufriedenheit der Konsumenten mit dem Kauf größer.

Für die Erhebung wurde ein standardisierter Fragebogen entwickelt, in welchem bei allen Fragen - mit einer Ausnahme - die Antwortkategorien vorgegeben waren. Zur Operationalisierung der ersten Hypothese wurden Adjektive zusammengestellt, die Ausdruck der einzelnen Komponenten der subjektiv wahrgenommenen PoS-Anmutung sind (vgl. Abb. 8-11). Die Auskunftspersonen sollten diese Items auf einer fünfstufigen, unipolaren Rating-Skala bewerten.[1]

Anmutung am PoS		
Informationsrate	**Emotionale Qualität**	**Richtung der emotionalen Qualität**
anregend vielfältig überraschend originell	ungezwungen offen	anziehend angenehm

Abb. 8-11: Komponenten der PoS-Anmutung und deren Items

Eine weitere Frage diente zur Messung der Stimmung der Konsumenten (H2) mittels Items, welche die grundlegenden Dimensionen möglicher Gefühlsreaktionen auf die erlebte Umwelt beschreiben (vgl. Abb. 8-12). Die Auskunftspersonen sollten die Items wiederum anhand der verbal verankerten fünfpoligen Rating-Skala bewerten.

---

1 Die Skala war wie folgt verbal verankert: (1) = „stimme vollkommen zu", (2) = „stimme zu", (3) = „stimme etwas zu", (4) = „stimme kaum zu", (5) = „stimme überhaupt nicht zu". Kritisch ist anzumerken, daß es sich nicht um eine balancierte Skala handelte.

Emotionale Befindlichkeit		
Erregung (Aktivierung)/ Nichterregung	**Lust/Unlust**	**Dominanz/ Unterordnung**
angeregt aktiv rege wach	vergnügt fröhlich gutgelaunt	unbeeinflußt ungezwungen

Abb. 8-12: Items zur Operationalisierung der Stimmung der Testpersonen

Bestimmte Kombinationen aus den Basisdimensionen bewirken Verhaltensreaktionen, die entweder eine Annäherung oder Meidung bezüglich der Umwelt auslösen *(Stöhr, 1998, S. 52)*. Annäherung zeigt sich darin, daß positivere Bewertungen der Umwelt in kognitiver und emotionaler Hinsicht erfolgen *(Gröppel, 1991, S. 127)*. Positive Reaktionen können sich z.B. darin äußern, daß ein verstärkter Wunsch besteht, die Umwelt zu erforschen, eine erhöhte Kommunikationsbereitschaft vorhanden ist und ein erhöhter Zufriedenheitsgrad entwickelt wird. Außerdem wird davon ausgegangen, daß jeder emotionale Erregungszustand auch motivierend wirkt, etwa bezüglich der Kaufhandlungen *(Stöhr, 1998, S. 55)*.

Duft kann diese Wirkungen auf das menschliche Verhalten und Erleben positiv beeinflussen, da durch Beduftung zum einen die objektive emotionale Qualität und die objektive Informationsrate am PoS erhöht wird und zum anderen die Gefühlslage der Konsumenten verbessert wird *(Stöhr, 1998, S. 54)*.

Die Hypothesen drei bis sieben berücksichtigen diese Überlegungen. D.h., diese Hypothesen sollten messen, inwiefern sich die emotionale Befindlichkeit (durch eine erhöhte objektive Informationsrate und eine erhöhte emotionale Qualität infolge des Dufteinflusses) auf ein bestimmtes Verhalten bzw. bestimmte Reaktionen von Konsumenten bezüglich ihrer Umwelt auswirkt.

Emotionale Umwelten (insbesondere durch Beduftung ergänzt) können durch ihre Wirkung die subjektive Wahrnehmung der Produkte, des Sortiments und des PoS positiv beeinflussen; vor allem in kognitiver Hinsicht *(Stöhr, 1998, S. 59)*. In einer Frage wurde daher für die Messung der Bewertung des Sortiments (Hypothese 3) auf Items zurückgegriffen, die Ausdruck emotionaler und kognitiver Beurteilungen sind (vgl. Abb. 8-13). Die Befragten sollten auf einer fünfpoligen Rating-Skala die einzelnen Items bewerten (1 = trifft voll und ganz zu; 5 = trifft gar nicht zu).

Beurteilung des Sortiments	
Emotional	**Kognitiv**
reizvoll verführerisch ansprechend attraktiv	qualitativ hoch quantitativ hoch preiswürdig zweckmäßig

Abb. 8-13: Items zur Beurteilung des Sortiments

Zusätzlich wurde hier ein Item aufgenommen, das die subjektive Einschätzung der Konsumenten bezüglich ihrer Verweildauer im Geschäft abfragt. Eine objektive Überprüfung der Veränderung der Verweildauer (etwa mittels Beobachtung) in der Zeit "mit Duft" im Vergleich zur Zeit "ohne Duft" konnte aus personellen Gründen nicht erfolgen.

Die Auskunftspersonen wurden auch gebeten, folgende Aussagen zu beurteilen, die in der Auswertung zur Validierung der vorangegangenen Fragen dienen sollten: (1) „Das Geschäft gefällt mir insgesamt gut.“ (2) „In diesem Geschäft habe ich mich wohlgefühlt.“ (3) „Insgesamt beurteile ich das Leistungsangebot als gut“.

Zur Operationalisierung der Hypothese 5 wurden Aussagen vorgegeben, die Auskunft über das Einkaufsverhalten geben konnten.

Hierbei kam es darauf an festzustellen, ob spontane Einkäufe erfolgten, d.h., die Befragten sollten das Verhältnis zwischen geplantem und tatsächlich getätigtem Einkauf beurteilen (vgl. Abb. 8-14). Dabei wurde davon ausgegangen, daß eine höhere Kauffreude entsteht,[1] wenn die Atmosphäre im Laden unter Einfluß von Duft gesteigert wird, d.h. eine Erhöhung der objektiven Informationsrate, der emotionalen Qualität und der Stimmung der Konsumenten erfolgt.

Planung des Einkaufsverhaltens
• Ich habe mehr gekauft als geplant. • Ich habe genau das gekauft, was ich geplant hatte. • Ich habe weniger gekauft als geplant. • Ich hatte gar keine Kaufabsichten, habe aber letztendlich doch etwas gekauft.

Abb. 8-14: Planung des Einkaufsverhaltens

Zur Überprüfung der sechsten Hypothese sollten die Befragten spontan zum Ausdruck bringen, ob sie besonders positive und besonders negative Aspekte der Ladenumwelt wahrgenommen haben. Dabei interessierte zunächst die Häufigkeit der Nennungen zu den Rubriken "besonders gut"/"besonders schlecht" in der Zeit "mit Duft" im Vergleich zur Zeit "ohne Duft".

Es sollte dabei festgestellt werden, ob die Konsumenten erstens mehr Einzelheiten in der bedufteten Phase im Vergleich zur unbedufteten Phase zum Ausdruck gebracht haben (gemessen an der Zahl der gegebenen Antworten in der jeweiligen Phase), und zweitens, ob sie verstärkt positive Elemente der Ladenumwelt in

1 „Kauffreude“ wird definiert als verstärkte Bereitschaft der Konsumenten, ungeplante Käufe zu tätigen, Kaufentscheidungen schneller zu treffen und eine höhere Bereitschaft zu Risikokäufen aufzuweisen. Es wird mehr Geld ausgegeben und es werden mehr Artikel gekauft.

der bedufteten Phase wahrgenommen haben (überprüft anhand der Summe der Prozente aller gegebenen Antworten in einer Kategorie). Ferner sollte die Auswertung dieser Frage Aufschluß darüber geben, wo genau die Kunden negative oder positive Aspekte im Laden sehen, was quasi als Rückkopplung für die Gestaltung und für Aktionen im Laden gelten kann.

Zur Messung der Zufriedenheit mit dem Kauf (Hypothese 7) sollten die Befragten auf einer fünfpoligen Rating-Skala (1 = sehr zufrieden; 5 = sehr unzufrieden) ihre Zufriedenheit beurteilen. Zum einen sollte die Auswertung Hinweise liefern auf den Zusammenhang zwischen Stimmung der Konsumenten und Zufriedenheit mit dem Kauf. Hier liegt die Annahme zugrunde, daß die subjektive Zufriedenheit umso höher ist, je besser die Befindlichkeit der Konsumenten (beeinflußt durch die Atmosphäre im Laden und den Erfolg beim Einkauf) ist.

Zum anderen ist die Zufriedenheit beim bzw. mit dem Kauf längerfristig betrachtet ein Kriterium bei der Bevorzugung von Einkaufsstätten. Wird in einem Geschäft erreicht, daß sich der Kunde wohl fühlt und positive Erinnerungen an den Einkauf in diesem Laden hat, so kann eine Bindung des Kunden an das Geschäft erreicht werden.

Die Operationalisierung der Hypothese 4 erfolgte in einer zweigeteilten Frage. Im ersten Teil sollten die Auskunftspersonen auf einer fünfpoligen Rating-Skala anhand von Items die Wahrnehmung der Einrichtung des Ladens als ein atmosphärisches Gestaltungselement beurteilen (vgl. Abb. 8-15). Bereits hier sollte festgestellt werden, ob Duft einen Einfluß auf die Beurteilung hat. Im zweiten Teil wurde direkt nach der Luft im Laden gefragt (vgl. Abb. 8-15), um auch das Gestaltungselement Luft an sich zu erfassen. Hierbei wurden subjektive Äußerungen erwartet und keine konkreten Stellungnahmen zur eingesetzten Beduftung im Laden. Es wird davon ausgegangen, daß eine angenehme Raumluft (inklusive Duft) zur Verbesserung der Ladenatmosphäre und zu den schon geschilderten Reaktionen führt. Die Befragten sollten wiederum auf einer fünfpoligen Rating-Skala urteilen (1 = trifft voll und ganz zu; 2 = trifft zu; 3 = trifft etwas zu; 4 = trifft eher nicht zu; 5 = trifft gar nicht zu).

Wahrnehmung der Einrichtung des Ladens	**Wahrnehmung der Raumluft im Laden**
interessant überraschend passend zu den Produkten	angenehm beruhigend stickig erfrischend erregend

Abb. 8-15: Items zur Beurteilung der Einrichtung und der Raumluft des Ladens

Zeitraum, seit dem das Geschäft besucht wird	**Häufigkeit, mit der das Geschäft besucht wird**
erstmalig seit einem Monat seit einem halben Jahr seit einem Jahr seit zwei Jahren seit mehr als zwei Jahren	wöchentlich monatlich halbjährlich jährlich seltener als jährlich

Abb. 8-16: Fragen zur Vertrautheit mit dem Buchladen

Im letzten Teil des Fragebogens wurden von den Auskunftspersonen demographische Daten abgefragt, die möglicherweise weitere relevante Merkmale für die Auswertung liefern konnten. Neben den gängigen Daten zum Alter und Geschlecht der Personen, zu Haushaltsgröße und Beruf sollten auch Informationen darüber gesammelt werden, wie lange die Personen das Geschäft, in dem die Untersuchung stattfand, schon kennen und besuchen und wie regelmäßig in dem Buchladen eingekauft wird (vgl. Abb. 8-16).

8.2.3. Vorbereitung und Durchführung der empirischen Untersuchung

8.2.3.1. Ort der Untersuchung

Im Dezember 1998 erfolgte in einem Ladengeschäft der Buchhandlung Carl Habel in Kassel eine standardisierte Befragung. Dieser Laden hat eine mittlere Quadratmeterzahl und zeichnet sich durch eine für Zwecke der Beduftung vorteilhafte Flächenaufteilung aus. Die Verkaufsfläche besteht aus zwei weitläufigen und geräumigen Teilflächen, die durch einen Durchgang miteinander verbunden sind. Für die Beduftung ist es vorteilhaft gewesen, daß die Räume nicht zu groß waren und so eine gleichmäßige Beduftung mit der zur Verfügung stehenden Technik ermöglichten.

Ferner erschien die Wahl des Buchladens auch deshalb vorteilhaft, da man hier Kunden vermuten konnte, die sich längere Zeit im Laden aufhalten (etwa beim intensiven Lesen von Klappentexten) als z.B. in einem Lebensmittelgeschäft. Positiv bezüglich Verweildauer und Frequentation kam noch hinzu, daß sich der Laden inmitten einer Einkaufspassage befindet. Desweiteren verfügt das Geschäft über ein Be- und Entlüftungssystem, das die thermische Behaglichkeit im Laden gewährleisten konnte.

8.2.3.2. Experimentelles Design

Die Erhebung dauerte drei Wochen und erfolgte jeweils von Montag bis Freitag. Der Untersuchungszeitraum wurde in drei Phasen unterteilt: In der Zeit vom 1. bis 4. Dezember wurde der erste Teil der Befragung durchgeführt, wobei sich kein Duft im Laden befand. Anschließend wurde das Geschäft neun Tage lang beduftet

(7. bis 15. Dezember). In der Zeit vom 16. bis 18. Dezember war das Geschäft noch einmal drei Tage lang unbeduftet.

Insgesamt wurde im Untersuchungszeitraum ein Stichprobenumfang von 401 Besuchern erreicht, wobei 200 Personen in den unbedufteten Phasen und 201 Personen in der bedufteten Phase befragt wurden.

Bei der Erhebung wurde nach folgendem Prinzip vorgegangen: Die Interviewer waren am Eingang (zugleich Ausgang) des Geschäfts postiert, um dort Kunden anzusprechen, die gerade im Begriff waren, den Laden zu verlassen. Es wurde darauf geachtet, daß die zu Befragenden etwas erworben hatten, da der Fragenkatalog unter anderem Beurteilungen bezüglich Qualität und Quantität des Sortiments, Preise, Kaufgegenstand und Kaufzufriedenheit verlangte. Von Personen, die etwas gekauft hatten, wurde vermutet, daß sie die Kriterien im Fragebogen genauer beurteilen konnten.

Die Auskunftspersonen wurden folgendermaßen ausgewählt: Der Interviewer wurde angewiesen, fünf mögliche Auskunftspersonen abzuzählen und die 5. Person anzusprechen, ob sie geneigt sei, Auskunft zu geben. Lehnte sie ab, wurde die Prozedur wiederholt. War eine/ein Angesprochene(r) gewillt, so wurde der Fragebogen ausgehändigt und die Person wurde gebeten, ihn auszufüllen. Es gab die Möglichkeit, sich in der Mitte des Geschäfts an Leseplätze zu setzen oder im Stehen in einer ruhigen Ecke den Fragebogen auszufüllen. Es wurden etwa 10 Minuten zum Antworten gebraucht.

Die Auskunftspersonen wurden von den Interviewern nicht davon in Kenntnis gesetzt, daß der Laden beduftet wurde und man sie dazu befrage; es wurde ihnen nur mitgeteilt, daß es sich um eine Umfrage zum Thema Ladengestaltung handele.

8.2.3.3. Auswahl des Duftes und der Technik

Bei der Auswahl des Duftes wurden folgende Aspekte berücksichtigt: Das wichtigste Kriterium bei der Entscheidung für einen Duft war die Akzeptanz der Duftnote bei möglichst vielen Personen. Desweiteren sollte der Duft aus aromatherapeutischer Sicht eine aktivierende Wirkung haben, wodurch (zusätzlich zur Ladengestaltung) eine anregende Atmosphäre in der Buchhandlung geschaffen werden sollte.

Zur Überprüfung der Akzeptanz wurde vor der Erhebung an der Hochschule Harz in Wernigerode ein Akzeptanztest durchgeführt, bei dem eine Auswahl an verschiedenen Duftnoten beurteilt werden sollte. Die Palette enthielt sowohl Duftkompositionen als auch simplere Essenzen. Die Düfte wurden von einer Parfümeurin der Firma Haarmann & Reimer eigens für den Zweck der Studie kreiert und für den Einsatz in den ausgewählten Geräten aufbereitet. Folgende Düfte standen zur Wahl:[1]

- "Cool & Vital" hat eine sehr frische und krautige Note mit natürlichen fruchtigen und blumigen Aspekten; er enthält Fichtennadel- und Rosmarinöl sowie Orangenblütenessenzen und andere fruchtige Noten, was aus aromatherapeutischer Sicht anregend, belebend wirkt und bei geistiger Erschöpfung hilft.

- "Fresh" ist ein frischer, citrischer, minziger Duft mit krautigen und fruchtigen Aspekten; er enthält Citrus, Minze und Geranium; Geraniumöl wirkt tonisierend und anti-depressiv, Pfefferminze hilft bei geistiger Erschöpfung und Zitrone wirkt belebend.

- "Centaurus" ist ebenfalls ein frisch-krautiger Duft mit warmem, weichem Hintergrund; er enthält Bergamotte, Gerani-

[1] Duftbeschreibungen auf der Grundlage der Angaben von Frau Hader, Parfümeurin der Haarmann & Reimer GmbH, Holzminden.

um und Cedernholz; Bergamotte wirkt antidepressiv und gegen nervöse Spannungen, Cedernholz gegen Angst und nervöse Spannungen.

- "Bougie au thé vert" ist eine wenig parfümistische Komposition; der Duft ist frisch, grün, fruchtig, leicht; er erinnert an grünen Tee, welcher belebend und gesundheitsfördernd wirkt.

- "Sandel" ist ein einfach und wenig parfümistisch gehaltener Duft; er enthält Sandelholz, was antidepressiv, gegen Angst und nervöse Spannungen und tonisierend wirkt.

- "Amber" ist ein Duft, der holzige und weiche balsamische Elemente enthält; sein Bestandteil Benzoe wirkt besonders gegen Angst und nervöse Spannungen; er kann eine angenehme, unterschwellige Beduftung im Raum erzeugen und ist wenig parfümistisch.

Studenten wurden gebeten, die verschiedenen Düfte, die jeweils in einem Raum ausgebracht wurden, auf einer fünfpoligen Rating-Skala dahingehend zu bewerten, wie angenehm sie den Duft empfinden.

Bei diesen Vortests ergaben sich wichtige Informationen für die Untersuchung. Zum einen wurde deutlich, daß die Akzeptanz eines Duftes entscheidend von der Intensität, mit der er im Raum verwendet wird, abhängig ist. Je intensiver ein Duft war, desto negativer wurde er beurteilt. Dies wurde schließlich auch bei der Entscheidung für eine Beduftungstechnik berücksichtigt.

Zum anderen ergab sich, daß die Beurteilung des Gefallens eines Duftes unmittelbar damit verbunden ist, in welcher Umwelt er verwendet werden soll. Ein Duft kann auf der einen Seite als sehr angenehm empfunden werden, sinkt aber in der Akzeptanz, wenn er von den Befragten als nicht passend zu der Umwelt bewertet wird, in die er eingebracht werden soll.

Bei der Auswahl des Duftes für die Erhebung im Buchladen mußten daher Duftnoten ausgeschlossen werden, die zwar als angenehm, jedoch für die Umwelt "Buchladen" als unpassend empfunden wurden. Damit fielen sämtliche Düfte, die eine eindeutig fruchtige Note hatten ("Cool & Vital", "Centaurus", "Fresh"), heraus, weil sie generell an WC und Bad erinnerten. Düfte mit Charakter wie "Sandel", "Amber" und "Bougie au thé vert" wurden dagegen als positiv für einen Buchladen bewertet. Letztendlich erhielt die Duftrichtung "Sandel" die höchste Akzeptanz und wurde zur Beduftung der Buchhandlung eingesetzt.

Die Auswahl der Technik erfolgte ebenfalls mittels eines Tests. So wurden die verschiedenen zur Verfügung stehenden Geräte in unterschiedlichen Räumen der Hochschule Harz hinsichtlich folgender Kriterien überprüft:

- Ausbreitung des Duftes im Raum (Gleichmäßigkeit und Reichweite bei ca. 30 qm Raumfläche)
- Intensität des abgegebenen Duftes im Raum (Beurteilung der Regelbarkeit der Intensität am Gerät)
- Technik: Kalt- oder Warmverdunstung (ein hinsichtlich der Erhaltung des Duftcharakters entscheidender Aspekt)
- Geräuschpegel während des Betriebs
- Einschätzung der Feinheit der Duftmoleküle (schwer oder leicht).

Nach Beurteilung dieser Kriterien fiel die Entscheidung auf die Geräte der Firma Grorymab. Im Buchladen wurden drei Säulen und eine Duftpyramide eingesetzt. Diese Geräte gewährleisteten insbesondere eine angenehme Duftintensität im Raum und (aufgrund der Kaltverdunstung) die Erhaltung des Duftcharakters.

8.2.3.4. Maßnahmen zur Sicherstellung der Datenqualität

Die Objektivität und Reliabilität der Untersuchung wurden zum einen dadurch gewährleistet, daß ein standardisierter Fragebogen (mit geringem Interviewereinfluß) eingesetzt wurde. Zum anderen mußten die Auskunftspersonen, nachdem sie angesprochen worden waren, die Fragen selbständig und schriftlich beantworten. Es fand also keine mündliche Befragung statt.

Die Validität der Daten konnte dadurch gesichert werden, daß die Befragung in beiden Phasen der Untersuchung (mit Duft/ ohne Duft) nach den gleichen Bedingungen erfolgte. Die Kriterien, die diesen Schluß zulassen, sind: (1) Die Auswahl der Auskunftspersonen erfolgte in beiden Phasen nach dem gleichen Schema, (2) Die Befragung erfolgte in jeder Phase zu denselben Tageszeiten und auch jeweils an den gleichen Wochentagen, (3) Der Ort der Befragung war immer der Buchladen, (4) Es war davon auszugehen, daß sich deshalb auch die spezifischen Einflußfaktoren der Atmosphäre (wie "stark besuchter Laden", "geschäftiges Treiben" oder jeweils umgekehrt) bei der Befragung sowohl in der Zeit "mit Duft" als auch in der Zeit "ohne Duft" einstellten. Dies machte die beiden Phasen vergleichbar.

8.2.4. Ergebnisse der Untersuchung

8.2.4.1. Überprüfung der Hypothesen

Zur Überprüfung der Hypothesen wurde der Datensatz mit Hilfe des statistischen Programms SPSS bearbeitet. Zunächst wurde die Stichprobe nach den Phasen der Erhebung aufgeteilt, d.h. nach Befragung in der Zeit "mit Duft" und "ohne Duft". Für jede Phase wurden Mittelwertanalysen bzw. Häufigkeitsberechnungen bei den Antworten auf die einzelnen Fragen (Hypothesen) durchgeführt. Anschließend wurden die Ergebnisse der beiden Phasen miteinander verglichen und auf Signifikanz überprüft.

Hypothese 1: „Duftreize beeinflussen die PoS-Anmutung (Informationsrate, emotionale Qualität, Richtung der emotionalen Qualität) positiv." Die Mittelwerte der Items bewegen sich sowohl in der Phase "mit Duft" als auch in der Phase "ohne Duft" im Bereich der vollkommenen bis eingeschränkten Zustimmung; der schlechteste Wert war im unbedufteten Zeitraum "überraschend" mit 3,3, im bedufteten Zeitraum "überraschend" mit 3,0. Der Ladeneindruck wurde somit vom überwiegenden Teil der Befragten im gesamten Untersuchungszeitraum als positiv bewertet (vgl. Abb. 8-17).

Statements	Bewertung mit Duft (Mittelwerte)	Bewertung ohne Duft (Mittelwerte)
anregend	2,1	2,1
vielfältig	1,6	1,7
überraschend*	3,0	3,3
interessant	2,0	2,1
originell	3,0	3,0
ungezwungen	1,8	1,9
offen	1,8	1,8
angenehm*	1,8	1,9
anziehend	2,3	2,4
1 = „stimme vollkommen zu" / 5 = „stimme überhaupt nicht zu" * = signifikanter Unterschied (p < 0,1)		

Abb. 8-17: Ergebnisse bezüglich der Frage: „Welchen Eindruck hatten Sie heute von diesem Buchladen beim Einkauf?

Bei den Items "angenehm" und "überraschend" besteht Signifikanz (in den Abbildungen durch Sterne gekennzeichnet); d.h., der Ladeneindruck wurde in der bedufteten Zeit im Vergleich zur unbedufteten von den Käufern signifikant angenehmer und überraschender empfunden.

Die Items der Informationsrate (anregend, vielfältig, überraschend) wurden generell positiv bewertet und zwar in der beduften Phase stets etwas positiver. Man kann also bei dieser hohen Informationsrate von einer reizstarken Umwelt des Ladens und einer hohen Aktivierung der Konsumenten ausgehen, was nicht zuletzt durch die Signifikanz des Items "überraschend" bestätigt wird.

Die Richtung der emotionalen Wirkung ist insofern ebenso positiv, als die Items "angenehm" (signifikant) und "anziehend" sich im Mittel zwischen 1 und 2,5 bewegen und während der Beduftung immer etwas besser beurteilt werden. Man kann von einer hohen emotionsauslösenden Wirkung des Ladens ausgehen, die die Stimmung der Konsumenten während des Einkaufs positiv beeinflußt. Diese Feststellung verstärkt sich in der bedufteten Phase.

Hypothese 2: „Duftreize beeinflussen die emotionale Befindlichkeit der Konsumenten positiv.“ Die Mittelwerte der Items der Frage 2 bewegen sich sowohl in der Phase "mit Duft" als auch in der Phase "ohne Duft" in dem Bereich von "stimme zu" bis "stimme etwas zu" (schlechtester Wert im unbedufteten Zeitraum "vergnügt" mit 2,5; im bedufteten Zeitraum "vergnügt" mit 2,6). D.h., die Stimmungslage wurde vom überwiegenden Teil der Befragten im Untersuchungszeitraum als positiv bewertet.

Anhand des Basismodells lassen sich folgende Emotionsausprägungen feststellen: Die Items des Aktivierungsniveaus (angeregt, aktiv, rege, wach) wurden insgesamt zustimmend bewertet, d.h., man kann von einer beachtlichen Aktivierung ausgehen. Allerdings wurden die Items in der bedufteten und der unbedufteten Phase von den Befragten fast gleich bewertet; das Item "wach" in der unbedufteten Phase sogar signifikant besser!

Die Items zur Beschreibung von Lust/Unlust (fröhlich, gutgelaunt) wurden insgesamt recht zustimmend bewertet; in der bedufteten Phase sogar noch leicht positiver. Die Items zur

Beschreibung von Dominanz/Unterordnung wurden ebenfalls insgesamt positiv bewertet, wobei sich die Konsumenten in der bedufteten Phase etwas ungezwungener aber etwas leichter beeinflußbar fühlten.

Statements	**Bewertung mit Duft (Mittelwerte)**	**Bewertung ohne Duft (Mittelwerte)**
vergnügt	2,6	2,5
angeregt	2,5	2,5
unbeeinflußt	2,3	2,3
aktiv	2,3	2,3
fröhlich	2,4	2,5
ungezwungen	2,1	2,1
rege	2,5	2,5
gutgelaunt	2,1	2,2
wach*	2,3	2,1
1 = „stimme vollkommen zu" / 5 = „stimme überhaupt nicht zu" * = signifikanter Unterschied (p < 0,1)		

Abb. 8-18: Ergebnisse bezüglich der Frage: „Wie fühlen Sie sich im Moment?"

Insgesamt läßt sich sagen, daß eine hohe Erregung (Aktivierung) bestand, was bereits durch die oben skizzierten Ergebnisse deutlich wurde (hohe Informationsrate). Bei hoher Aktivierung in Verbindung mit einer hohen Lust und ebenso hohem Dominanzgefühl kann von einer hohen positiven Gefühlslage der Konsumenten ausgegangen werden, die jedoch in der bedufteten Zeit nicht signifikant verbessert wurde. Beim Item "wach" besteht allerdings Signifikanz, d.h., die Befragten fühlten sich in der bedufteten Zeit weniger wach. Unter Umständen läßt sich dies auf die spezifische Wirkung des gewählten Duftes zurückführen (siehe hierzu Kap. 8.2.3.3.).

Hypothese 3: „Durch Duftreize wird das Sortiment in emotionaler und kognitiver Hinsicht positiver bewertet.“ Die Mittelwerte der entsprechenden Items bewegen sich sowohl in der Phase "mit Duft" als auch in der Phase "ohne Duft" im Bereich von "stimme vollkommen zu" bis "stimme etwas zu" (schlechtester Wert im unbedufteten Zeitraum: "verführerisch" mit 2,7; schlechtester Wert im bedufteten Zeitraum: "verführerisch" mit 2,5); die Konsumenten nahmen das Sortiment subjektiv positiv wahr.

Statements	**Bewertung mit Duft (Mittelwerte)**	**Bewertung ohne Duft (Mittelwerte)**
qualitativ hoch	1,9	2,0
quantitativ hoch	2,1	2,0
reizvoll	2,1	2,2
preiswürdig	2,2	2,3
verführerisch	2,5	2,7
ansprechend	2,1	2,1
zweckmäßig	2,1	2,1
attraktiv*	2,0	2,2
LängereVerweildauer im Laden	2,3	2,4
1 = stimme vollkommen zu / 5 = „stimme überhaupt nicht zu“ * = signifikanter Unterschied ($p < 0,1$)		

Abb. 8-19: Ergebnisse bezüglich der Frage: „Wie beurteilen Sie das aktuelle Angebot im Buchladen?“

Die Befragten stimmten allen Items mit Ausnahme von "zweckmäßig" und "quantitativ hoch" in der bedufteten Phase mehr zu; signifikant war der Unterschied beim Merkmal "attraktiv". Die Vermutung, daß eine Änderung des Wahrnehmungsfeldes durch die Hinzufügung von Duft die Wahrnehmung anderer Elemente (hier: des Warenangebots) positiv verändert, kann hiermit belegt werden. Außerdem schätzen die Befragten in der bedufteten Zeit ihre Verweildauer im Laden häufiger als höher ein als in der unbedufteten Zeit.

Hypothese 4: „Durch Duftreize ist die Wahrnehmung einzelner Elemente der Ladengestaltung (Einrichtung und Raumluft) positiver.“ Zunächst sollen die Ergebnisse zur Wahrnehmung der Einrichtung des Ladens betrachtet werden: Die Mittelwerte der entsprechenden Items bewegen sich sowohl in der Phase "mit Duft" als auch in der Phase "ohne Duft" im Bereich von "trifft zu" bis "trifft etwas zu" (schlechtester Wert im bedufteten und unbedufteten Zeitraum: "überraschend" mit 3,0). Die Konsumenten nahmen die Einrichtung des Ladens folglich generell positiv wahr. Beim Vergleich zwischen beduftetem und unbeduftetem Zustand läßt sich allerdings sagen, daß die Unterschiede nicht signifikant und zudem noch sehr gering sind.

Statements	**Bewertung mit Duft (Mittelwerte)**	**Bewertung ohne Duft (Mittelwerte)**
interessant	2,2	2,2
überraschend	3,0	3,0
passend zu den Produkten	2,0	2,0
1 = „stimme vollkommen zu“ / 5 = „stimme überhaupt nicht zu“		

Abb. 8-20: Ergebnisse bezüglich der Frage zur Wahrnehmung der Einrichtung des Buchladens

Die Mittelwerte der Items zur Qualität der Raumluft bewegen sich sowohl in der Phase "mit Duft" als auch in der Phase "ohne Duft" im Bereich von "trifft zu" bis "trifft eher nicht zu" (schlechtester Wert im bedufteten wie im unbedufteten Zeitraum: "erregend" mit 4,1). Die Items "erfrischend", "erregend" und "stickig" wurden insgesamt als eher unzutreffend beurteilt. Beim Item "stickig" ist dies positiv zu beurteilen, denn der Befund bedeutet, daß eine angenehme Luftqualität im Raum herrschte. Bei den anderen beiden Items läßt sich die Beurteilung wohl auf die Eigenschaften des im Laden verwendeten Dufts zurückführen, der eher beruhigend als anregend oder erfrischend wirkt.

Statements	**Bewertung mit Duft (Mittelwerte)**	**Bewertung ohne Duft (Mittelwerte)**
angenehm	2,5	2,4
beruhigend	3,0	3,0
stickig	3,6	3,7
erfrischend	3,7	3,7
erregend	4,1	4,1
1 = „stimme vollkommen zu“ / 5 = „stimme überhaupt nicht zu“		

Abb. 8-21: Ergebnisse bezüglich der Frage zur Beurteilung der Luft im Buchladen

Beim Vergleich des unbedufteten mit dem bedufteten Zeitraum zeigen sich bei den Items "erregend", "erfrischend" und "beruhigend" keine Unterschiede. Das Item "stickig" wurde in der bedufteten Zeit höher bewertet; d.h., die Raumluft wurde dort von den Konsumenten als etwas stickiger empfunden. Gleichzeitig wurde das Item "angenehm" in der unbedufteten Zeit mit 2,4 im Gegensatz zur bedufteten Zeit (2,5) etwas besser bewertet. In beiden Fällen besteht jedoch keine Signifikanz.

Hypothese 5: „Durch Duftreize ist die "Kauffreude" der Konsumenten größer.“ Die Kategorien "weniger gekauft als geplant" (mit Duft 12,5%, ohne Duft 12,4%) und "mehr gekauft als geplant" (mit Duft 15,5%, ohne Duft 16,9%) wurden in der unbedufteten bzw. bedufteten Zeit etwa gleich häufig genannt. Dies bedeutet, daß die Abweichungen des geplanten Einkaufs sowohl nach oben als auch nach unten relativ unbeeinflußt von der Beduftung des Verkaufsraums erfolgten. Die Kategorien "keine Kaufabsichten, aber doch etwas gekauft" (mit Duft 16,5%, ohne Duft 7,5%) und "genau das gekauft, was geplant war" (mit Duft 44,0%, ohne Duft 56,7%) weisen dagegen erhebliche und auch signifikante Unterschiede auf.

Zwar stimmte sowohl in der bedufteten als auch in der unbedufteten Phase eine Mehrheit der befragten Konsumenten der Aussage zu "Ich habe genau das gekauft, was ich geplant hatte", jedoch war dieser Anteil in der bedufteten Phase deutlich geringer. Demgegenüber nahm die Häufigkeit der Aussage "Keine Kaufabsicht, aber doch etwas gekauft" in der bedufteten Phase um 9% zu. Dies läßt den Schluß zu, daß während der Beduftung des Verkaufsraums tendenziell die Kauffreude größer ist.

Statements	**Bewertung mit Duft (Angaben in %)**	**Bewertung ohne Duft (Angaben in %)**
Mehr gekauft als geplant	15,5	16,9
Genau das gekauft, was geplant war*	44,0	56,7
Weniger gekauft als geplant	12,5	12,4
Keine Kaufabsicht, aber dann doch etwas gekauft*	16,5	7,5
Keine Angabe	11,5	6,5
1 = „stimme vollkommen zu“ / 5 = „stimme überhaupt nicht zu“ * = signifikanter Unterschied (p < 0,1)		

Abb. 8-22: Ergebnisse bezüglich der Frage „Bitte geben Sie an, inwiefern Sie heute das gekauft haben, was Sie geplant hatten!“

Hypothese 6: „Durch Duftreize werden positivere gedankliche Reaktionen zur äußeren Ladenumwelt entwickelt.“ Für die Analyse dieser Hypothese wurden die erhaltenen Antworten in drei Kategorien eingeordnet, die nach Erfassung aller Nennungen eingerichtet wurden. Es sollte festgestellt werden, welche Elemente der Ladenumwelt in der bedufteten bzw. unbedufteten Phase wahrgenommen und positiv bzw. negativ bewertet wurden. In allen Kategorien interessierte vor allem die Häufigkeit der Nennungen zu den Ausprägungen "besonders gut"/ "besonders schlecht".

Kategorie 1: Angebot, Sortiment; insbesondere Vielfalt, Aktualität, also qualitative und quantitative Beurteilungen; ausdrückliche Beurteilungen bestimmter Abteilungen.

Kategorie 2: Beurteilung des Personals bezüglich der Aspekte Service und Beratung; gesamte Atmosphäre bezüglich der Stimmung im Laden.

Kategorie 3: Präsentation des Sortiments; Gestaltung des Ladens; Ordnung; atmosphärische Mittel/Gegebenheiten.

Die Auskunftspersonen gaben je bis zu drei Antworten zu den Positionen in den drei Kategorien; es überwogen jedoch deutlich die Befragten mit nur jeweils einer Nennung in jeder Kategorie. Es kann festgestellt werden, daß in den der Kategorie 1 zugeordneten Antworten im bedufteten Zeitraum keine Zunahme positiv aufgefallener Aspekte verzeichnet werden konnte; vielmehr wurde die Zahl der Antworten hier insgesamt geringer. Jedoch ging auch die Häufigkeit "besonders schlecht" aufgefallener Elemente der Ladenumwelt eindeutig zurück.

Bei den Antworten in Kategorie 2 verringerte sich die Anzahl negativ aufgefallener Elemente in der Zeit mit Duft; anders ausgedrückt: Unter Einfluß von Duft zeigt sich eine vermehrt positive Wahrnehmung der hier zusammengefaßten Elemente der Ladenumwelt.

In der Kategorie 3 dagegen bestätigt sich die Vermutung eines Anstiegs der Nennungen von positiven Wahrnehmungen in der bedufteten Phase und umgekehrt die Abnahme der Anzahl der Nennungen negativer Wahrnehmungen in der Phase mit Duft nicht. Es kann also auch insgesamt bei Zusammenfassung aller erhaltenen Antworten nicht von einer Bestätigung der Hypothese die Rede sein.

Hypothese 7: „Durch Duftreize ist die Zufriedenheit der Konsumenten mit dem Kauf größer." Die Mittelwerte bewegen sich sowohl in der Phase "mit Duft" als auch in der Phase "ohne Duft" in dem Bereich von "sehr zufrieden" bis "zufrieden"; die Zufriedenheit mit dem Kauf wurde von den Konsumenten als sehr hoch angesehen. Der beduftete Zeitraum wurde dabei mit einem Mittelwert von 1,90 fast genau so bewertet wie der unbeduftete Zeitraum (Wert 1,92).

8.2.4.2. Auswertung der Daten nach Geschlecht und Altersgruppen

Zusätzlich zur eigentlichen Überprüfung der Hypothesen bezüglich der Zeiträume "ohne Duft" und "mit Duft" wurde der Datensatz auch dahingehend untersucht, ob sich dabei Unterschiede in der Bewertung bei den Geschlechtern und Altersgruppen zeigen. Ohne auf Einzelheiten einzugehen sei festgehalten, daß sich Tendenzen herauskristallisierten, die sich immer wieder bei den einzelnen Hypothesen finden ließen.

So bestätigte sich die Annahme, daß Männer und Frauen gleichermaßen unter dem Einfluß von Duft die Items bzw. Kriterien der einzelnen Hypothesen positiver bewerteten als in der Zeit "ohne Duft". Auffällig war dabei, daß die Männer (fast ausschließlich) in beiden Zeiträumen etwas negativer urteilten als die Frauen. Die Veränderung der Mittelwerte bzw. der Häufigkeiten von der Zeit "ohne Duft" zur Zeit "mit Duft" war bei den Männern dann aber ausgeprägter.

Bei der Differenzierung nach Altersgruppen zeigte sich für einzelne Hypothesen, daß die Befragten im Alter zwischen 51 und 60 Jahren sowie die über 60-jährigen häufig positiver urteilten als die anderen Altersgruppen. Außerdem konnte festgestellt werden, daß bei dieser Altersgruppe auch die Veränderung der Mittelwerte/Häufigkeiten von der unbedufteten zur bedufteten Zeit ausgeprägter war als bei den anderen Gruppen.

8.2.5. Resümee

Die Untersuchung läßt den Schluß zu, daß Düfte im Rahmen der Gestaltung eines Verkaufsraumes einen Einfluß auf die Stimmung, das Verhalten der Konsumenten und die Beurteilung des „Point of Sale" durch den Konsumenten haben.

Einmal läßt sich erkennen, daß durch die Beduftung im Verkaufsraum die Anmutung des Point of Sale, d.h. die Informationsrate und die emotionale Qualität (in positiver Richtung) tendenziell erhöht wird. Duft kann somit als zusätzlicher Faktor bei der Gestaltung einer reizstarken Umwelt gelten, der geeignet ist, eine hohe positive emotionale Wirkung im Verkaufsraum zu unterstützen.

Nach der Analyse der Daten läßt sich folgendes zur Befindlichkeit der Konsumenten sagen: Unter dem Einfluß von Duft ließ sich bei den Befragten ein tendenziell höheres Lustgefühl sowie ein ausgeprägteres Dominanzgefühl erkennen. Eine Zunahme des Aktivierungsniveaus von der Zeit "ohne Duft" zur Zeit "mit Duft" konnte dagegen nicht belegt werden; dennoch sind die Mittelwerte sehr hoch. Aus der Kombination dieser Dimensionen läßt sich die Stimmung der Konsumenten als positiv beschreiben.

Als eine Wirkung von Duft (bzw. Wirkung einer hohen Anmutung einer Ladenumwelt und hoher emotionaler Befindlichkeit von Konsumenten) wurde die Annäherung an die Ladenumwelt beschrieben, die sich z.B. in einer positiveren Beurteilung des angebotenen Warensortiments äußern kann. Bei der Analyse bestätigte sich, daß das Sortiment tendenziell sowohl in kognitiver als auch in emotionaler Hinsicht unter Einfluß von Duft besser beurteilt wurde. Ebenso schätzten die Konsumenten in der Zeit "mit Duft" ihre Verweildauer im Laden höher ein als in der Zeit "ohne Duft".

Auch die Wahrnehmung der Elemente der Ladenumwelt, Einrichtung und Raumluft wurde untersucht. Die Einrichtung des Ladens wurde allgemein positiv bewertet. Unter Einfluß von Duft veränderte sich dies nicht zum Besseren, aber auch nicht zum Negativen. Ähnliches gilt bei der Wahrnehmung der Luft im Laden: zwischen den beiden Zeiträumen gab es kaum Veränderungen bei der Beurteilung der Luft.

Ein weiterer Aspekt der Untersuchung betraf das Kaufverhalten der Konsumenten. Hierbei konnte festgestellt werden, daß in der beduftteten Zeit die Zahl der Befragten zurückging, die genau das gekauft hatten, was sie geplant hatten,. Auffällig war im Gegensatz dazu, daß die Zahl derer, die gar keine Kaufabsicht hatten, aber letztlich doch etwas kauften, unter Dufteinfluß deutlich stieg.

Die Hypothese, daß die Konsumenten unter Einfluß von Duft häufiger positive gedankliche Reaktionen zur Ladenumwelt äußern, ließ sich nicht direkt bestätigen. Nur in einer der drei gebildeten Antwortkategorien stieg die Anzahl der Nennungen zur Rubrik "besonders gut" in der Zeit "mit Duft" im Vergleich zur Zeit "ohne Duft". Jedoch nahm in der Zeit "mit Duft" die Häufigkeit der Nennungen zur Rubrik "besonders schlecht" generell tendenziell ab.

Schließlich konnte noch festgestellt werden, daß die Konsumenten unter Einfluß von Duft die Zufriedenheit mit ihrem Einkauf tendenziell höher einschätzten als in der unbeduftteten Zeit.

Duft ist - so läßt sich als Fazit ziehen - im Rahmen einer erlebnisorientierten Ladengestaltung ein besonders emotional wirkender

Reiz. Für den Erfolg des Einsatzes von Duft zur emotionalen Anreicherung der Atmosphäre im Laden sprechen Erkenntnisse über die Physiologie des Geruchssinns und die Verarbeitung von olfaktorischen Reizen sowie diverse Studien zur Wirkung von Düften (auch am Point of Sale). Duftempfindung und -akzeptanz werden von verschiedenen Aspekten, wie z.B. Qualität und Intensität des Dufts, bestimmt.

Wenn diese Gesichtspunkte bei einer olfaktorischen Gestaltung berücksichtigt werden, kann "die Verwendung von Düften als stimmungsinduzierende Medien am PoS .... dem Handel eine Vielzahl an kreativen, unverwechselbaren und prägnanten PoS-Gestaltungsszenarien bieten, die den Aufbau eines individuellen PoS-Profiles in hohem Maße entsprechen können" *(Stöhr, 1998, S. 230)*.

8.3. Messung der Stimmungswirkung von Düften in Räumen

8.3.1. Problemstellung und Zielsetzung der Untersuchung

In der heutigen Zeit hat sich in unserer Zivilisation eine Duftkultur gebildet, die sich in einem gezielten und geplanten Einsatz von Düften äußert. Dieser vollzieht sich am menschlichen Körper, an Produkten, die der Mensch konsumiert, und in den Räumen, in denen er lebt. Das Ziel ist es, eine Atmosphäre zu schaffen, die den Menschen ein Gefühl des Wohlbehagens vermittelt.

Unser Wohlbefinden hängt entscheidend von der augenblicklichen Stimmung ab. Stimmung soll in Anlehnung an *Schwarz* - und dem Alltagsverständnis entsprechend - als „momentane, subjektiv erfahrene Befindlichkeit verstanden werden, die sich auf der Dimension Wohlsein - Unwohlsein beschreiben läßt“ *(Schwarz, 1987, S. 2)*. Stimmungen sind „lang anhaltende, diffuse Emotionen, die als Dauertönungen des Erlebens, als Hintergrunderlebnisse, umschrieben werden“ *(Kroeber-Riel, 1992, S. 98)*.

Stimmungen unterscheiden sich von Emotionen dadurch, daß sie nicht auf ein bestimmtes Objekt gerichtet und meist von geringerer Intensität sind *(Bless, 1989, S. 16)*. Aus diesem Grund ist man sich der Ursache einer Stimmung oft gar nicht bewußt *(Bohner, 1990, S. 25)*. Somit ist das durch die Stimmung beeinflußte Verhalten auch nicht auf die Stimmungsursache gerichtet.

Der Einfluß von Stimmungen auf kognitive Prozesse und menschliches Verhalten hat sich zu einem wichtigen Forschungsgebiet entwickelt. Berichte über stimmungsbeeinflussende Wirkungen von Düften stammen allerdings bisher fast ausschließlich aus der Aromatherapie, welche sich in erster Linie mit der Heilwirkung einzelner ätherischer Öle, nicht aber mit der Stimmungswirkung von Duftkompositionen befaßt.

Die Messung von Dufteinflüssen auf den menschlichen Körper, des Zusammenhangs zwischen Geruch, Stimmungen und Verhalten, gestaltet sich infolge der hohen Komplexität der Vorgänge im menschlichen Organismus äußerst schwierig. Um sichere Aussagen über Stimmungswirkungen treffen zu können, müssen objektive Meßmethoden angewendet werden, die möglichst viele Störfaktoren kontrollieren und subtile Verschiebungen in der Stimmungslage auf statistisch verwertbare Weise erfassen.

Ziel des im folgenden beschriebenen Experiments war es, einen Meßansatz zu entwickeln, der es ermöglicht, die Stimmungs- und Verhaltenswirkung von Düften in Räumen festzustellen. Es wurde im Jahr 1995 am Institut für Marketing und Handel der Universität Göttingen mit Studierenden der Universität in einem Hörsaal des Zentralen Hörsaalgebäudes durchgeführt und erfuhr - vor allem in der Vorbereitungsphase - wertvolle Unterstützung von Seiten der Firma Dragoco, Holzminden.

Nach der Formulierung und Operationalisierung der Hypothesen werden die Grundlagen und der Ablauf des Experiments dargestellt. Anschließend werden die Ergebnisse präsentiert, die Hypothesen überprüft und das Verfahren einer abschließenden kritischen Würdigung unterzogen. Auf eine Erörterung der theoretischen Grundlagen der Sinnesphysiologie und -psychologie kann an dieser Stelle ebenso verzichtet werden wie auf den Prozeß der Evaluierung geeigneter Meßverfahren. Sie wurden bereits in den Kapiteln 2, 5 und 6 behandelt.

8.3.2. Formulierung und Operationalisierung der Hypothesen

Das Experiment beruht auf dem sogenannten S - O - R - Schema zur Erklärung menschlichen Verhaltens *(Kroeber-Riel, 1992, S. 27)*. Beobachtbare Stimuli (S) - wie z.B. olfaktorische Reize - wirken auf den Organismus des Menschen ein. Auf diese Reize folgen keine unmittelbaren Reaktionen (R) - wie Abwendung oder Zuwendung - sondern im „Organismus" des Individuums (O) spielen sich zunächst mehrere interne, nicht-beobachtbare Vorgänge ab, die im Gegensatz zu den beobachtbaren Reizen und

Reaktionen nur indirekt meßbar sind. Zur Verhaltenserklärung können intervenierende Variablen wie etwa Wahrnehmung, Speicherung, Abruf oder Verarbeitung von Gedächtnisinformationen herangezogen werden, wenn sich eine Verknüpfung zwischen ihnen und den beobachtbaren Sachverhalten empirisch nachweisen läßt *(von Rosenstiel/Neumann, 1982, S. 41ff.)*.

Düfte als Stimuli verändern die Stimmung des Menschen. Die Richtung ihrer Veränderung hängt zum einen von der durch den Duft ausgelösten Aktivierung, zum anderen von der Art und Weise, wie der Duft individuell wahrgenommen und erlebt wird, ab. Die Aktivierung bestimmt in erster Linie die Intensität, die Wahrnehmung (das Erlebnis) dagegen bestimmt die Qualität der Stimmung. Zwischen Stimmung und Aktivierung besteht eine Wechselwirkung.

Die verschiedenen komplexen, wechselseitigen Prozesse im Organismus bleiben als intervenierende Variable in der "Black Box" einer direkten Beobachtung verborgen. Ihre Wirkung äußert sich jedoch in einem beobachtbaren Verhalten (R). In unserem Experiment werden evaluative Urteile, die Konzentrationsfähigkeit, die Erinnerungsleistung ("free recall"), Assoziationen und verbale Äußerungen als Indikatoren für die Stimmungs- und Verhaltenswirkung von Düften herangezogen.

Bei den Hypothesen werden Auslösungs- und Wirkungshypothesen unterschieden. Die Auslösungshypothesen verdeutlichen den vermeintlichen Einfluß des Duftes auf intervenierende Variablen. Diese, in den Wirkungshypothesen formuliert, werden zur Erklärung der Ursache für die Stimmungs- und Verhaltenswirkung der Düfte herangezogen. Die Abbildung 8-23 gibt einen Überblick über die Hypothesen des Experiments.

Auslösungshypothesen	
H1	Es gibt Düfte, welche die Stimmung verändern.
H2	Es gibt Düfte mit aktivierender Wirkung.
H3	Es gibt Düfte mit erotisierender Wirkung.
Wirkungshypothesen	
H4	Je stärker die ausgelöste Aktivierung, desto besser ist die kognitive Leistungsfähigkeit.
H5	Je positiver die Stimmung, desto bessere Ergebnisse werden bei Kreativitätsaufgaben erzielt.
H6	Je positiver die Stimmung eines Menschen zum Zeitpunkt der Wahrnehmung von Meinungsgegenständen ist, desto positiver bewertet er diese Meinungsgegenstände.

Abb. 8-23: Auslösungs- und Wirkungshypothesen des Experiments

Aus den Hypothesen ergeben sich die unabhängigen und die abhängigen Variablen. Die Abbildung 8-24 gibt einen Überblick über die Variablen des Experiments sowie über die für die abhängigen Variablen ausgewählten Indikatoren.

Hypothese	Unabhängige Variable	Abhängige Variable	Indikatoren
H1	Duft	Stimmung	Eigenschaftswörter
H2	Duft	Aktivierung	Eigenschaftswörter
H3	Duft	Erotisierende Wirkung	Eigenschaftswörter / Assoziationen / Erinnerungs-leistung (recall)
H4	Aktivierung	Kognitive Leistung	Erinnerungs-leistung (recall) / Aufmerksamkeits-belastungstest
H5	Stimmung	Kreativitätsaufgabe	Assoziationen
H6	Stimmung	Evaluatives Urteil	Bewertung visueller Stimuli

Abb. 8-24: Unabhängige und abhängige Variablen des Experiments

8.3.2.1. Messung der Aktivierung

Empirische Indikatoren für psychische Aktivierung sind beobachtbares Verhalten (Mimik, Gestik, motorische Handlungen), Antworten auf Befragung und psycho-physiologische Maße (EEG, elektrodermale Reaktion -EDR-, Pulsfrequenz, Atmung). Aus forschungsökonomischen Gründen wurde auf die einfachste Methode der Aktivierungsmessung, die verbale, phänomenologische Methode, die das subjektive Erleben der Aktivierung erfaßt, zurückgegriffen. Dazu zählen z.B. die Antworten, die man auf Befragungen erhält.

Obwohl es objektivere Methoden der Aktivierungsmessung, etwa psycho-physiologische Verfahren, gibt, sprechen Korrelationsberechnungen zwischen phänomenologischen und physiologischen Maßen der Aktivierung für eine annehmbare Validität. Insofern stellt die verbale Methode ein brauchbares Instrument zur Messung der Aktivierung dar *(Kroeber-Riel, 1992, S. 62; Barg, 1977, S. 43f.)*.

Zugrunde gelegt wurde die von *Janke* und *Debus* erarbeitete Eigenschaftswörterliste (EWL) *(Janke/Debus, 1978, S. 9)*. Sie kann als Verfahren der gebundenen Selbstbeurteilung gelten, da der Proband seine aktuelle Befindlichkeit nur mittels der in der Liste vorgegebenen Aspekte zu beurteilen hat und dies durch Zustimmung oder Ablehnung der aufgelisteten Adjektive zum Ausdruck bringt.

Eingebettet in die Eigenschaftswörterliste wurde die erlebte Aktivierung mit Hilfe von Adjektiven als Intensitätskomponente der Stimmung abgefragt. Ein hoher Wert der EWL-Subskala "Aktiviertheit" beschreibt den Bereich des "optimalen Aktivierungsniveaus", einen Zustand mit größtmöglicher Leistungseffizienz und Wohlbehagen *(Janke/Debus, 1978, S. 14)*.

Indirekt läßt die Art der erbrachten kognitiven Leistung (Erinnerungsleistung, Konzentrationsfähigkeit) einen Schluß auf die

Stärke der Aktivierung zu. Mit zunehmender Stärke der Aktivierung steigt zunächst die kognitive Leistung, erreicht bei einem mittleren Aktivierungsniveau ihr Optimum bezüglich der Leistungserbringung, um bei weiter steigender Aktivierung wieder abzufallen (umgekehrt U-förmiger Verlauf der Funktion).

8.3.2.2. Messung der erotisierenden Wirkung

Die Operationalisierung der erotisierenden Wirkung eines Duftes stellt ein besonderes Problem dar, weshalb auf Vorüberlegungen und ausgewählte Meßmethoden etwas näher eingegangen werden soll.

Erotisierend wirkende Düfte enthalten erfrischende, narkotische, erogene und stimulierende Komponenten, die sich gegenseitig unterstützen *(Jellinek/Jellinek, 1994, S. 70f.)*. Die erfrischenden (anti-erogenen) Komponenten wecken die abgelenkten Sinne, um sie für die eigentliche Geruchsempfindung aufnahmebereit zu machen. Die narkotischen Duftstoffe berauschen den Verstand und beseitigen somit jegliche Hemmungen, um die Empfindungen von Gefühlen zu erleichtern und die Phantasien zu beflügeln. Die erogenen Riechstoffe werden als körperähnliche Gerüche empfunden und regen durch Assoziationen zur Bildung sexueller Vorstellungen an. Die stimulierenden Komponenten aktivieren den auf Erotik fixierten Geist und machen ihn für weitere Sinneseindrücke empfänglich.

In der Literatur finden sich einige wenige Versuche, die sich mit diesem Thema auseinandersetzen, jedoch aus forschungsökonomischen Gründen bzw. mangels geeigneter technischer Meßapparaturen für unseren Ansatz nicht in Betracht kamen *(Hanisch et al., 1978, S. 545 - 558; Kroeber-Riel, 1992, S. 63 ff.)*.

In unserem Experiment wurden als Indikatoren für die erotisierende Wirkung von Düften Eigenschaftswörter, Assoziationen und die Erinnerungsleistung ("recall") herangezogen. Für die

Messung der Gedächtnisleistung wurde die direkte Methode der freien Reproduktion (free recall) ausgewählt. Bei diesem Verfahren werden die Probanden aufgefordert, das gelernte Material (in unserem Fall die gezeigten Dias) frei und ohne Hilfe wiederzugeben.

Zur Assoziationsmessung diente die psychologische Interviewtechnik der freien Assoziation. Es wurde ein Ausgangsreiz in Form eines Dias vorgegeben und die Testpersonen wurden aufgefordert, spontan und ohne viel nachzudenken alles aufzuschreiben, was ihnen dabei in den Sinn kam. Die Antworten waren somit weder der Art noch der Anzahl nach gesteuert oder beschränkt.

Ziel war es herauszufinden, ob in erotischer Stimmung mehr erotische Wissensinhalte verknüpft werden als in "neutraler" Stimmung (qualitativer Aspekt) bzw. ob in positiver Stimmung generell mehr (erotische und unerotische) Assoziationen genannt werden als in einer neutralen oder negativen Stimmung (quantitativer Aspekt). Der letztere Aspekt diente zur Überprüfung der fünften Hypothese (H5).

Für die Charakterisierung einer erotischen Stimmung kommen schließlich bestimmte Subskalen der schon erwähnten Eigenschaftswörterliste (EWL) in Betracht, die verschiedene Stimmungsdimensionen zum Ausdruck bringen *(Janke/Debus, 1978, S. 14ff.)*:

- Aktiviertheit ist charakterisiert durch eine lustbetonte Aktivität, die umweltorientiert ist und Wohlbehagen ausdrückt.

- Extravertiertheit stellt die aktuelle erlebnismäßige Variante des habituellen Persönlichkeitsmerkmals Extraversion dar, das verschiedenartige Aspekte, wie z.B. soziale Initiative (kontaktfreudig) und Zyklothymie (anschmiegsam) umfaßt.

- Gehobene Stimmung erfaßt primär die Lustkomponente des Befindens.

- Erregtheit ist gekennzeichnet durch eine emotionale Unausgeglichenheit (emotionale Labilisierung), die eine erlebnismäßige Überaktivierung beschreibt und somit meistens mit Leistungsineffizienz verbunden ist.

- Empfindlichkeit zeigt engste Beziehungen zur Erregtheit und kann unter bestimmten Bedingungen und bei bestimmten Personen von dieser kaum unterschieden werden.

- Benommenheit ist durch fehlende gedankliche Klarheit und motorische Kontrolle gekennzeichnet.

8.3.2.3. Messung der kognitiven Leistung

Als ein Indikator für die allgemeine kognitive Leistungsfähigkeit kann die Aufmerksamkeitsbelastbarkeit gesehen werden, die einen beträchtlichen Teil der Konzentrationsfähigkeit ausmacht. Zur Messung der Aufmerksamkeits- und Konzentrationsleistung wurde der Test entwickelt, der die Schnelligkeit und Genauigkeit der Unterscheidung ähnlicher visueller Reize mißt. Der Proband hat aus einer Reihe ähnlicher Zeichen jedes "d" durchzustreichen, das mit insgesamt zwei Strichen versehen ist. Nach Beginn der Testdurchführung gibt der Testleiter alle 15 Sekunden das Signal "Halt! Nächste Zeile!". Der Test umfaßt 14 Zeilen mit 47, in wechselnder Folge angeordneten Zeichen je Zeile.

Die Auswertung erfolgt, indem die Anzahl der bearbeiteten Zeichen (GZ) und die Anzahl der Auslassungs- und Verwechslungsfehler (F) gezählt werden. Untersuchungen zur Zuverlässigkeit des Tests weisen die Werte GZ und GZ - F als die reliabelsten aus. Ferner kann noch der Fehlerquotient (Prozentsatz an Fehlern, F-Prozent) zur Interpretation des Ergebnisses herangezogen werden *(Brickenkamp, 1975, S. 1ff.)*.

Zur Überprüfung der Erinnerungsleistung diente der quantitative Aspekt des Recalls, wie er bereits bei der Messung der erotisierenden Wirkung erläutert wurde. Für die Feststellung der kognitiven Leistung ist es unerheblich, ob mehr erotische oder mehr unerotische Wissensinhalte erinnert werden.

8.3.2.4. Messung der evaluativen Urteile

Es gibt verschiedene Ansatzpunkte, die Rolle von Düften bei evaluativen Urteilen zu beschreiben. Die Tatsache, daß Geruchsreize in Teilen des limbischen Systems verarbeitet werden, welches auch für die Entstehung von Gefühlen zuständig ist, läßt eine Bedeutung für die emotionale Einstellungskomponente des Verhaltens vermuten.

Düfte beeinflussen die Stimmung eines Individuums. Diese wiederum wirkt sich auf die Bewertung von Meinungsgegenständen aus. Sie funktioniert als eine Art emotionaler Filter, durch den die Wahrnehmung eine emotionale Tönung erfährt. Stehen für eine Bewertung nicht genügend Informationen zur Verfügung, so geht oft die Stimmung selbst als Information in das Urteil ein. Eine positive Stimmung bewirkt eine bessere, eine negative Stimmung eine schlechtere Bewertung von Meinungsgegenständen. Diese Stimmungswirkung ist bereits mehrfach nachgewiesen worden; jedoch zeigte sich ein deutlicher Einfluß nur dann, wenn noch keine Meinungen oder Informationen über den Gegenstand vorlagen.

Ein weiterer Erklärungsansatz geht von der Duftwirkung auf Informationsverarbeitungsprozesse im Gehirn aus. Die Aktivierungstheorie bezieht sich in erster Linie auf elementare kognitive Prozesse. Düfte aktivieren bestimmte Gedächtnisinhalte, die dadurch leichter verfügbar werden und somit wahrscheinlicher zur Urteilsbildung herangezogen werden.

In der von uns geführten Versuchsreihe ging es um die Bewertung von visuellen Stimuli. Die Probanden sollten ihnen gezeigte Diapositive aus der Parfümwerbung hinsichtlich ihrer Anmutungsqualität ("gefällt mir sehr gut" - "gefällt mir überhaupt nicht") auf einer 7-stufigen Flächenskala bewerten. Darüber hinaus wurden sie gebeten, spontane Assoziationen zu den gezeigten Dias kurz in Stichworten aufzuschreiben.

8.3.3. Aufbau des Experiments

8.3.3.1. Untersuchungsdesign und Auswahl der Testpersonen

Um die Wirkung von zwei Raumdüften (die im folgenden Abschnitt näher beschrieben werden) festzustellen, wurden zwei Versuchsgruppen, die dem Duft ausgesetzt wurden, mit einer „unbedufteten“ Kontrollgruppe verglichen. Die Duftkonzentration wurde unterschwellig gewählt: „Eingeweihte“ nahmen den Duft zwar wahr, aber weniger als 25 Prozent der Teilnehmer bemerkten ihn.

Bei den Teilnehmern handelte es sich um Studierende verschiedener Fachrichtungen der Universität Göttingen. Das Versuchsziel, die Wirkung von Düften zu erfassen, wurde nicht bekanntgegeben und auch nicht durchschaut. Für die Untersuchung stand ein kleiner Hörsaal mit 85 Plätzen zur Verfügung. Die Testpersonen wurden aufgefordert, links und rechts neben sich einen Sitzplatz freizulassen, um die gegenseitige Beeinflussung möglichst gering zu halten.

Das Experiment bestand aus einer Aneinanderreihung verschiedener Teilversuche, die in ihrer Art sehr unterschiedlich waren. (Sie werden im Abschnitt 8.3.3.4 erläutert). Zunächst wurde der Versuch 1 mit der unbedufteten Kontrollgruppe durchgeführt; es folgten der Versuch 2 mit Duft A und zuletzt der Versuch 3 mit Duft B. Zwischen den einzelnen Versuchstagen war genügend Zeit vergangen, so daß keine Beeinträchtigung durch im Raum vorhandenen Duft zu erwarten war.

Für die Teilnahme am Experiment wurde (hochschul-)öffentlich geworben. Interessenten konnten sich in ausgehängten Teilnahmelisten für die verschiedenen Termine eintragen. Der Stichprobenumfang betrug 112 Personen, die auf die drei Gruppen verteilt wurden. Nach notwendig gewordenen Korrekturen (z.B. erkältungsbedingte Beeinträchtigung der Geruchswahrnehmung) ergab sich die in der Abbildung 8-25 dargestellte Aufteilung der Probanden auf die verschiedenen Gruppen.

Gruppe	Anzahl der Probanden
Kontrollgruppe (ohne Duft)	33
Experimentalgruppe 1 (Duft A)	38
Experimentalgruppe 2 (Duft B)	36

Abb. 8-25: Gruppenbildung und Größe der Teilstichproben

8.3.3.2. Auswahl der Düfte und der Teststimuli

Bei den zwei verwendeten Düften handelte es sich um moderne Parfüms, die dem im Handel erhältlichen Duft „Samsara“ von *Guerlain* ähneln. Der Unterschied zwischen Duft A und Duft B bestand lediglich darin, daß ersterer eine Sandelholzkomponente (Sandranol von Dragoco) enthielt, die bei Duft B fehlte. In einem von der Firma Dragoco durchgeführten Pretest war Duft A deutlich sinnlicher als Duft B eingestuft worden.

Die Auswahl der als Teststimuli verwendeten Dias erfolgte ebenfalls in enger Zusammenarbeit mit dem Hause Dragoco. Zunächst wurde eine Vorauswahl von Anzeigen mit Motiven der Parfümwerbung getroffen. Die einzelnen Anzeigen sollten sich hinsichtlich des gezeigten Motivs (Menschen/andere Motive), des Geschlechts der dargestellten Personen sowie der Wirkung der Anzeige (erotisch/unerotisch) unterscheiden.

Es ergaben sich acht mögliche Kombinationen, von denen je zwei Dias, insgesamt also 16 Dias, gezeigt werden sollten. Durch stufenweise Reduktion der ursprünglich in Betracht gezogenen Dias und einen abschließenden Pretest durch unabhängige Fachleute hinsichtlich ihrer Eignung für die Fragestellung wurde diese Zahl erreicht. Die 16 Dias wurden für die Projektion in eine Reihenfolge gebracht, die sicherstellte, daß keine zwei Dias aufeinander folgten, die hinsichtlich der genannten Kriterien (Bildmotive, Wirkung) kongruent waren.

8.3.3.3. Beduftung des Versuchsraumes

Die Beduftung des Versuchsraumes stellte das größte Problem dar, weil sie an einige Auflagen gebunden war: Zum einen mußte sie unbemerkt von den Testpersonen erfolgen, d.h., sie mußte verdeckt und geräuschlos vorgenommen werden. Zum anderen mußte der jeweilige Duft bereits beim Betreten des Raumes präsent sein, da man die Versuchspersonen nicht lange warten lassen durfte. Des weiteren sollte der Duft nicht erkannt werden; die Konzentration mußte also äußerst schwach gehalten werden, so daß er nur von „Eingeweihten" noch wahrgenommen werden konnte.

Da die Wirkung des Duftes entscheidend von seiner Konzentration abhängt, war eine maßgebliche Forderung, daß die Konzentration an jeder Stelle des Raumes möglichst gleich sein sollte. Dies galt auch bezüglich der Vergleichsmöglichkeit der alternativen Düfte. Als weitere Besonderheit der Duftwahrnehmung mußte die Adaption berücksichtigt werden. Von Duftstoff zu Duftstoff und von Mensch zu Mensch verschieden tritt sie zu unterschiedlichen Zeitpunkten ein. Um dem entgegenzuwirken, wurde die Konzentration während der Diapräsentation und vor der Stimmungsmessung unmerklich etwas erhöht.

Zur Beduftung standen zwei Geräte der Firma Micro-Plus aus Stadtoldendorf zur Verfügung: das Dufticus - Raumklimacenter RC 50 und ein von der Firma eigens für diesen Versuch in Absprache mit der Firma Dragoco entwickeltes Gerät. Auf die Beschreibung ihrer Funktionsweise und ihre technischen Daten soll an dieser Stelle verzichtet werden.

Wegen der oben genannten Problematik waren mehrere Pretests im Versuchsraum notwendig. Hierbei mußten das geeignete Gerät, die richtige Positionierung und die richtige Konzentration des Duftes gefunden werden. Es wurde entschieden, beide Geräte gleichzeitig zu verwenden, um eine möglichst gleichmäßige Verteilung des Duftes zu gewährleisten. Um die ideale Duftkonzentration zu finden, mußten zahlreiche, zeitaufwendige Versuche mit zufällig ausgewählten Testpersonen im Hörsaal durchgeführt werden.

Erwähnt sei schließlich noch, daß auch eine Kontrolle der personenspezifischen (Altersstruktur, Geschlechterverteilung, Versuchsleiter), situationsspezifischen (Wetter, Temperatur, Lichtverhältnisse) und stimulusspezifischen (Konzentration der Duftstoffe in den Versuchen, Auswahl des Bildmaterials) Störfaktoren durchgeführt wurde, so daß von dieser Seite her keine Beeinträchtigung der Validität der Ergebnisse zu erwarten war.

8.3.3.4. Ablauf der Untersuchung

Die empirische Untersuchung setzte sich aus vier Teilversuchen zusammen, die im folgenden kurz erläutert werden:

Teilversuch 1 diente der Messung der erotisierenden Duftwirkung sowie der Wirkung von Düften auf komplexe kognitive Prozesse. Ferner diente er der Stimmungsadjustierung und

Zeitüberbrückung für die vollständige Einwirkung des Duftes auf die Probanden. Insgesamt sollten 16 verschiedene Dias von Anzeigen aus der Parfümwerbung danach beurteilt werden, wie gut sie gefielen. Jedes Dia wurde exakt 15 Sekunden gezeigt; danach war 45 Sekunden Zeit, das jeweilige Dia auf einer 7-stufigen Flächenskala zu bewerten. Außerdem wurden die Versuchspersonen gebeten, spontane Assoziationen zu jedem Dia zu notieren.

Teilversuch 2 galt der Untersuchung des Einflusses von Düften auf Stimmung und Aktivierung und gleichzeitig der Feststellung der erotisierenden Wirkung eines Duftes. Den Probanden wurde die Eigenschaftswörterliste (EWL-K) von *Janke* und *Debus* mit insgesamt 123 Adjektiven vorgelegt. Die Wörter sind völlig ungeordnet aufgelistet, um Reihenfolgeeffekte zu vermeiden. Sie werden verschiedenen Stimmungsdimensionen zugeordnet, von denen eine die Aktivierung ist. Die Testpersonen wurden gebeten, bei jedem Adjektiv ohne lange Überlegung anzugeben, ob es auf ihr augenblickliches Befinden zutrifft oder nicht und dies entsprechend anzukreuzen. Es wurde dabei betont, daß der Test anonym ausgewertet wird. Es sollte kein Wort ausgelassen werden. Fiel eine Antwort schwer, sollte man sich für die am ehesten zutreffende Alternative entscheiden.

Mittels **Teilversuch 3** sollte die Wirkung von Düften auf die kognitive Leistung festgestellt werden. Den Testpersonen wurde der Aufmerksamkeitsbelastungstest erläutert und zur Bearbeitung vorgelegt. Das Testblatt umfaßte 14 Zeilen mit je 47 visuell ähnlichen Zeichen. Von den verschiedenen Buchstaben-Strich-Kombinationen sollten jeweils die richtigen durchgestrichen werden. Die Bearbeitungszeit je Zeile war auf 15 Sekunden beschränkt. Auf Signal des Versuchsleiters folgte der Wechsel zur nächsten Zeile. Es galt, innerhalb kurzer Zeit möglichst viele Zeichen richtig zu bearbeiten.

Teilversuch 4 diente ebenfalls der Erfassung der erotisierenden Wirkung des jeweiligen Duftes sowie der Messung der Duftwirkung auf kognitive Prozesse. Die Probanden sollten die im ersten Teilversuch gezeigten Dias frei reproduzieren. Nach Möglichkeit sollten sie den Namen und den Hersteller des Produkts nennen. Konnten sie sich nicht mehr an diese erinnern, wurden sie gebeten, das Bildmotiv wenigstens stichwortartig zu beschreiben. Nach Beendigung dieser letzten Aufgabe waren noch einige Fragen zum Test, zur Testsituation und zur eigenen Person zu beantworten.

8.3.4. Ergebnisse der Untersuchung

8.3.4.1. Darstellung der wichtigsten Ergebnisse im Überblick

Bei der Bewertung der Dias mit oder ohne Dufteinwirkung zeigen sich weder in der Gesamttendenz noch bei den erotisch bzw. unerotisch anmutenden Dias signifikante Unterschiede (vgl. Abb. 8-26). Lediglich bei Duft B fällt auf, daß die Bewertung im Vergleich zu den beiden anderen Duftkonditionen etwas schlechter ausfällt. Die Differenz der Mittelwerte ist jedoch nicht signifikant.

Bewertung der Dias	**Mittelwerte**		
	erotisch	**unerotisch**	**gesamt**
ohne Duft	4,2	4,2	4,2
Duft A	4,2	4,4	4,3
Duft B	3,9	4,1	4,0

Abb. 8-26: Bewertung der Dias in Abhängigkeit vom Raumduft

Bei der von den Probanden in Abhängigkeit vom Duft genannten Anzahl der Assoziationen wird beim Vergleich der Mittelwerte jedoch ein Unterschied deutlich (vgl. Abb. 8-27). Unter Duft A war die Anzahl der erotischen Assoziationen deutlich höher als bei den anderen Duftsituationen. Der Signifikanztest ergab signifikante Abweichungen der arithmetischen Mittel zwischen der unbedufteten Kontrollgruppe und der Gruppe mit Duft A sowie zwischen dieser Gruppe und der Gruppe mit Duft B. Duft A hatte folglich einen Einfluß auf die Quantität der erotischen Assoziationen. Ein Unterschied war ebenfalls bei den unerotischen Assoziationen erkennbar, wobei wiederum der Mittelwert bei der Duftgruppe A größer war als der bei den anderen Gruppen. Jedoch war hier (wie auch bei der Gesamtzahl der Assoziationen) der Unterschied statistisch nicht signifikant.

Anzahl der Assoziationen	**Mittelwerte**		
	erotisch	**unerotisch**	**gesamt**
ohne Duft	2,6	4,0	4,2
Duft A	4,5	4,3	4,7
Duft B	2,8	3,9	4,2

Abb. 8-27: Anzahl der Assoziationen in Abhängigkeit vom Raumduft

Beim Aufmerksamkeitsbelastungstest bearbeitete die Duftgruppe A im Durchschnitt die größte Anzahl an Zeichen, wies jedoch auch die höchste Fehlerquote auf. Die Duftgruppe B erzielte den höchsten durchschnittlichen Gesamttestwert bei niedrigster Fehlerquote (vgl. Abb. 8-28). Der Vergleich der arithmetischen Mittel weist jedoch keine signifikanten Abweichungen auf.

Aufmerksamkeitsbelastung	**Fehler**	**Gesamttestwert**	**Gesamtanzahl**	**Fehlerquotient**
ohne Duft	22	379	401	5,5%
Duft A	28	388	416	6,7%
Duft B	22	392	414	5,3%

Abb. 8-28: Ergebnisse des Aufmerksamkeitsbelastungstests in Abhängigkeit vom Raumduft

Demgegenüber weisen die Recall-Werte – wie die Abbildung 8-29 belegt – signifikante Unterschiede auf. Die erotischen Dias werden von der Duftgruppe A im Vergleich zu den anderen Gruppen signifikant besser erinnert. Die Erinnerung beider dem Duft ausgesetzten Gruppen an die unerotischen Dias war signifikant stärker als bei der unbedufteten Gruppe. Beim Vergleich der Erinnerung an die gesamten Dias schnitten die beiden Duftgruppen ebenfalls signifikant besser ab als die unbeduftete Kontrollgruppe.

Recall	**Angaben in Prozent**		
	erotisch	**unerotisch**	**gesamt**
ohne Duft	64,0	58,3	61,2
Duft A	79,1	74,3	77,0
Duft B	68,4	70,8	69,6

Abb. 8-29: Recall-Werte in Abhängigkeit vom Raumduft

Die verschiedenen Stimmungsdimensionen (Subskalen der Eigenschaftswörterliste) stellten sich unter den unterschiedlichen Duftkonditionen wie folgt dar: Bei den insgesamt 14 erfaßten Stimmungsdimensionen bestanden lediglich bei den Dimensionen A (Aktiviertheit), C (Desaktiviertheit) und N (Deprimiertheit) signifikante Abweichungen der Mittelwerte (vgl. Abb. 8-30).

Stimmungs-dimensionen	**Mittelwerte**		
	Aktiviertheit	**Desaktiviertheit**	**Deprimiertheit**
Ohne Duft	4,64	2,27	1,33
Duft A	6,00	3,08	1,92
Duft B	3,72	4,19	3,33

Abb. 8-30: Stimmung in Abhängigkeit vom Raumduft

Testpersonen der Duftgruppe A schätzten sich deutlich aktiver ein als solche der Duftgruppe B. Dieses Ergebnis wird auch durch ihre

Einschätzung in bezug auf ihre Desaktiviertheit unterstützt. Personen der Duftgruppe B schätzten sich signifikant desaktiver ein als Personen der Kontrollgruppe. Auch bezüglich der Deprimiertheit (Dimension N) sind Personen der Duftgruppe B eindeutig deprimierter als die der beiden anderen Gruppen.

8.3.4.2. Überprüfung der Hypothesen

(H1): „Es gibt Düfte, welche die Stimmung verändern." Wie aus den Ergebnissen der Stimmungsmessung hervorgeht, veränderten die im Test verwendeten Düfte A und B signifikant die Stimmungsdimensionen Aktiviertheit, Desaktiviertheit und Deprimiertheit. Somit kann die Nullhypothese „Düfte haben keinen Einfluß auf die Stimmung" verworfen werden. Auch die übrigen, nicht signifikanten Mittelwertunterschiede lassen auf eine Stimmungswirkung der verwendeten Düfte schließen.

(H2): „Es gibt Düfte mit aktivierender Wirkung". Auch diese Hypothese wurde durch die Ergebnisse gestützt. Anhand der Eigenschaftswörterliste konnte ein signifikanter Unterschied zwischen dem Mittelwert der Duftgruppe A und dem der Duftgruppe B festgestellt werden. Auch der Unterschied der Mittelwerte bei der Dimension "Desaktiviertheit" zwischen der Duftgruppe B und der Kontrollgruppe war signifikant. Mittels Duft kann somit eine Aktivierung auch in ihr Gegenteil verkehrt werden.

(H3): „Es gibt Düfte mit erotisierender Wirkung." Zur Überprüfung dieser Hypothese müssen die Ergebnisse des Stimmungstests, des Recalls und die Auswertung der Assoziationen betrachtet werden. Um eine erotisierende Wirkung festzustellen, wurden folgende Stimmungsdimensionen untersucht: Aktiviertheit, Extravertiertheit, gehobene Stimmung, Erregtheit, Empfindlichkeit und Benommenheit. Obwohl nur die Dimension "Aktiviertheit" signifikante Abweichungen aufwies, zeigten auch die Mittelwerte der anderen Stimmungsdimensionen der bedufteten Gruppen deutliche Tendenzen im Vergleich zur unbedufteten

Kontrollgruppe auf. Die Tendenz des Duftes A zu aktivieren, benommen zu machen, die Extravertiertheit sowie die Stimmung zu erhöhen, zu erregen und die Empfindlichkeit zu steigern, deutet auf eine erotisierende Wirkung hin. Ebenso legten die von der Duftgruppe A signifikant besser erinnerten erotischen Dias eine erotisierende Wirkung nahe. Schließlich belegte auch die signifikant höhere Zahl der von der Duftgruppe A genannten erotischen Assoziationen diese Tendenz.

(H4): „Je stärker die ausgelöste Aktivierung, desto besser ist die kognitive Leistungsfähigkeit." Zur Überprüfung dieser Hypothese wurden die Ergebnisse der Assoziationsmessung, der Recallmessung und des Aufmerksamkeitsbelastungstests mit den Ergebnissen der Messung der Aktiviertheit in Beziehung gesetzt. Die Duftgruppe A, die am stärksten aktiviert war, nannte die meisten Assoziationen und erinnerte sich an die meisten Dias, jedoch war sie am wenigsten konzentriert. Die am wenigsten aktivierte Duftgruppe B nannte die wenigsten Assoziationen, erinnerte sich aber an mehr Dias als die stärker aktivierte Kontrollgruppe und wies den höchsten Testwert und die geringste Fehlerquote im Aufmerksamkeitsbelastungstest auf. Diese Ergebnisse stützen die Hypothese nur teilweise; sie muß aus diesem Grund abgelehnt werden.

(H5): „Je positiver die Stimmung, desto bessere Ergebnisse werden bei Kreativitätsaufgaben erzielt." Generell ließ sich statistisch nicht absichern, welche Duftgruppe die positivste und welche die negativste Stimmung besaß. Die aber meist höheren Werte der negativen Stimmungsdimensionen bei der Duftgruppe B, insbesondere der signifikante Unterschied der Dimension "Deprimiertheit", deuten auf eine schlechtere Stimmung dieser Gruppe im Vergleich zu den anderen Gruppen hin. Bei allen positiven Befindlichkeitsdimensionen (mit Ausnahme der Introvertiertheit) erzielte Duftgruppe A die höchsten Werte. Insgesamt läßt sich vermuten, daß von Duft A eine stimmungsverbessernde und von Duft B eine stimmungsverschlechternde Wirkung ausging. Da jedoch keine signifikanten Unterschiede auftraten, muß diese Hypothese gleichwohl verworfen werden.

(H6): „Je positiver die Stimmung eines Menschen zum Zeitpunkt der Wahrnehmung von Meinungsgegenständen ist, desto positiver bewertet er diese Meinungsgegenstände." Zur Überprüfung wurden die Ergebnisse der Stimmungsmessung und der Diabewertung herangezogen. Bei der Feststellung, welche Gruppe die positivste und welche die negativste Stimmung besaß, traten erneut die bei der Hypothese 5 erläuterten Probleme auf. Tendenziell bestätigte sich die Hypothese, daß die Dias unter Duft A am besten und unter Duft B am schlechtesten bewertet wurden. Die Hypothese ist jedoch zu verwerfen, da die Vergleiche der arithmetischen Mittel nicht dem Signifikanzkriterium genügten.

8.3.5. Resümee

Zusammenfassend läßt sich feststellen, daß sich bezüglich der drei Auslösungshypothesen Mittelwertunterschiede auf dem 5-prozentigen Signifikanzniveau ergaben, so daß die Hypothesen durch die Testergebnisse gestützt werden. Die drei Wirkungshypothesen mußten verworfen werden, da zwar Tendenzen erkennbar sind, die statistisch signifikante Absicherung jedoch fehlt.

Die gewonnenen Ergebnisse müssen angesichts der Meßprobleme mit gewisser Skepsis betrachtet werden. Vor allem auf folgende Sachverhalte ist kritisch hinzuweisen:

(1) Die Messung der Stimmung und der Aktivierung erfolgte nur auf der subjektiven Erlebnisebene. Die beiden anderen Emotionsebenen (Ebene des Ausdrucksverhaltens, psychobiologische Ebene) wurden vernachlässigt, müßten aber wohl zur nochmaligen Überprüfung der Hypothesen herangezogen werden. Ideal wäre ein Meßverfahren, das Messungen auf allen drei Emotionsebenen einschließt.

(2) Ein weiterer Ansatz zur Kritik besteht in der Operationalisierung der erotischen Wirkung von Düften. Hier stellt sich die Frage, ob die richtigen Kriterien bzw. eine genügende Zahl von Kriterien zur Feststellung dieses Sachverhalts gewählt wurden.

(3) Weitere Probleme traten bei der Beduftung des Versuchsraums auf. Zur Vergleichbarkeit der Duftgruppen A und B mußten identische und konstante Duftkonzentrationen geschaffen werden. An die Stelle objektiver und konstanter Meßmethoden trat die subjektive Wahrnehmung der Testleiter. Eine gleichbleibende Konzentration an jeder Stelle des Versuchsraums konnte durch die verwendeten Raumbeduftungsgeräte ebenfalls nicht voll gewährleistet werden.

(4) Als letzter Kritikpunkt sei noch die relativ kleine Stichprobe genannt, die zudem aus Personen der gleichen gesellschaftlichen Gruppe (Studierende) und ähnlicher Altersklassen bestand.

Unstrittig dürfte sein, daß als stimmungs- und verhaltensauslösendes und -veränderndes Element der Duft und mit ihm die Beduftung von Räumen vielfältige Anwendungsmöglichkeiten bietet. Für die Zukunft läßt sich ein Trend zur Verwendung von stimmungsverbessernden Düften vorhersagen. In diesem Zusammenhang wird auch die Anwendung von Duftstoffen zur Schaffung einer angenehmen Raumatmosphäre im privaten und kommerziellen Bereich weiter zunehmen.

8.4. Länderspezifische Gemeinsamkeiten und Unterschiede bezüglich der Wahrnehmung und Beurteilung umweltschonender Waschmittel

8.4.1. Zielsetzung und Aufbau der Untersuchung

Am Institut für Marketing und Handel der Universität Göttingen wurde in Zusammenarbeit mit der Dragoco Gerberding & Co. AG, Holzminden, eine Pilotstudie mit dem Ziel durchgeführt, Informationen darüber zu gewinnen, wie Konsumenten aus unterschiedlichen Ländern den Geruch bei umweltschonenden Waschmitteln wahrnehmen und beurteilen *(hierzu ausführlich Scharf/Struck, 1995, S. 145ff.).*

Von besonderem Interesse war in diesem Zusammenhang die Beantwortung der Frage, welche Unterschiede zwischen den Verwendern in Ländern mit unterschiedlich stark entwickeltem Umweltbewußtsein bestehen. Befragt wurden deshalb in Deutschland, Rußland und den USA zusammen 370 Frauen aller Altersgruppen. Es handelte sich dabei um weibliche Universitätsbedienstete und Studentinnen, die alle regelmäßig Waschmittel benutzen. Diese Stichprobe kann somit nicht als repräsentativ für die Grundgesamtheit der Waschmittelverwenderinnen des jeweiligen Landes gelten. Erhebungsorte waren die Georg-August-Universität Göttingen (144 Testpersonen), die Graduate School of Management in Irvine, Kalifornien (100 Testpersonen) sowie die Baumann Universität in Moskau (126 Testpersonen).

Die Datenerhebungen wurden in allen drei Ländern mit Hilfe mobiler Computer durchgeführt. Die Probanden konnten die Fragen bzw. Anweisungen direkt vom Bildschirm ablesen, während der Interviewer die entsprechenden Antworten über die Tastatur erfaßte.

Die Untersuchung sollte die folgenden zentralen Fragestellungen näher beleuchten:

- Wie wichtig sind verschiedene nutzenstiftende Produkteigenschaften für den Kauf eines Waschmittels allgemein und konkret bezogen auf die Nutzendimension "schont die Umwelt"?
- Welche Erwartungen haben die Verwender bezüglich des Duftes eines umweltschonenden Waschmittels?
- Wie stark präferieren die Verwender in den drei Ländern verschiedene Waschmitteldüfte, und zwar zunächst ohne weitere Information, anschließend bezogen auf ein Waschmittel, das die Umwelt schont?

8.4.2. Allgemeine und umweltbezogene Nutzenerwartungen an ein Waschmittel

Jede Testperson wurde aufgefordert, fünf vorgegebene Nutzendimensionen in eine Rangfolge gemäß ihrer Wichtigkeit beim Waschmittelkauf zu bringen. Der Hauptnutzen von Waschmitteln (" ... die Wäsche säubern") wurde bei der Erhebung bewußt ausgeklammert, um eine bessere Differenzierung zwischen den vorgegebenen Nutzendimensionen zu erreichen (vgl. Abb. 8-31).

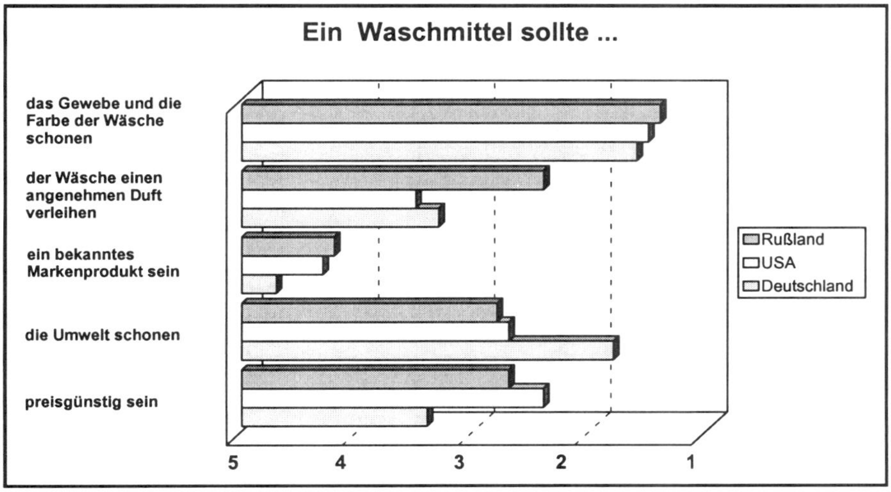

Abb. 8-31: Länderspezifische Nutzenerwartungen an ein Waschmittel (gemittelte Rangplätze)

Zunächst fällt auf, daß gewebe- und farbschonende Eigenschaften von Waschmitteln für die Verwenderinnen aller drei Länder am wichtigsten sind. Die Umweltschonung spielt - überraschenderweise auch in Rußland - eine fast ebenso wichtige Rolle bei der Kaufentscheidung wie der Preis. Dagegen ist die Marke von untergeordneter Bedeutung. Interessant ist ferner, daß die russischen Testpersonen den angenehmen Duft ihrer Wäsche deutlich wichtiger einstufen als amerikanische und deutsche Verwenderinnen.

Die Bedeutung "schonender" Nutzendimensionen wird noch deutlicher, wenn nach der Wichtigkeit verschiedener Eigenschaften speziell umweltschonender Waschmittel gefragt wird (vgl. Abb. 8-32). Derartige Produkte sollten vor allem frei sein von umweltbelastenden Zusätzen und die Haut nicht reizen. Der letztgenannte Aspekt ist jedoch den russischen Auskunftspersonen - wohl ein Ergebnis negativer Erfahrungen - deutlich wichtiger als den Befragten der beiden anderen Länder.

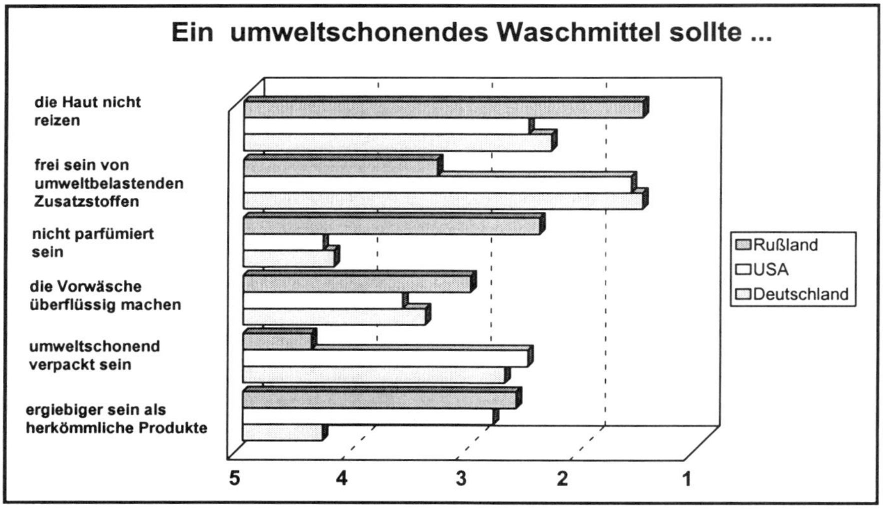

Abb. 8-32: Länderspezifische Nutzenerwartungen an ein umweltschonendes Waschmittel (gemittelte Rangplätze)

Bemerkenswert ist ein anscheinender Widerspruch in den russischen Daten: Das Waschmittel soll der Wäsche zwar einen angenehmen Duft verleihen, gleichzeitig aber nicht "parfümiert" sein. Zu vermuten ist hier, daß Duftstoffe, mit denen gängige Waschmittel in Rußland versetzt werden, offensichtlich nicht "Schonung" kommunizieren, sondern eher mit unangenehmen Eigenschaften in Verbindung gebracht werden. Diese Hypothese wird dadurch gestützt, daß - im Gegensatz zu amerikanischen und deutschen - nur wenige russische Auskunftspersonen der Meinung sind, daß ein umweltschonendes Waschmittel geruchlos sein sollte (siehe unten).

8.4.3. Erwartungen der Verwender an den Duft eines umweltschonenden Waschmittels

Die Testpersonen wurden gebeten, anhand von fünf vorgegebenen allgemeinen Geruchsdimensionen ("frisch", "mild", "blumig", "fruchtig" und "ohne Geruch") anzugeben, wie ihrer Meinung nach ein umweltschonendes Waschmittel riechen sollte. Anschließend mußte der gewählte Geruch durch eine von 20 möglichen, in Form einer Liste vorliegenden Geruchsbeschreibungen konkretisiert werden. Die Abbildung 8-33 veranschaulicht die Ergebnisse.

In allen drei Ländern sind die meisten Befragten der Meinung, daß zu einem umweltschonenden Waschmittel - wenn überhaupt - eine frische Duftnote am besten paßt. Bemerkenswert ist, daß zwar 40 Prozent der amerikanischen, aber nur 7 Prozent der russischen Befragten ein geruchloses Produkt bevorzugen. Ferner wählt immerhin jede fünfte russische Testperson eine blumige Note.

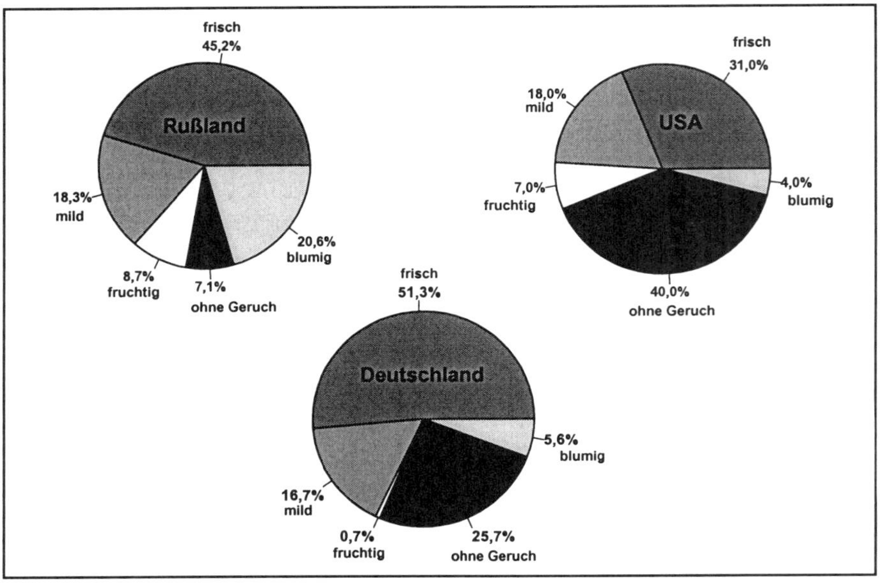

Abb. 8-33: Ausgewählte Geruchsdimensionen für umweltschonende Waschmittel

Die in der Abbildung 8-33 dargestellten Ergebnisse liefern noch keine Hinweise auf die konkreten - individuell sehr unterschiedlichen und durch sozio-kulturelle Einflüsse geprägten - Geruchsvorstellungen der befragten Personen. Deshalb wurde allen Befragten (mit Ausnahme derer, die "ohne Geruch" gewählt hatten) eine Liste mit 20 Geruchsbeschreibungen zur Auswahl vorgelegt:[1]

In der Abbildung 8-34 sind die relativen Häufigkeiten der zu den präferierten Geruchsdimensionen am häufigsten ausgewählten konkreten Beschreibungen gegenübergestellt. Auffallend oft konkretisieren russische Testpersonen den frischen Duft eines umweltschonenden Waschmittels mit "Gewitterluft". Diese Beschreibung wird - jedoch seltener - auch in den USA gewählt. Die Verbindung zwischen den Geruchsdimensionen "mild" und

[1] Die Geruchsbeschreibungen umfaßten die folgende Begriffe: Rose, Jasmin, Lavendel, Kamille, Erde, Gras, Veilchen, Tanne, Zitrone, Apfel, Pfirsich, Blumenwiese, Meer, See, Honig, Wald, Kräuter, Heu, Getreide, Gewitterluft.

"blumig" und den Beschreibungen "Wald", "Meer" und "Zitrone" deutet ebenfalls auf eine Präferenz für "frische" Noten hin.

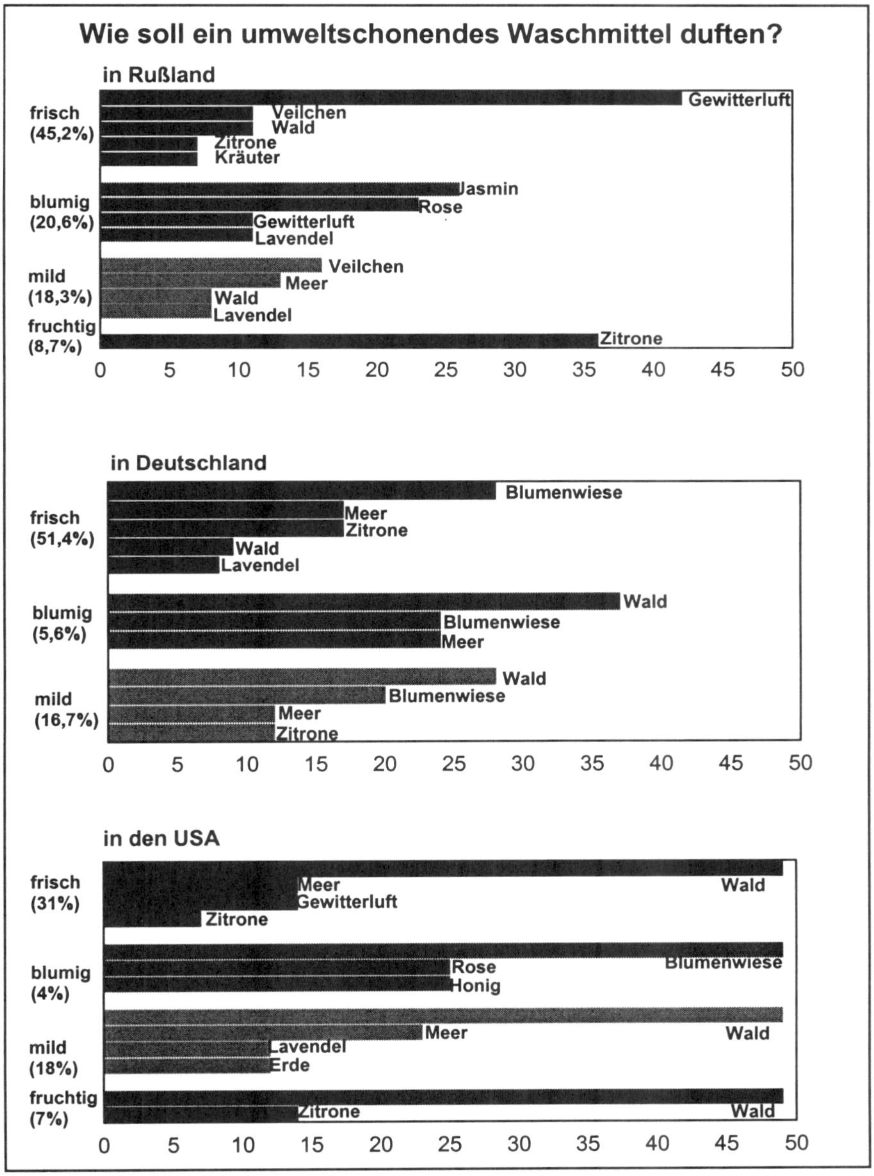

Abb. 8-34: Am häufigsten ausgewählte Geruchsbeschreibungen (in Prozent)

Die Frage, welcher konkrete Duft am besten zu einem umweltschonenden Waschmittel paßt, muß nach Ländern differenziert beantwortet werden. Vor allem bei den amerikanischen, aber auch bei den deutschen Testpersonen ist eine deutliche Bevorzugung von Wald- und Meeresdüften zu erkennen. In Deutschland kommt noch der Duft einer Blumenwiese hinzu. Demgegenüber darf ein umweltschonendes Waschmittel in Rußland - neben dem Geruch von Gewitterluft - auch einen Jasmin-, Rosen- oder Veilchenduft aufweisen.

8.4.4. Präferenzen für verschiedene Waschmitteldüfte

Vom Unternehmen *Dragoco* wurden vier neue Duftkonzepte für umweltschonende Waschmittel entwickelt und Waschpulverproben damit versetzt. Es handelte sich dabei um einen frisch-blumigen Duft in zwei Konzentrationen (0,1% und 0,2%), einen Zitrusfrucht-Duft mit süß-blumigen Elementen sowie einen fruchtig-blumigen Duft aus rein natürlichen Bestandteilen.

Zusätzlich zu diesen vier Waschmittelproben wurde den Testpersonen des jeweiligen Landes ein gängiges, landesspezifisches Markenprodukt zur Beurteilung vorgelegt. Die deutschen Probanden erhielten die Marke "Storch-Konzentrat" mit schwachem Lavendelduft (auf der Packung als "ohne Parfüm" beschrieben) und die amerikanischen Teilnehmer wurden mit der Marke "Arm & Hammer - ultra-fresh" konfrontiert. Bei dem russischen Referenzprodukt handelte es sich um ein handelsübliches Waschpulver mit einem spürbar stechenden Geruch.

Die fünf verschiedenen Proben wurden den Testpersonen in neutralen, undurchsichtigen und mit einem Code versehenen Gefäßen in zwei zeitlich getrennten Durchgängen zu Beginn und am Schluß der Befragung präsentiert. Zunächst erhielt jeder Proband die Aufgabe, jeden Duft danach zu beurteilen, wie er ihm allgemein gefällt. Als Meßinstrument kam eine fünfstufige, verbal verankerte Ratingskala zum Einsatz. Am Ende der Befragung sollten die Testpersonen angeben, wie gut der jeweilige Duft zu einem umweltschonenden Waschmittel paßt. Die Reihenfolge der Beurteilung der fünf Proben erfolgte in beiden Durchgängen zufallsgesteuert. Die Ergebnisse der beiden Riechtests sind in den Abbildungen 8-35 und 8-36 dargestellt.

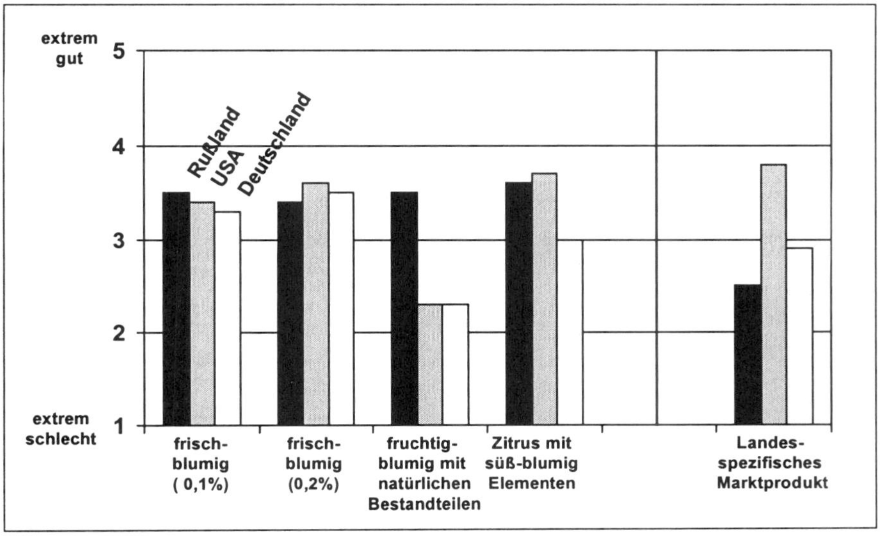

Abb. 8-35: Olfaktorische Gesamtakzeptanz für die fünf Düfte (Mittelwerte)

Grundsätzlich fällt auf, daß es keine gravierenden Unterschiede zwischen den Ergebnissen der beiden affektiven Tests gibt. Während die russischen Teilnehmer im Durchschnitt alle vier Duftkonzepte annähernd gleich gut beurteilen, offenbart sich eine deutliche Abneigung amerikanischer und deutscher Probanden gegenüber dem fruchtig-blumigen Duft aus rein natürlichen Bestandteilen. Die frisch-blumigen Noten kommen in allen drei Ländern gleichermaßen gut an, und zwar unabhängig von der gewählten Konzentration.

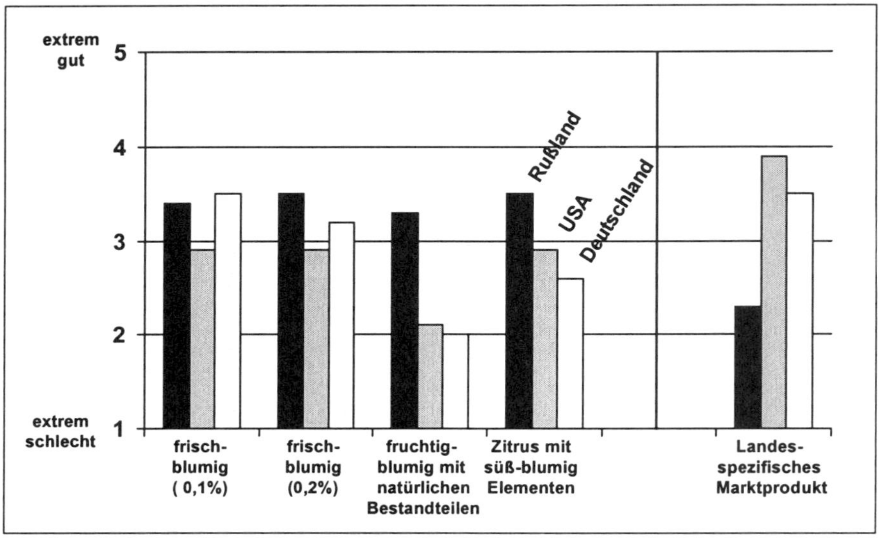

Abb. 8-36: Wahrgenommene Eignung der fünf Düfte für ein umweltschonendes Waschmittel (Mittelwerte)

Erwartungsgemäß wird der Duft des handelsüblichen russischen Waschmittels sowohl allgemein als auch speziell bezogen auf "Umweltschonung" schlecht beurteilt. Dagegen trifft das Marktprodukt aus den USA die Duftpräferenzen der amerikanischen Probanden anscheinend recht gut: es paßt besser zu einem umweltschonenden Waschmittel als jedes der vier neuen Konzepte.

8.4.5. Resümee

Es existieren länderspezifische Unterschiede in den Vorstellungen der Konsumenten, wie ein umweltschonendes Waschmittel riechen soll und über welche speziellen Eigenschaften bzw. Nutzendimensionen es verfügen muß. Die Unterschiede zwischen den russischen Daten einerseits und den amerikanischen bzw. deutschen Befunden andererseits lassen sich zweifellos dadurch erklären, daß ökologische Aspekte in der Öffentlichkeit und damit auch im Rahmen der Produktgestaltung, Werbung etc. unterschiedlich starke Berücksichtigung finden. Sowohl die ermittelten Duftvorstellungen als auch die Bewertung der konkreten Testdüfte deuten darauf hin, daß ein erfolgreiches umweltschonendes Waschmittel in allen drei Testländern eine frische, gegebenenfalls eine frisch-blumige Note aufweisen sollte.

8.5. Messung der Präferenzwirkung von Duftstoffen im Rahmen der erlebnisorientierten Produktgestaltung mittels Conjointanalyse

8.5.1. Erlebnisorientierte Produktgestaltung mit Duft

Mit zunehmendem Interesse wird in der Marketing-Literatur der Trend zum erlebnisorientierten Marketing aufgegriffen und zur Diskussion gestellt. "Erlebnismarketing" ist dabei nicht als "Modeerscheinung" oder als ein vorübergehender Trend anzusehen. Vielmehr bietet es den Anbietern Ansatzpunkte, um strategische Wettbewerbsvorteile zu erlangen, die wiederum eine elementare Voraussetzung für erfolgreiches Agieren auf gesättigten bzw. stagnierenden Märkten bilden. Der Trend zum erlebnisorientierten Marketing wird durch den sich seit einigen Jahren in der Gesellschaft vollziehenden Wertewandel weiter unterstützt. Ausdruck dieses Wertewandels ist ein zunehmend hedonistischer, d.h. lustbetonter Konsum, bei dem vor allem solche Produkte präferiert werden, die Genuß, Lebensfreude, Spaß etc. verkörpern können *(vgl. Kroeber-Riel/Weinberg, 1996; Weinberg, 1992)*.

Erlebnisorientierte Produktgestaltung beinhaltet sämtliche Möglichkeiten zur Gestaltung des emotionalen Potentials, d.h., der Erlebniswert des Produktes steht im Mittelpunkt *(vgl. Konert, 1986; Kroeber-Riel, 1989)*. Die unterschiedlichen Gestaltungsbereiche, die dem Anbieter zu diesem Zweck zur Verfügung stehen, können als Dimensionen der erlebnisorientierten Produktgestaltung bezeichnet werden *(vgl. ausführlich Schubert/Wolf, 1993)*. Diesen Dimensionen kommt in der erlebnisorientierten Produktgestaltung mit Duft je nach Eigenart des Produktes unterschiedliche Bedeutung zu (vgl. Abb. 8-37).

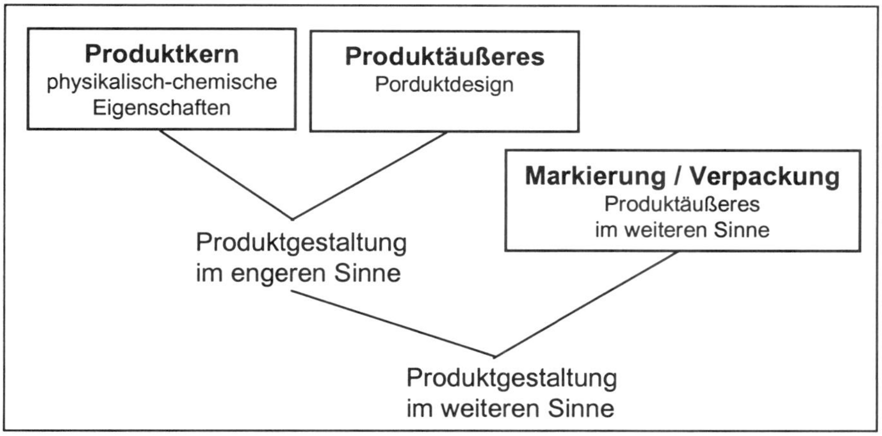

Abb. 8-37: Dimensionen der erlebnisorientierten Produktgestaltung

So gewinnt die erlebnisorientierte Gestaltung des **Produktkerns** tendenziell für all diejenigen Produkte an Bedeutung, deren äußere Gestalt wenig Ansatz für die Erlebnisorientierung bietet (sog. gestaltlose Güter). Als Beispiele wären hier bestimmte Lebensmittel (z.B. Kaffee), Produkte aus dem Körperpflegebereich (z.B. Cremes, Duschgels), Wasch- und Reinigungsmittel oder auch Parfüms zu nennen. In der Regel wird die Gestaltung des Produktkerns dazu genutzt, das durch Werbung oder das Produktäußere hervorgerufene Erlebnis zu unterstützen. Hier geht es also weniger um die Vermittlung eines starken verhaltenswirksamen Erlebnisses, vielmehr muß der Konsument das Erlebnis beim Ge- und Verbrauch des Produkts wiederfinden können. Diese Tatsache spielt z.B. beim Duft von Körperpflegemitteln eine wichtige Rolle: Ein Duschgel, das mit der Erlebniswelt „Wellness" verbunden wird, kann diesen emotionalen Nutzen insbesondere durch entsprechende Duftnoten vermitteln. Auf der anderen Seite bietet jedoch auch der Produktkern Gestaltungsmöglichkeiten, die dazu eingesetzt werden können, ein intensives Produkterlebnis beim Konsumenten hervorzurufen. Am deutlichsten wird dies bei der Kreation von Parfümnoten, bei denen der Erlebniswirkung des Duftes zentrale Bedeutung zukommt.

Das Produktäußere, welches hier als **Produktdesign** bezeichnet werden soll, spielt bei gestaltbaren Gütern im Rahmen der Umsetzung emotionaler Erlebniswerte eine zentrale Rolle. Mit den Gestaltungselementen Farbe und Form bieten sich für den Einsatz von Duft allerdings keine Gestaltungsmöglichkeiten. Die Produktgestaltung im weiteren Sinne umfaßt die Verpackung und Markierung. Als Gestaltungsmittel für den Einsatz von Duft kommt dabei vor allem die **Verpackungsgestaltung** in Frage. Bei einer Vielzahl verpackter Güter im Konsumgüterbereich ist sie Träger der emotionalen Botschaft. Als "stiller Verkäufer" muß sie den Kontakt zum Konsumenten knüpfen und emotionale Bindungen zum Produkt schaffen, indem sie Emotionen, Assoziationen und damit Erlebnisse beim Konsumenten hervorruft. Viele Produkte werden in den Augen der Konsumenten erst durch ihre Verpackung zur Persönlichkeit. Für eine Beduftung der Verpackung ist z.B. an Kaffeepackungen, Haushaltsreiniger oder an Körperpflegemittel zu denken.

Innerhalb der Dimensionen der erlebnisorientierten Produktgestaltung nimmt der Bereich der **Markierung** eine Sonderstellung ein. Produkte können mit Namen, Zeichen, Farbkombinationen etc. markiert werden. Die Markierung übernimmt dann in vielen Fällen eine Symbolfunktion, d.h., sie hat eine emotionale Gestalt. Die emotionale Wirkung einer Markierung muß jedoch vom Unternehmen über viele Jahre kontinuierlich aufgebaut werden. Hier spielt die Werbung die überragende Rolle, die mittels emotionaler Konditionierung der Markierung eine emotionale Bedeutung verleiht. Erst dann kann sie Emotionen beim Konsumenten hervorrufen, mit Assoziationen verbunden werden und auf diese Weise zum emotionalen Erleben des Konsumenten beitragen. Die Überlegungen zur Entwicklung eines „Corporate Smell“ (vgl. Kap. 4.5.) lassen sich auch auf die Entwicklung eines spezifischen „Brand Smell“ übertragen. So entwickeln beispielsweise spezialisierte Beratungsunternehmen markenspezifische Düfte, die in die gesamte Markenkommunikation integriert werden.

Zur Gestaltung des emotionalen Potentials eines Produkts stehen dem Unternehmen, wie bereits dargelegt, zahlreiche Gestaltungsmittel zur Verfügung. Von diesen Mitteln gehen Reize verschiedener Modalitäten (z.B. Farbe/Bilder = visuelle Modalität, Duft = olfaktorische Modalität) aus, die der Konsument mit seinen Sinnen wahrnimmt (vgl. Abb. 8-38). Zunächst ist die Wahrnehmung der einzelnen Komponenten relativ problemlos den jeweiligen Sinnesorganen zuzuordnen *(vgl. Schubert/Wolf, 1993, S. 130).*

Sinne / **Elemente**	Optik	Haptik	Akustik	Olfaktorik	Gustatorik
Farbe					
Form					
Stoff					
Oberfläche					
Temperatur					
Klang					
Geruch					
Geschmack					

unmittelbar wahrnehmbar

mittelbar wahrnehmbar

Abb. 8-38: Wahrnehmung von Gestaltungselementen

Da der Konsument Produkte ganzheitlich, d.h. mit allen Sinnen, wahrnimmt, ist es wichtig, das Zusammenwirken mehrerer Reizmodalitäten zu beachten. Wirkungsverluste im Hinblick auf das beim Konsumenten hervorzurufende Erlebnis kommen zum einen durch unzureichende Abstimmung der einzelnen emotionalen Reize aufeinander und zum anderen durch Vernachlässigung wesentlicher Modalitäten zustande.

Durch den gleichzeitigen Einsatz mehrerer Reizmodalitäten ist es möglich, das gleiche Erlebnis mehrfach und damit wirksamer zu vermitteln. Mehrere modalspezifische Einzel- oder Teilerlebnisse werden dann zu einem **multisensualen Gesamterlebnis** kombiniert. Ein emotionales Frischeerlebnis bei einem Duschgel kann z.B. durch das Zusammenwirken von Farbe (z.B. grün-gelb, blau), Bildern (z.B. Abbildungen von Wiese, Wasserfall), Duft, Worten (z.B. "aprilfrisch") etc. ausgelöst werden.

Damit ist das Wissen über die Wirkung einzelner Gestaltungselemente nur eine Voraussetzung für erfolgreiche Produktgestaltung im Sinne der Erlebnisorientierung. Darüberhinaus ist es jedoch von Bedeutung, die gegenseitige Beeinflussung der Elemente zu berücksichtigen, um sie auf diese Weise wirkungsvoll zur Vermittlung eines Gesamterlebnisses einzusetzen.

8.5.2. Conjointanalyse als Verfahren zur Überprüfung der Präferenzwirkung von Duft als erlebnisorientierte Produkteigenschaft

Unter dem Begriff der Conjointanalyse wird eine Reihe von multivariaten Untersuchungsansätzen zusammengefaßt, die auf unterschiedlichen Wegen versuchen, den Zusammenhang zwischen der Gesamtbeurteilung von Objekten und den sie definierenden Objektmerkmalen zu bestimmen. Damit ist die Conjointanalyse als ein Verfahren zur Messung psychologischer Werturteile einzustufen *(vgl. Schubert, 1991).* Heute stellt die Conjointanalyse ohne Zweifel diejenige Form der Präferenzanalyse dar, welche die höchste praktische Relevanz gefunden hat. Ihre hohe Akzeptanz zur Lösung von Marketingproblemen läßt sich darauf zurückführen, daß die Ergebnisse von Conjointanalysen direkt umsetzbare Informationen für die Gestaltung der Marketinginstrumente hervorbringen. Außerdem hat sich gezeigt, daß Conjointanalysen eine vergleichsweise hohe prognostische Validität bieten.

Das zentrale Ziel der Conjointanalyse für Zwecke der Konzeptkonkretisierung einer erlebnisorientierten Produktgestaltung besteht darin, die Bedeutung einzelner Produkteigenschaften für das Zustandekommen eines (emotionalen) Gesamteindrucks zu ermitteln. Auf diese Weise sollen die Präferenzen der Konsumenten für alternative Produktkonzepte erklärt, beeinflußt und vorhergesagt werden. In dem vorliegenden Beitrag wird die Conjointanalyse anwendungsorientiert dargestellt und am praktischen Beispiel eines Konzepttests für einen erlebnisorienten Schulfüller veranschaulicht. Auf methodische Details der Conjointanalyse soll hier nicht eingegangen werden *(vgl. hierzu z.B. Schubert, 1995, S. 376ff.)*.

8.5.2.1. Zielsetzung und Aufbau der Untersuchung

Im folgenden soll der Einsatz der Conjointanalyse als Konzepttestmethode im Rahmen einer erlebnisorientierten Produktgestaltung dargestellt und anhand eines Beispiels veranschaulicht werden. Ausgangspunkt dafür ist die Konzeptkonkretisierung für einen erlebnisbetonten Jugendfüller, bei dem das Erlebniswertkonzept "Sportlichkeit" für die Zielgruppe der 12- bis 14-jährigen Schüler in geeignete Gestaltungsmittel transformiert werden soll *(vgl. ausführlich Knobloch, 1990)*. Die Untersuchung zielte auf die Beantwortung folgender Untersuchungsfragen ab:

- Welche Bedeutung haben einzelne Gestaltungsmittel – und dabei insbesondere der Duft - eines erlebnisorientierten Füllerkonzeptes auf den Gesamteindruck (Gefallen)?
- Welche Füllerkonzepte erlangen die höchste Präferenz?
- Gibt es segmentspezifische Unterschiede bei der Beurteilung der Füllerkonzepte?

Befragt wurden insgesamt 120 Schüler aus Hamburg, die regelmäßig mit einem Füller schreiben. Die Auswahl der Befragten erfolgte mittels einer Quotenauswahl, wobei die Quotierung nach Alter und Geschlecht erfolgte.

Im Rahmen der Untersuchung wurden zur Auswahl der Produkteigenschaften und deren Ausprägungen umfassende qualitative Vorstudien bei der Zielgruppe durchgeführt. Als Gestaltungsmittel für das Erlebniswertkonzept "Sportlichkeit" kristallisierten sich schließlich die in der Abbildung 8-39 dargestellten Produkteigenschaften und Ausprägungen heraus, wobei die Produktform und der Produktname vorab festgelegt waren.

Merkmale	Ausprägungen			
	1	**2**	**3**	**4**
Motiv	Baseball	Taucher	Ballett	Schwimmer
Clip	Schwarz	Gold	---	---
Feder	Edelstahl	Gold	---	---
Duft	unbeduftet	beduftet	---	---

Abb. 8-39: Merkmale und Ausprägungen für erlebnisorientierte Füllerkonzepte

Die neuen "Erlebnisfüller" sollten mit dem Bild einer Sportart verziert werden. Das **Bildmotiv** wurde als Erlebniswelt bezeichnet, wodurch Assoziationen bei den Schülern mit ihren möglichen Interessenbereichen geweckt werden sollen. Dieses Merkmal ist das "Augenscheinlichste", von dem die größten Einflüsse auf den gefühlsmäßigen Gesamteindruck vermutet wurden.

Der **Clip** - er dient zur Fixierung des Füllers an Kleidungsstücken bzw. zur Verzierung des Füllers - und die **Feder** sind ebenfalls "äußere" Eigenschaften eines Füllers, die in ihrer Gestaltung zum Gesamtkonzept "passen" müssen.

Zum Zweck einer erlebnisorientierten Produktgestaltung ist der **Duft** ein besonders interessantes Gestaltungsmittel, da von ihm in erster Linie die emotionale Bewertung von Produkten vermutet werden kann. Mit der Wahl einer "sportlichen Duftnote" sollte mit dem Duft vor allem auch das Erlebniswertkonzept "Sportlichkeit" kommuniziert werden. Im conjointanalytischen Befragungsteil wurden die Testpersonen mit den einzelnen Untersuchungsmerkmalen vertraut gemacht, d.h., auch der Duft sollte "bewußt" erlebt werden und die Urteilsbildung beeinflussen.

Bei der Planung des Erhebungsdesigns von Conjointanalysen sind Entscheidungen zu treffen, die sich auf die Konstruktion, die Anzahl und die Präsentation der Produktkonzepte beziehen. Diese Entscheidungen basieren auf dem jeweils zugrundegelegten Präferenzmodell *(vgl. Schubert, 1991)*. Die Wahl des adäquaten Präferenzmodells ergibt sich aus der Analyse der untersuchungsrelevanten Merkmale, indem die Beziehungen der Merkmale zum Beurteilungskriterium – in der Regel die Gesamtpräferenz – genauer betrachtet werden. Dabei geht es zunächst um die Festlegung des merkmalsspezifischen Funktionstyps, d.h. um die Frage, in welcher Form die einzelnen Merkmalsausprägungen den Verlauf der abhängigen Variablen - z.B. die Gesamtpräferenz - beeinflussen. In den meisten Fällen läßt sich der Funktionsverlauf aus der Art der Merkmale logisch ableiten.

Die Auswahl des additiven Teilpräferenzwertmodells erfolgte aufgrund der Analyse der Konzeptmerkmale. Diese weisen alle ein nominales Meßniveau auf und können somit weder in Form des Vektormodells noch in der Form eines Idealpunktmodells ihre Präferenzwirkung auf die Gesamtpräferenz entfalten. Vielmehr ist von der realistischen Vorstellung auszugehen, daß für jede Merkmalsausprägung individuell unterschiedliche Präferenzwerte denkbar sind und somit das Teilpräferenzwertmodell eine adäquate Schätzung der Parameter erlaubt.

Die Additivitätsbedingung kann sowohl aufgrund sachlogischer Überlegungen als auch aufgrund entsprechender Vorstudien, in denen zwischen den Merkmalen nur sehr geringe Interaktionsbeziehungen nachgewiesen wurden, als erfüllt gelten. Nachdem das Präferenzmodell spezifiziert ist, kann das Erhebungsdesign konkretisiert werden. Der Ausgangspunkt dafür ist die Entscheidung für einen conjointanalytischen Untersuchungsansatz, da hiermit die weitere Vorgehensweise bei der Stimulikonstruktion und

Datenerhebung determiniert wird. Als conjointanalytischer Untersuchungsansatz wurde die "klassische" Form des Profilansatzes gewählt. Bei diesem Ansatz erfolgt die Konstruktion der Stimuli ganzheitlich, gemäß der Vorgaben eines experimentellen Designs.

In dem hier betrachten Beispiel handelt es sich um ein 4x2x2x2-Design, das nach Kombination sämtlicher Merkmalsausprägungen (vollständiges faktorielles Design) zu insgesamt 32 Konzeptalternativen führt. Durch die Anwendung eines asymmetrischen unvollständigen Versuchsplans, der die Schätzung aller Haupteffekte ermöglicht, wurden aus den 32 möglichen Konzeptalternativen 8 Konzepte ausgewählt. Die Struktur des unvollständigen faktoriellen Designs läßt erkennen, daß die Kombination der Merkmalsausprägungen "ausbalanciert" ist (vgl. Abb. 8-40).

Konzept-Nr.	Motiv	Clip-Farbe	Feder	Duft
1	Baseball	schwarz	Edelstahl	beduftet
2	Baseball	gold	Gold	unbeduftet
3	Ballett	schwarz	Edelstahl	unbeduftet
4	Ballett	gold	Gold	beduftet
5	Schwimmer	schwarz	Gold	beduftet
6	Schwimmer	gold	Edelstahl	unbeduftet
7	Taucher	schwarz	Gold	unbeduftet
8	Taucher	gold	Edelstahl	beduftet

Abb. 8-40: Unvollständiges faktorielles Design der Untersuchung

Den befragten Kindern wurden reale Testobjekte zur Beurteilung vorgelegt. Gemäß der Zielsetzung dieser Conjointanalyse war es erforderlich, mit realistischen Stimuli eine möglichst gefühlsmäßige Beurteilung der Testobjekte zu erreichen. Ein weiterer Grund für die Wahl dieser Präsentationsform ist in der Produktart "Füller“ und den relevanten Eigenschaften zu sehen, da die Konstruktion der Stimuli gemäß des experimentellen Designs sich in diesem Fall als relativ problemlos darstellte. Auch die Beduftung der Füller konnte ohne Schwierigkeiten realisiert werden. Dafür wurden kleine, mit dem Duftstoff versehene Papierstreifen in den Clip geklemmt, die den Duft auf diese Weise in angemessener Intensität ausströmen konnten.

Die Beurteilungsaufgabe des conjointanalytischen Befragungsteils wurde den befragten Kindern durch folgende Beschreibung des Beurteilungsszenarios vorgestellt: "Ich habe hier acht verschiedene Füller, die sich durch verschiedene Dinge, wie z.B. das Motiv, den Clip und die Feder unterscheiden. Dazu gehört auch der Duft bei dem einen oder anderen Füller. Siehe Dir die einzelnen Füller in Ruhe an, damit Du die Unterschiede auch gut kennenlernst! Jetzt lege die Füller in eine Reihenfolge, wie Du sie gern besitzen möchtest! Welchen Füller möchtest Du am liebsten haben? Wenn dieser Füller nun im Geschäft nicht vorrätig wäre, welchen würdest Du dann auswählen? Und wenn dieser nicht da wäre, welchen dann? Bilde einfach einmal eine Reihenfolge!“

8.5.2.2. Ergebnisse der Untersuchung

Die aggregierten Parameter der Gesamtstichprobe wurden über einfache Durchschnittsbildung der individuellen Teilpräferenzwerte gewonnen. Die Teilpräferenzwerte besitzen metrisches Niveau und sind direkt miteinander vergleichbar. Jeder Wert kann als Bedeutungsgewicht der entsprechenden Merkmalsausprägung interpretiert werden, d.h., er drückt den Einfluß für das Zustandekommen der Gesamtpräferenz aus. Die aggregierten Daten in der Abb. 8-41 zeigen beispielsweise, daß die Befragten das Tauchermotiv und das Ballettmotiv bevorzugen, während sie die Motive „Baseball“ und „Schwimmer“ ablehnen. Außerdem werden beduftete Füller den unbedufteten Varianten eindeutig vorgezogen. Das Füllerkonzept mit dem höchsten Gesamtnutzen, der "Testsieger", ist demnach ein bedufteter Füller mit dem Ballettmotiv, einem goldenen Clip und einer goldenen Feder.

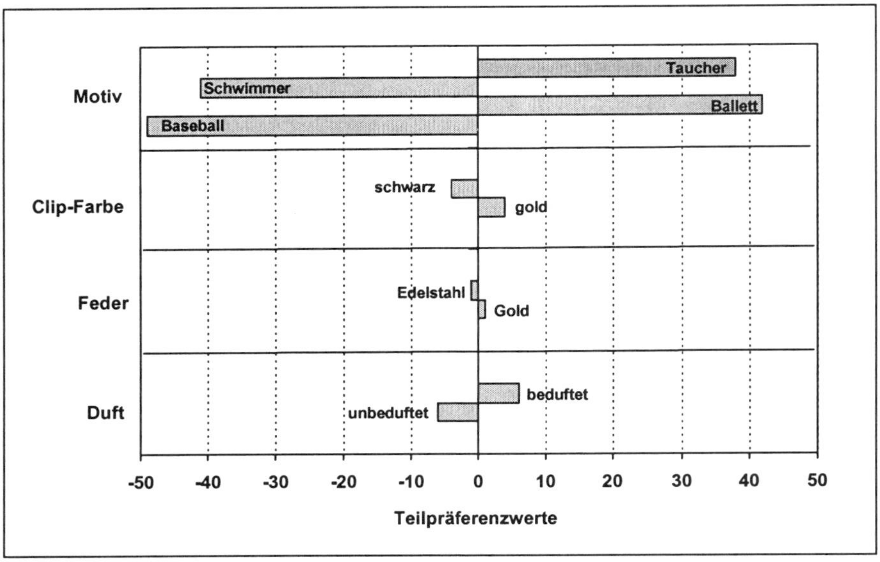

Abb. 8-41: Teilpräferenzwerte für die einzelnen Merkmalsausprägungen bei aggregierter Betrachtung

Zur Ermittlung der Wichtigkeit der einzelnen Merkmale für die Bildung der individuellen Präferenzrangfolgen wird die Streuung der Teilpräferenzwerte herangezogen. Durch die Bildung der Differenz zwischen dem höchsten und dem niedrigsten Teilpräferenzwert eines jeden Merkmals ermittelt man die Spannweite als deskriptives Streuungsmaß. Die relative Wichtigkeit eines Konzeptmerkmals ergibt sich dann aus dem Anteil der Spannweite eines Merkmals an der Summe der Spannweiten aller Merkmale. Die Abbildung 4-42 veranschaulicht, daß das Motiv - wie erwartet - mit 74 Prozent den größten Einfluß auf das Gesamturteil ausübt, der Clip und das Merkmal Duft haben einen Anteil von 11 bzw. 14 Prozent. Die Farbe der Feder spielt mit einem Prozent nahezu keine Rolle.

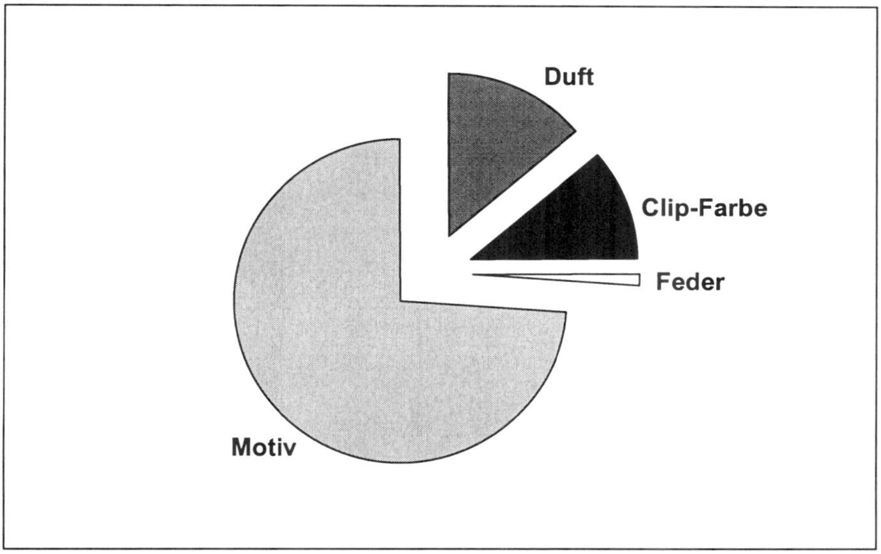

Abb. 8-42: Wichtigkeit der einzelnen Merkmale für die Gesamtpräferenz bei aggregierter Betrachtung

Die differenzierte Auswertung der Ergebnisse nach dem Merkmal "Geschlecht" führte bezüglich einzelner Merkmalsausprägungen zu unterschiedlichen Ergebnissen, obwohl die Bedeutung der Füllermerkmale für den Gesamteindruck in etwa den Ergebnissen der aggregierten Analyse entspricht. Bezüglich des Motivs unterscheiden sich beide Gruppen dadurch, daß die Mädchen das Baseballmotiv noch stärker ablehnen als die Jungen, wohingegen das Ballettmotiv besonders beliebt ist. Bei den Jungen fällt auf, daß das Schwimmermotiv stark abgelehnt wird. Bei den Ausprägungen der insgesamt unbedeutenden Merkmale Clip-Farbe und Feder gibt es zwischen Jungen und Mädchen keine Präferenzunterschiede.

Das Merkmal Duft läßt Beurteilungsunterschiede zwischen Jungen und Mädchen hervortreten. Bei den Mädchen spielt dieses Merkmal zur Beurteilung eine etwas größere Rolle als bei den Jungen. Während die Mädchen einen bedufteten Füller vorziehen, präferieren die Jungen hingegen im Durchschnitt einen unbedufteten Füller.

Auf Basis der individuellen Teilpräferenzwerte wurde eine Clusteranalyse nach dem Verfahren von Ward durchgeführt mit dem Ziel, homogene **Präferenzsegmente** zu identifizieren. Es wurde eine 7-Cluster-Lösung gewählt, da bei weniger Klassen der Fehler, gemessen als Summe der Streuung innerhalb aller Gruppen, sprunghaft ansteigt. Im weiteren werden aber nur die vier hinsichtlich der Segmentgröße bedeutendsten Segmente näher charakterisiert.

Zunächst kann festgestellt werden, daß kein Segment existiert, welches mit der Struktur in der Gesamtstichprobe identisch ist. Ein für die Gesamtpräferenz der Stichprobe konzipierter "Erlebnisfüller" entspricht also nicht den Vorstellungen der einzelnen Segmente. Das beweist die Notwendigkeit einer segmentspezifischen Datenanalyse. Im folgenden werden die vier wichtigsten Segmente näher charakterisiert.

Segment 1 (25,2%): Die Gesamtbeurteilung der getesteten Füllfederhalter hängt bei diesem Segment in erster Linie vom Motiv ab, wobei eindeutig ein Taucher oder auch ein Schwimmer präferiert wird. Das Ballettmotiv wird als nicht sehr interessant, das Baseballmotiv als absolut unakzeptabel eingestuft. Die anderen Füllereigenschaften haben eine relativ geringe Bedeutung. Eine leichte Präferenz besteht in diesem Segment für einen bedufteten Füller mit goldfarbenem Clip und einer goldfarbenen Feder. In diesem Segment sind in der Mehrzahl Mädchen (61,3%).

Segment 2 (21,1%): Charakteristisch für dieses Segment ist, daß ein beduftetem Füller stark abgelehnt wird. Das Merkmal „Duft“ ist für die Präferenzbildung am wichtigsten. Das Motiv beeinflußt das Gesamturteil erst an zweiter Stelle. Bevorzugt wird dabei das Tauchermotiv. Der Schwimmer wird von dieser Gruppe eher abgelehnt. Während auch in diesem Segment die Farbe der Feder so gut wie keine Bedeutung hat, achten die Befragten doch auf den

Clip. Er sollte schwarz sein. In diesem Segment sind überwiegend Jungen und insgesamt wenig 13-jährige vertreten.

Segment 3 (22,8%): Für dieses Segment erweist sich die Beduftung des Füllers als stark präferenzfördernd. Clip und Feder haben weitestgehend keine Bedeutung. Bei dem Motiv sollte vermieden werden, einen Schwimmer auszuwählen, denn die Präferenzen für die anderen Motive sind wesentlich höher. Ideal wäre hier ein Taucher. In diesem Segment sind eher Mädchen (ca. 61%) als Jungen und eher jüngere Testpersonen. Auffällig ist ein etwas höherer Anteil an Realschülern im Gegensatz zu den Gymnasiasten.

Segment 4 (17,1%): In diesem Segment bestimmt fast ausschließlich das Motiv den Gesamteindruck der getesteten Füllerkonzepte. Am besten schneidet dabei das Ballettmotiv ab. Außerdem ist es die einzige Gruppe, bei der auch das Baseballmotiv positiv bewertet wird. Außer dem Clip, der in der Farbe „gold" leicht präferiert wird, spielen die anderen Eigenschaften so gut wie keine Rolle. In diesem Segment ist der Anteil der 14jährigen Kinder überdurchschnittlich hoch.

Bei den "Restsegmenten" ist entweder der Clip oder die Feder für die Präferenz maßgebend, was auf keines der großen Segmente zutrifft. Die Abbildungen 8-43 und 8-44 zeigen abschließend die unterschiedlichen Teilpräferenzwerte der vier Segmente sowie die segmentspezifischen Wichtigkeiten der Merkmale für die Gesamtpräferenz.

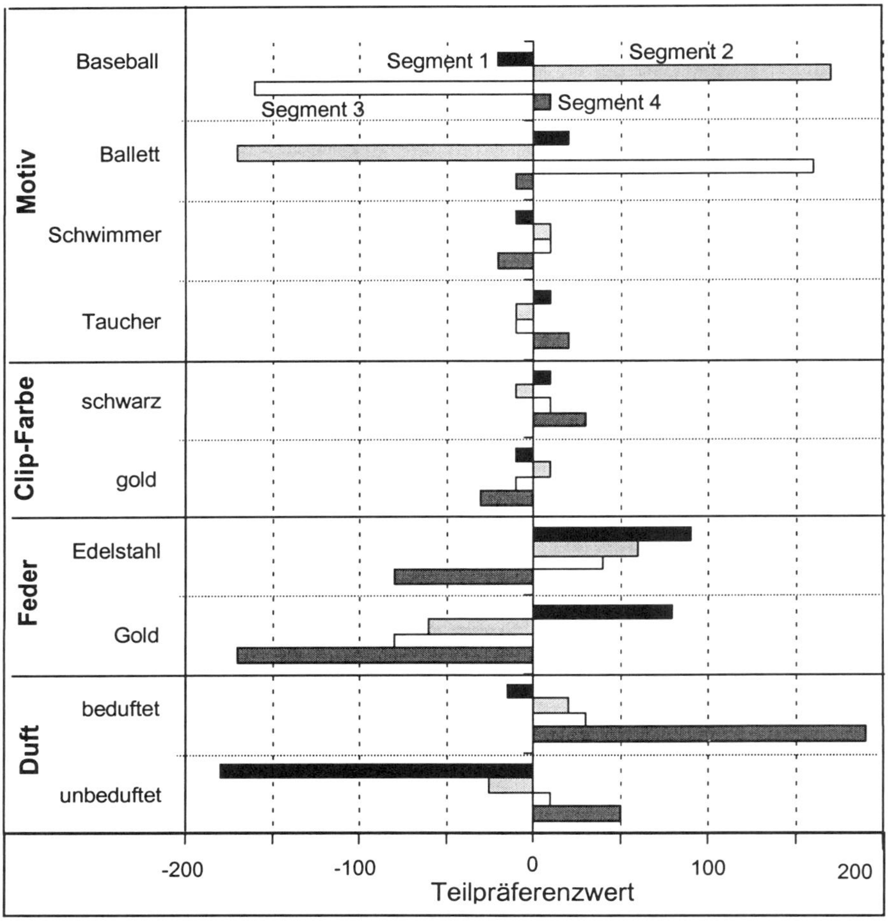

Abb. 8-43: Segmentspezifische Teilpräferenzwerte für die einzelnen Merkmalsausprägungen

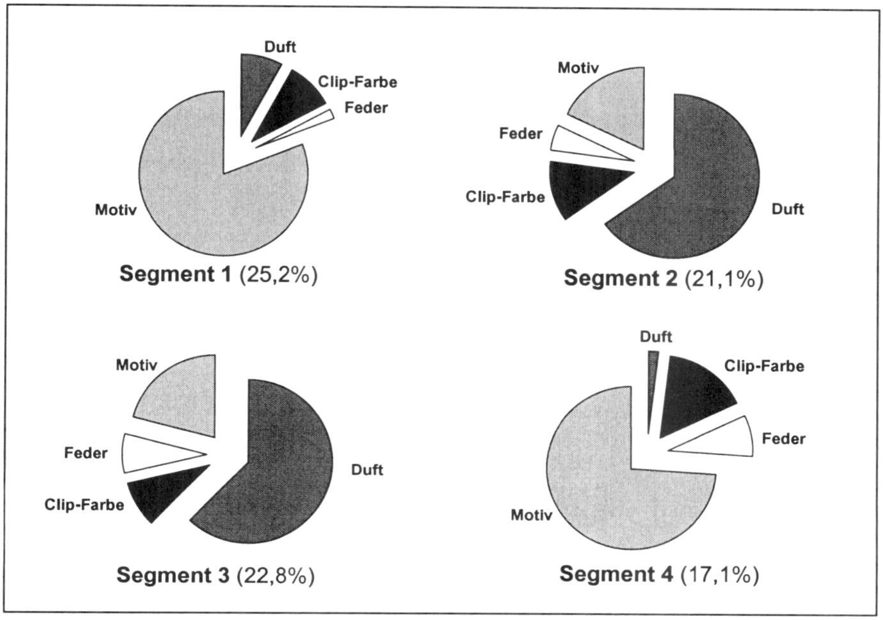

Abb. 8-44: Segmentspezifische Wichtigkit der einzelnen Merkmale für die Gesamtpräferenz

8.5.3. Resümee

Mittels der dargestellten Untersuchung konnte gezeigt werden, daß sich die Präferenzwirkungen erlebnisbetonter Produkteigenschaften mit Hilfe der Conjointanalyse segmentspezifisch ermitteln lassen. Dabei wurde deutlich, daß der Duft eine Produkteigenschaft ist, die sehr stark polarisiert. Die eigentlichen "Produkterlebnisse", d.h. die vom Konsumenten gefühlsmäßig wahrgenommenen Assoziationen, können durch einen (quantitativen) Konzepttest mittels Conjointanalyse allerdings kaum festgestellt werden. Hier besteht für die Zukunft neuer Forschungs- und Untersuchungsbedarf, den es durch die psychologische Marktforschung zu decken gilt.

Literaturverzeichnis

Aaker, D.A./Joachimsthaler, E. (2001): Brand Leadership: Die Strategie für Siegermarken, München.

Ackermann, C. (1997): Konzepte der Ladengestaltung - Beitrag zur Profilierung und Rationalisierung im Einzelhandel, Lohmar-Köln.

Adlwarth, W./Wimmer, F. (1986): Umweltbewußtsein und Kaufverhalten – Erlebnisse einer Verbraucherpanel-Studie; in: Jahrbuch der Absatz- und Verbrauchsforschung, Nr. 2, S. 167-179.

Aggleton, J.P./Waskett, L. (1999): The ability of odours to serve as state-dependent cues for real-world memories: Can Viking smells aid the recall of Viking experiences?; in: British Journal of Psychology, Vol. 90, S. 1-7.

Albrecht, H. (2001): Attacke auf die Nase; in: Die Zeit online, Nr. 31, vom 26.7.2001, www.zeit.de/2001/31/Wissen/200131_stinkbombe.html.

Alex, R. (1994): „Einfach Dufte"; in: auto – motor – sport, Nr. 2, S. 140-143.

Algom, D./Cain, W.S. (1991): Remembered odors and mental mixtures: Tapping reservoirs of olfactory knowledge; in: Journal of Experimental Psychology: Human perception and performance, Vol. 17, No. 1, S. 1104-1119.

Amerine, M.A./Pangborn, R.M./Roessler, E.B. (1965): Principles of sensory evaluation of food, NewYork: Academic Press.

Amoore, J.E. (1977): Specific anosmia and the concept of primary odors; in: Chemical Senses and Flavor, Vol. 2, S. 267-281.

Anderson, R.E. (1973): Consumer dissatisfaction: The effect of disconfirmed expectancy on perceived product performance; in: Journal of Marketing Research, Vol. 10, S. 38-44.

Anderson, J.R. (1988): Kognitive Psychologie. Eine Einführung, Heidelberg.

Argelander, A. (1927): Das Farbhören und der synästhetische Faktor der Wahrnehmung, Jena.

Bain, H. (1994): Warum Menschen Parfüm verwenden; in: *Jellinek, J.S. (Hrsg.):* Die psychologischen Grundlagen der Parfümerie, 4. Auflage, Heidelberg, S. 227-234.

Barg, C.-D. (1977): Messung der Wirkung der psychischen Aktivierung durch die Werbung, Diss. Saarbrücken.

Baron, R.A. (1990): Environmentally-induced positive affect: Its impact on self-efficacy, task performance, negotiation and conflict; in: Journal of Applied Social Psychology, Band 20, S. 369-394.

Barton-von Keitz, B. (1981): Die Wahrnehmungsforschung für die Werbung; in: Tietz, B.: Die Werbung. Handbuch der Kommunikations- und Werbewirtschaft, Band 1, Landsberg.

Basker, D. (1988): Critical values of differences among rank sums for multiple comparisons; in: Food Technology, Vol. 42, S. 79-84.

Basset, F. (2002): Home Fragrances: Strong develomment potential; in: Parfums Cosmétiques Actualités, Nr. 164, S. 47-57.

Batic, N./Gabassi, P.G. (1987): Visual dominance in olfactory memory; in: Perceptual and Motor Skills, Vol. 65, No. 1, S. 88-90.

Baumgarth, C. (2001): Markenpolitik: Markenwirkungen - Markenführung – Markenforschung, Wiesbaden.

Bayly, R. (2001): Kaufrausch. Teil 2: Die Tricks der Verkäufer, BBC Exklusiv-Reportage.

Berekoven, L. (1985): Internationales Marketing, 2. Auflage, Herne-Berlin.

Berekoven, L. (1990): Erfolgreiches Einzelhandelsmarketing - Grundlagen und Entscheidungshilfen, München.

Birbaumer, N./Schmidt, R.F. (1989): Biologische Psychologie, Berlin etc.

Bless, H. (1989): Stimmung und Persuasion: Experimentelle Untersuchungen im Rahmen des „Elaboration Likelihood Modells“, Diss. Heidelberg.

Blomberg, A.S. (1990): Die Welt der Düfte, München.

Böcker, F. (1986): Präferenzforschung als Mittel marktorientierter Unternehmensführung; in: Zeitschrift für Betriebswirtschaft, 38. Jg., S. 543-574.

Boessneck, B. (1984): Werbung kompetent beurteilen, Landsberg am Lech.

Bohner, G. (1990): Einflüsse der Stimmung auf die kognitive Verarbeitung persuasiver Botschaften und auf nachfolgendes Verhalten, Diss. Heidelberg.

Bost, E. (1986): Die Wirkung der Ladenatmosphäre auf das Konsumentenverhalten am Einkaufsort, Diss. Saarbrücken.

BPatG (1999): Bundespatentgericht: Jahresbericht 1999, München.

BPatG (2000): Bundespatentgericht: Jahresbericht 2000, München.

Brickenkamp, R. (1975): Test d2. Aufmerksamkeits-Belastungs-Test, 5. erweiterte Auflage, Göttingen.

Bridges, B. (1999): Synthetic compounds now make up more than 80-90% of the materials used in fragrances; in: www.flipside.org/vol2/oct99/99oc13a.htm, 13.10.1999.

Bruhn, M. (2001): Begriffsabgrenzungen und Erscheinungsformen von Marken; in: M. Bruhn (Hrsg.): Die Marke: Symbolkraft eines Zeichensystems, Bern, S. 13-53.

Buck, L./Axel, R. (1991): A novel multigene family may encode odorant receptors: A molecular basis for odor recognition; in: Cell, Vol. 65, S. 175-187.

Burdach, J.K. (1988): Geschmack und Geruch: Gustatorische, olfaktorische und trigeminale Wahrnehmung, Bern-Stuttgart-Toronto.

Busse, E. (1982): Die Rolle des Parfüms im Produktkonzept, 1. Holzmindener Duftseminar, Haarmann & Reimer GmbH, Holzminden.

Cain, W.S. (1977): Differential sensitivity for smell: „noise“ at the nose; in: Science, Vol. 195, S. 796-798.

Cain, W.S. (1979): To know with the nose: Keys to odor identification; in: Science, Vol. 203, S. 467-470.

Calkin, R.R./Jellinek, J.S. (1994): Perfumery: Practice and principles, New York u.a.

Cardello, A.V. (1994): Consumer expectations and their role in food acceptance; in: *MacFie, H.J.H./Thomson, D.M.H. (eds.):* Measurement of food preferences, London u.a.: Blackie Aacademic & Professional, S. 253-297.

Cardello, A.V./Sawyer, F.M. (1992): Effects of disconfirmed consumer expectations on food acceptability; in: Journal of Sensory Studies, Vol. 7, S. 253-277.

Cardozo, R.N. (1965): An experimental study of consumer effort, expectation and satisfaction; in: Journal of Marketing Research, Vol. 2, S. 244-249.

Cioffi, D. (1992): Sensory awareness versus sensory impression: Affect and attention interact to produce somatic meaning; in: *Christianson, S.-A. (eds.)*: The Handbook Of Emotion and Memory, Hillsdale, S. 275-294.

Clare, C. (1989): Duftpräferenzen in Italien; in: dragoco report, Heft 6, S. 174-175.

Corbin, A. (1984): Pesthauch und Blütenduft: Eine Geschichte des Geruchs, Berlin.

Deliza, R./MacFie, H.J.H. (1996): The generation of sensory expectation by external cues and its effect on sensory perception and hedonic ratings; in: Journal of Sensory Studies, Vol. 11, S. 103-128.

Dietz, D. (1995): Neue Ordnung im Spielregal - Toys will Kunden mit mehr Atmosphäre und Übersichtlicherer Gestaltung locken; in: Lebensmittelzeitung vom 11.8.1995, S. 31-32.

Disdet, C. (1993): Die Feinparfümerie international betrachtet; in: dragoco report, Heft 2, S. 45-55.

Doherty, B. (2001): Digiscents puts up new smell: rot; in: San Francisco Business Times, sanfrancisco.bizjournals.com/sanfrancisco/stories/ 2001/04/09/daily43.html, 12.4.2001.

Dollase, R. (1994): Motivation der Parfümwahl; in: *Jellinek, J.S. (Hrsg.):* Die psychologischen Grundlagen der Parfümerie, 4. Auflage, Heidelberg, S. 214-226.

Doty, R.L. (1991): Olfactory system; in: *Getchell, T.V./Doty, R.L./Bartoshuk, L.M./Snow, J.B. (eds.):* Smell and taste in health and disease, New York, S. 175-203.

Dudel, J. (1985): Allgemeine Sinnesphysiologie, Psychophysik; in: *Schmidt, R.F. (Hrsg.):* Grundriß der Sinnesphysiologie, 5. Auflage, Berlin-Heidelberg.

Dülfer, E. (1991): Internationales Management in unterschiedlichen Kulturbereichen, München-Wien.

Ehrlichman, H./Bastone, L. (1992): The use of odour in the study of emotion; in: *Van Toller, S./ Dodd, G.H. (eds.):* Fragrance: The psychology and biology of perfume, London, S. 143-159.

Engen, T. (1972): The effect of expectation on judgements of odor; in: Acta Psychologica, Vol. 36, S. 450-458.

Engen, T. (1988): The acquisition of odour hedonics; in: *Van Toller, S./ Dodd, G.H. (eds.):* Perfumery. The psychology and biology of fragrance, London - New York, S. 79-90.

Engen, T. (1991): Odor sensation and memory, New York – Westport – London.

Engen, T./Pfaffmann, C. (1960): Absolute judgements of odor quality; in: Journal of Experimental Psychology, Vol. 59, S. 214-219.

Esch, F.-R. (2000). Markenwertmessung; in: *Hermann, A./Homburg, C. (Hrsg.)*: Marktforschung: Methoden, Anwendungen, Praxisbeispiele, Wiesbaden, S. 979-1023.

Esch, F.-R./Wicke, A. (2000): Herausforderungen und Aufgaben des Markenmanagements; in: *Esch, F.-R. (Hrsg.):* Moderne Markenführung, Wiesbaden, S. 3-55.

Eyfferth, K. (1966): Die chemischen Sinne des Menschen; in: *Gottschaldt, K./Lersch, Ph./Sander, F./ Thomae, H. (Hrsg.):* Allgemeine Psychologie, I. Der Aufbau des Erkennens, 1. Halbband: Wahrnehmung und Bewußtsein, S. 250-277.

Fanger, P.O. (1988): Olf und decipol: Die neuen Meßeinheiten für empfundene Luftverschmutzung; in: Gesundheits-Ingenieur: Haushaltstechnik – Bauphysik – Umwelttechnik, Nr. 109, Heft 5, S. 216-219.

Festinger, L. (1957): A theory of cognitive dissonance, New York.

Fezer, K.-H. (1999a): Olfaktorische, gustatorische und haptische Marken: Marken-Orchideen als innovative Wirtschaftsgüter; in: Wettbewerb in Recht und Praxis, Jg. 45, Nr. 6, S. 575-579.

Fezer, K.H. (1999b): Markenrecht, 2. Auflage, München.

Fliedner, I./Wilhelmi, F. (1989): Grundlagen und Prüfverfahren der Lebensmittelsensorik, Hamburg.

Fricker, A. (1984): Lebensmittel – mit allen Sinnen prüfen, Berlin – Heidelberg – New York.

Frieling, H. (1980): Farbe hilft verkaufen, 3. Auflage, Göttingen – Zürich.

Frijters, J.E.R. (1980): Three-stimulus procedures in olfactory psychophysics: An experimental comparison of Thurstone-Ura and three-alternative forced-choice models of signal detection theory; in: Perception and Psychophysics, Vol. 28, S. 390-397.

Galvez, F.C.R./Resurreccion, A.V.A. (1990): Comparison of three descriptive analysis scaling methods for the sensory evaluation of noodles; in: Journal of Sensory Studies, Vol. 5, S. 251-263.

Gibbons, B. (1986): The intimate sense of smell; in: National Geographic, Vol. 170, Nr. 3, S. 360.

Goldstein, E.B. (1997): Wahrnehmungspsychologie. Eine Einführung, Heidelberg u.a.

Green, A. (1988): Fragrance education and the psychology of smell; in: *Van Toller, S./Dodd, G.H. (eds.):* Perfumery. The psychology and biology of fragrance, London – New York, S. 227.233.

Greenberg, M.S. (1992): Olfactory Hallucinations; in: *Serby, M.J./Chobor, K.L. (eds.):* Science of Olfaction, New York, S. 467-499.

Gröppel, A. (1991): Erlebnisstrategien im Einzelhandel, Heidelberg.

Gröppel, A. (1995): Profilierungsstrategien im Buchhandel; in: *Kind, H. (Hrsg.):* Buchmarketing - Wandel im Handel, Düsseldorf-München, S. 59-80.

Hanisch, E. (1982): Die beruhigende Wirkung von Düften und assoziierten Erinnerungen; in: drom report: Die Nase (Teil 2), Baierbrunn, S. 11-18.

Hanisch, E./Schwarz, D./Steiner, W. (1978): Der Einfluß erogener Duftstoffe auf die visuelle Wahrnehmung erotischer Reize; in: Journal of the Society of Cosmetic Chemists, Vol. 29, S. 545-558.

Hansen, U. (1990): Absatz- und Beschaffungsmarketing des Einzelhandels, 2. Aufl., Göttingen.

Hansen, U. (1995): Ethik und Marketing; in: *Tietz, B. (Hrsg.):* Handwörterbuch des Marketing, 2. Auflage, Stuttgart, Sp. 615-628.

Hatt, H. (1990): Physiologie des Riechens und Schmeckens; in: *Mealicke, A. (Hrsg.):* Vom Reiz der Sinne, Weinheim u.a., S. 93-126.

Herz, R. (1998): Are odors the best cues in memory?; in: Annals of the New York Academy of Sciences, Vol. 855, Part XVI, S. 670-674.

Hirsch, A.R. (1993): Effect of an ambient odor on slot-machine usage in a Las Vegas casino; in: Chemical Senses, Band 18, Nr. 5, S. 578.

Homa, D./Cultice, J. (1984): Role of feedback, category size, and stimulus distortion on the acquisition and utilization of ill-defined categories; in: Journal of Experimental Psychology, Vol. 10, S. 83-94.

Hovland, C.I./Harvey, O.J./Sherif, M. (1957): Assimilation and contrast effects in reactions to communication and attitude change; in: Journal of Abnormal and Social Psychology, Vol. 55, S. 244-252.

Huth, R./Pflaum, D. (1996): Einführung in die Werbelehre, 6. Auflage, Stuttgart u.a.

Huber, B. (1995): Produktangaben gemäß 6. Änderungs-Richtlinie für kosmetische Mittel: Aktuelle Rechtsgrundlagen; in: Parfümerie und Kosmetik, 76. Jg., Nr. 2, S. 100-102.

International Fragrance Association (Hrsg.) (1983): Internationale Aktivitäten der Riechstoffindustrie; in: Verfahrenskodex, Genf.

International Fragrance Institution (Hrsg.) (1984): Erklärung über die Offenlegung von Formeln; in: Verfahrenskodex, Genf.

International Fragrance Institution (Hrsg.) (1986): Richtlinien der Industrie zum Schutz von Gesundheit und Umwelt; in: Verfahrenskodex, Genf.

International Fragrance Institution (Hrsg.) (1994): Selbstkontrolle der IFRA; in: Verfahrenskodex, Genf.

Ippen, H. (1994): Nitromoschus. Teil II; in: Bundesgesundheitsblatt, Nr. 7, S. 292-293.

Janke, K. (2001): Surfer schnuppern Markendüfte; in: Horizont, Jg. 20., Nr. 16, vom 19.4.2001, S. 57.

Janke, W./Debus, G. (1978): Die Eigenschaftswörterliste (EWL), Göttingen.

Jellinek, J.S. (1976): Parfümieren von Produkten. Wirtschaftliche, technische und Marketing-Aspekte, Heidelberg.

Jellinek, J.S. (1992): Das Parfüm als Wirkstoff in Hautpflegeprodukten; in: dragoco report, Heft 5, S. 214-230.

Jellinek, J.S. (1994): Aroma Chology: A Status Review, in: Cosmetics and Toiletries Magazine, Vol. 109, October 1994, S. 83-101.

Jellinek, P. (1951): Die psychologischen Grundlagen der Parfümerie, 1. Auflage, Heidelberg.

Jellinek, P. (1961): Die psychologischen Grundlagen der Parfümerie, 3. Auflage, Heidelberg.

Jellinek, P./Jellinek, J.S. (Hrsg.) (1994): Die psychologischen Grundlagen der Parfümerie, 4. stark erweiterte Auflage, Heidelberg.

Jinks, A./Laing, D.G. (2001): The analysis of odor mixtures by humans: Evidence for a configurational process; in: Physiology & Behavior, Vol. 72, S. 51-63.

Kafitz, W. (1977): Der Einfluß der musikalischen Stimulierung auf die Werbewirkung, Saarbrücken.

Karamat, E./Ilmberger, J./Buchbauer, G./Rößlhuber, K./Rupp, C. (1992): Excitatory and sedative effects of essential oils on human reaction time performance; in: Chemical Senses, Band 17, Nr. 6, S. 847.

Katz, D./ Katz, U. (1971): Kleines Handbuch der Psychologie, Basel-Stuttgart.

Kaufhof Warenhaus AG (o.J.): Erfolg liegt in der Luft: Raumbeduftung bei der Kaufhof Warenhaus AG, unveröffentlichte Studie.

Keller-May, C. (1995): Vom Duftstoff zum Krebserreger. Neue Erkenntnisse über Moschus, Manuskript eines Berichts der Sendung „report" vom 3.07.1995.

Kirk-Smith, M.D./Booth, D.A. (1992): Effects of natural and synthetic odorants on mood and perception of other people; in: Chemical Senses, Band 17, Nr. 6, S. 849-850.

Knasko, S.C. (1989): Ambient odor and shopping behavior; in: Chemical Senses, Band 14, Nr. 5, S. 718.

Knasko, S.C. (1992a): Ambient odor's effect on creativity, mood, and perceived health; in: Chemical Senses, Vol. 17, No. 1, S. 27-35.

Knasko, S.C. (1992b): Viewing time and liking of slides in the presence of congruent and incongruent odors; in: Chemical Senses, Band 17, Nr. 5, S. 652.

Knoblich, H./Schubert, B. (1989): Marketing mit Duftstoffen, München.

Knobloch, S. (1990): Erlebnisorientierte Produktgestaltung mit Duft, unveröffentlichte Diplomarbeit, Göttingen.

Knobloch, S. (1992): Duft als Produktkomponente zur Vermittlung multisensualer Konsumerlebnisse, unveröffentlichte Diplomarbeit, Berufsakademie Hannover.

Kobal, G. (1990): Psychophysiologie des Geruchs; in: *Mealicke, A. (Hrsg.):* Vom Reiz der Sinne, Weinheim u.a., S. 129-148.

Koelega, H.S./Köster, E.P. (1974): Some experiments on sex differences in odor perception; in: Annals of the New York Academic of Sciences, No. 237, S. 234-246.

Konert, F.-J. (1986): Vermittlung emotionaler Erlebniswerte, Heidelberg, Wien

Kramer, A./Kahan, G./Cooper, D./Papavasilliou, A. (1974): A non-parametric method for the statistical evaluation of sensory data; in: Chemical Senses and Flavor, Vol. 1, S. 121-133.

Kreuzer, R. (1991): Länderübergreifende Segmentierungskonzepte; in: Jahrbuch der Absatz- und Verbrauchsforschung, Heft 1.

Kroeber-Riel, W. *(1986):* Die inneren Bilder der Konsumenten; in: Marketing-ZFP, Heft 2, S. 81-94.

Kroeber-Riel, W. (1989): Das Suchen nach Erlebniskonzepten für das Marketing. Grundlage für den sozialtechnischen Forschungs- und Entwicklungsprozeß, in: *Specht, G./Silberer, G./Engelhardt, W.H. (Hrsg.):* Marketing - Schnittstellen, Stuttgart, S. 247-263.

Kroeber-Riel, W. (1992): Konsumentenverhalten, 5. Auflage, München.

Kroeber-Riel, W.*/Esch, F.R. (2000):* Strategie und Technik der Werbung, 5. Aufl., Stuttgart u.a.

Kroeber-Riel, W./Weinberg, P. (1996): Konsumentenverhalten, 6. Auflage, München.

Lachmann, U. (2002): Wahrnehmung und Gestaltung von Werbung, Hamburg.

Laffort, P. (1994): Olfactory communication and facets of odorousness; in: *Martin, G./Laffort, P. (eds.):* Odors and deodorization in the environment, New York, S. 105-141.

Launert, E. (1992): Parfümierung von Papier und Zellstoffprodukten, in: drom Duft und Papier, 2/1992, Baierbrunn, S. 19-33.

Lawless, H.T. (1990): Applications of experimental psychology in sensory evaluation; in: *McBride, R.L./MacFie, H.J.H. (eds.):* Psychological basis of sensory evaluation, London – New York, S. 117-139.

Lawless, H.T. (1999): Descriptive analysis of complex odors: Reality, model or illusion?; in: Food Quality and Preference, Vol. 10, S. 325-332.

Lawless, H.T./Claassen, M.R. (1993): Validity of descriptive and defect-oriented terminology systems for sensory analysis of fluid milk; in: Journal of Food Science, Vol. 58, S. 58, 108.-112, 119.

Lawless, H.T./Heymann, H. (1998): Sensory evaluation of food. Principles and practices, New York u.a.

Le Guérer, A. (1992): Scent: The Mysterious and Essential Powers of Smell, New York.

Lips, P. (2001): Neuere Entwicklungen des Markenschutzes: Erfahrungen aus der Praxis; in: *Köhler, R./Majer, W./Wiezorek, H. (Hrsg.):* Erfolgsfaktor Marke. Neue Strategien des Markenmanagements, München, S. 323-331.

Lyon, D.H./Francombe, M.A./Hasdell, T.A./Lawson, K. (1992): Guidelines for sensory analysis in food product development and quality control, London u.a.

Macharzina, K. (1993): Unternehmensführung, Wiesbaden.

Maruniak, J.A. (1988): The sense of smell; in: *Pigott, J.R. (ed.):* Sensory analysis of foods, 2nd edition, London, S. 103-130.

McDermott, B.J. (1990): Identifying consumers and consumer test subjects; in: Food Technology, Vol. 44, S. 154-158.

Meffert, H./Burmann, C. (2002): Theoretisches Grundkonzept der identitätsorientierten Markenführung; in: *Meffert, H./Burmann, C./Koers, M. (Hrsg.):* Markenmanagement: Grundfragen der identitätsorientierten Markenführung, Wiesbaden, S. 35-72.

Meffert, H./Althans, J. (1982): Internationales Marketing, Stuttgart u.a.

Mehrabian, A. (1978): Räume des Alltags oder wie die Umwelt unser Verhalten bestimmt, Frankfurt/Main.

Mehrabian, A./Russell, J.A. (1974): An approach to environmental psychology, Cambridge (Mass.).

Meilgaard, M./Civille, G.V./Carr, B.T. (1999): Sensory evaluation techniques, 3rd edition, Boca Raton.

Meyer-Hentschel, G. (1986): Erfolgreiche Anzeigen, Wiesbaden.

Miller, C. (1993): Scent as a marketing tool; in: Business Publication of the Amercan Marketing Association, Vol. 27, No. 2, S. 1-2.

Miram, W./Krumwiede, D. (1985): Informationsverarbeitung: Reizphysiologie, Sinnesphysiologie, Neurophysiologie, Kybernetik, Hannover.

Moskowitz, H.R. (1983): Product testing and evaluation of foods. Marketing and R & D approaches, Westport, Connecticut.

Moskowitz, H.R.. (1985): New directions for product testing and sensory analysis of foods, Westport, Connecticut.

Moskowitz, H.R. (1996): Consumer testing and evaluation of personal care products, New York – Basel.

Müller, J. (1991): Das H&R-Buch Parfüm: Aspekte des Duftes, Geschichte, Herkunft, Lexikon der Duftbausteine, Hamburg.

Mundorf, H. (1986): Die gute alte Zeit. Sie muß viel mehr gestunken haben als die Moderne; in: Handelsblatt, Nr. 205 vom 24./25.10.1986, S. 88.

Murch, G.M./Woodworth, G.L. (1977): Wahrnehmung, Stuttgart - Berlin - Köln.

Nallet, Ph./Vacher del la Pogue, D./Baudry, M. (1986): Rolle und Bedeutung der Gerüche im Verhalten der Menschen; in: dragoco report, Heft 5, S. 139-140.

Nawratil, G./Rabaioli-Fischer, B. (1994): Sozialpsychologie leicht gemacht, Berlin.

Neisser, U. (1979): Kognition und Wirklichkeit: Prinzipien und Implikationen der kognitiven Psychologie, Stuttgart.

Neumann, R./Molnár, P. (1991): Sensorische Lebensmitteluntersuchung, Leipzig.

Newell, G.J./MacFarlane (1987): Expanded tables for multiple comparison procedures in the analysis of ranked data; in: Journal of Food Science, Vol. 52, S. 1721-1725.

Nieschlag, R./Dichtl, E./Hörschgen, H. (1994): Marketing, 17. Auflage, Berlin.

Nixdorf, R.R./Teerling, A./Köster, E.P. (1992): The effect of olfactory stimuli on the time spent by customers in textile department stores; in: Chemical Senses, Band 17, Nr. 5, S. 677.

Normenausschuß Heiz- und Raumtechnik (NHRS) im DIN-Institut für Normung (Hrsg.) (1994): Raumlufttechnik: Gesundheitstechnische Anforderungen - VDI-Lüftungsregeln; in: DIN 1946, Teil 2, Berlin.

O.V. (1986a): Parfüm Brevier; in: Parfümerie aktuell, Nr. 5, S. 3 und 72-102.

O.V. (1986b): Spiegel-Dokumentation Outfit: Kleidung, Assessoires, Duftwässer, Hamburg.

O.V. (1992): Living well with your Sense of Smell, Fragrance Research Fund, New York, S. 21.

O. V. (1993): Krebsverdächtiger Duft in Kosmetika; in: Öko-Test-Magazin, Nr. 8, S. 4.

O. V. (1994): Duftspezialitäten; in: PRO-Magazin, S. 93-95.

O. V. (1997): Wenn Farben zu hören sind; in: FAZ vom 15.1.1997, S. 35.

O. V. (2000a): DigiScents erforscht menschliche Genome zur Wahrnehmung von Düften; in: news aktuell, www3.newsaktuell.de vom 26.7.2000.

O. V. (2000b): Duft- und Aromastoffe können Allergien auslösen; in: Frankfurter Rundschau, www.frankfurter-rundschau.de/fr/211/t211047.htm vom 17.7.2000.

O. V. (2001): Filme kann man jetzt auch riechen; in: Wirtschaftswoche online, www.wiwo.de/WirtschaftsWoche/Wiwo_CDA vom 30.5.2001.

O. V. (2002a): Bundesinstitut warnt vor Vergiftungserscheinungen; in: Der Tagesspiegel online, 195.170.124.152/archiv/2002/03/02/ak-we-5510650.html, 3.3.2002.

O. V. (2002b): Kino für die Sinne; in: Inspire - Das H&R-Magazin, Jg. 1, Nr. 1, S. 14-17.

O. V. (o.J.): Duftende Drucksachen: Eine neue faszinierende Anwendung der Mikroverkapselung, o.O.

O'Mahony, M. (1978): Smell illusions and suggestion: reports of smells contingent on tones played on television and radio; in: Chemical Senses and Flavor, Vol. 3, No. 2, S. 183-188.

O'Mahony. M. (1986a): Sensory adaptation; in: Journal of Sensory Studies, Vol. 1, S. 237-258.

O'Mahony, M. (1986b): Sensory evaluation of food. Statistical methods and procedures, New York – Basel.

Ohloff, G. (1996): Irdische Düfte – himmlische Lust: Eine Kulturgeschichte der Duftstoffe, Frankfurt/Main.

Paivio, A. (1986): Mental representations: A Dual Coding Approach, New York-Oxford.

Pangborn, R.M. (1980): Sensory science today; in: Cereal Foods World, Vol. 25, S. 637-640.

Perrothon, P./Schudel, P. (1990): Riechstoffe: Toxikologie und Gesetzgebung; in: Parfümerie und Kosmetik, 71. Jg. Nr. 4, S. 260-271.

Peryam, D.R./Giradot, N.F. (1952): Advanced taste method; in: Food Engineering, Vol. 24, S. 58-61,194.

Peryam, D.R./Pilgrim, F.J. (1957): Hedonic scale method of measuring food preferences; in: Food Technology, Vol. 11, S. 9-14.

Pokorny, J./Davidek, J. (1986): Application of hedonic sensory profiles for the characterization of food quality; in: Die Nahrung, 8. Jg., S. 757-763.

Reye, B. (2002): Sich den Duft um die Nase wehen lassen; in: Tagesanzeiger vom 10.3.2002, S. 42.

Roessler, E.B./Pangborn, R.M./Sidel, J.L./Stone, H. (1978): Expanded statistical tables for estimating significance in paired-preference, paired difference, duo-trio and triangle tests; in: Journal of Food Science, Vol. 43, S. 940-941.

Rohen, J.W. (1994): Funktionale Anatomie des Nervensystems: Lehrbuch und Atlas, 5. Auflage, Stuttgart – New York.

Rosenstiel, L./Neumann, P. (1982): Einführung in die Markt- und Werbepsychologie, Darmstadt.

Roudnitzka, E. (1986): Wie steht es um die französische Parfümerie und wohin weist ihr Weg? In: dragoco report, Heft 6, S. 151-152.

Sarfarazi, M./Cave, B./Richardson, A./Behan, J./Sedgwick, E.M. (1999): A visual event related potentials modulated by contextually relevant and irrelevant olfactory primes; in: Chemical Senses, Vol. 24, S. 145-154.

Scharf, A. (1991): Konkurrierende Produkte aus Konsumentensicht - Erfassung und räumliche Darstellung unter besonderer Berücksichtigung der Korrespondenzanalyse, Diss. Frankfurt/M..

Scharf, A. (1993): Der Einfluß des Duftes und der Farbe auf die Wahrnehmung und Präferenzbildung der Verwender; in: dragoco report, Heft 5, S. 169-179.

Scharf, A. (1996): Verfahren der sensorischen Produktforschung; in: *Knoblich, H./Scharf, A./Schubert, B. (Hrsg.):* Geschmacksforschung. Marketing und Sensorik für Nahrungs- und Genußmittel, München, S. 131-183.

Scharf, A. (2000): Sensorische Produktforschung im Innovationsprozess, Stuttgart.

Scharf, A./Schubert, B. (2001): Marketing - Einführung in Theorie und Praxis, 3. Auflage, Stuttgart.

Scharf, A./Struck, C. (1995): Länderspezifische Gemeinsamkeiten und Unterschiede bezüglich der Wahrnehmung und Präferenzbildung bei Düften umweltschonender Waschmittel; in: dragoco report, Heft 2, S. 145-155.

Scharf, A./Volkmer, H.-P. (1997): Geschmackswahrnehmungen und Geschmackspräferenzen bei Nahrungs- und Genußmitteln unter besonderer Berücksichtigung von Produkterwartungen; in: Marketing – Zeitschrift für Forschung und Praxis, 19. Jg., S. 93-106.

Scharf, A./Volkmer, H.-P. (2000): The impact of olfactory product expectations on the olfactory product experience; in: Food Quality and Preference, Vol. 11, No. 6, S. 497-503.

Schiffman, S.S. (1993a): The effect of fragrance on the mood of women at midlife; in: The Aroma-Chology Review, Band II, Nr. 1, S. 1ff.

Schiffman, S.S. (1993b): Effect of pleasant odors on mood of males in mid-life: Comparison of african-american and european-american men; in: Final Report to the Olfactory Research Fund.

Schleidt, M./Neumann, P./Morishita, H. (1988): Pleasure and disgust: Memories and associations of pleasant and unpleasant odours in Germany and Japan; in: Chemical Senses, Vol. 13, No. 2, S. 279-293.

Schmitz-Maibauer, H.H. (1976): Der Stoff als Mittel anmutungshafter Produktgestaltung - Grundzüge einer Materialpsychologie, Diss. Köln.

Schneider, W. (1994): Die Macht der Düfte; in: BMW-Magazin, Heft 3, S. 44-52.

Schönpflug, W./Schönpflug, U. (1983): Psychologie: Allgemeine Psychologie und ihre Verzweigung in der Entwicklungs-, Persönlichkeits- und Sozialpsychologie, München - Wien – Baltimore.

Schröder, H. (2001): Neuere Entwicklungen des Markenschutzes: Markenschutz-Controlling vor dem Hintergrund des Markengesetzes; in: *Köhler, R./Majer, W./Wiezorek, H. (Hrsg.):* Erfolgsfaktor Marke. Neue Strategien des Markenmanagements, München, S. 309-322.

Schröer, R. (1994): Sensorik im Automobilbau aus Marketingsicht, unveröffentlichte Diplomarbeit, Fachhochschule Lüneburg.

Schubert, B. (1991): Entwicklung von Konzepten für Produktinnovationen mittels Conjointanalyse, Stuttgart.

Schubert, B. (1995): Conjoint-Analyse; in: *Tietz, B./Köhler, R/Zentes, J. (Hrsg.):* Handwörterbuch des Marketing, S. 376-389.

Schubert, B./Wolf, A (1993): Erlebnisorientierte Produktgestaltung; in: *Arnold, U./Eierhoff, K. (Hrsg.):* Marketingfocus: Produktmanagement, Stuttgart, S. 121-151.

Schulz, B. (1986): Duftkompositionen; in: FAZ, Nr. 262 vom 11.11.1986, S. 8B.

Schutz, H.G. (1964): A matching-standards method for characterizing odor qualities; in: Annals of New York Academy of Sciences, Vol. 116, S. 517-534.

Schwarz, N. (1987): Stimmung als Information, Berlin- Heidelberg.

Sekuler, R./Blake, R. (1994): Perception, 3rd edition, New York u.a.

Shepherd, R./Farleigh, C.A./Wharft, S.G. (1991): Effect of quality consumed on measures of liking for salt concentrations in soup; in: Journal of Sensory Studies,Vol. 6, S. 227-238.

Slosson, E.E. (1899): A lecture experiment in hallucinations; in: Psychological Review, Vol. 6, 1899, S. 407-408.

Smith, G.L. (1981): Statistical properties of simple sensory difference tests: Confidence limits and significance tests; in: Journal of the Science of Food and Agriculture, Vol. 32, S. 513-520.

Solms, J. (1977): Sensorische Erfassung und Beurteilung von Lebensmitteln – eine allgemeine Einführung; in: *Raunhardt, O./Fischer, F. (Hrsg.):* Sensorische Erfassung und Beurteilung von Lebensmitteln, Zürich, S. 9-19.

Stegmüller, B. (1995): Internationale Marktsegmentierung als Grundlage für internationale Marketing-Konzeptionen, Bergisch-Gladbach - Köln.

Steiner, W. (1982): Der Einfluß erogener Duftstoffe auf die visuelle Wahrnehmung erotischer Reize; in: drom report: Die Nase (Teil 2), Baierbrunn, S. 19-24.

Steiner, W. (1986): Die Wirkung von zwei unterschiedlichen Raumbeduftern auf das menschliche Erleben und Verhalten; in: drom report: Die Nase (Teil 3), Baierbrunn, S. 6 – 21.

Stöhr, A. (1995): Olfaktorische Stimulation am POS. Arbeitspapier der Universität Paderborn Nr. 16.

Stöhr, A. (1998): Air-Design als Erfolgsfaktor im Handel - Modellgestützte Erfolgsbeurteilung und strategische Empfehlungen, Wiesbaden.

Stone, H./Sidel, J.L. (1993): Sensory evaluation practices, 2nd edition, San Diego u.a.

Storp, F. (1994): Der Einfluß olfaktorischer Stimuli auf das Leistungsverhalten; in: drom Science Spektrum, Band 1, Aromascience, Baierbrunn, S. 7-36.

Storp, F. (1997): Geruch und Gefühl, Baierbrunn.

Tree Extracts Research Association (o.J.): „Graduell duftabgebende Textilien". Europäisches Patent Nr. EP 0499181 A3 930714.

Van Toller, S. (1988): Emotion and brain; in: *Van Toller, S./Dodd, G.H. (eds.):* Perfumery: The psychology and biology of fragrance, London - New York, S. 121-140.

Vernet-Mauri, E./Alaoui-Ismaïli, O./Dittmar, A./Delhomme, G./Chanel, J. (1999): Basic emotions induced by odorants: a new approach based on autonomic pattern results; in: Journal of the Autonomic Nervous System, Vol. 75, S. 176-183.

Vroon, P. (1996): Psychologie der Düfte: Wie Gerüche uns beeinflussen und verführen, Zürich.

Vroon, P. (1997): Smell: The Secret Seducer, New York.

Warm, J.S./Dember, W.N./Parasuraman, R. (1992): Effects of olfactory stimulation on performance and stress in a visual sustained attention task; in: Journal of the Society of Cosmetic Chemists, Nr. 42, S. 199-210.

Warren, C./Warrenburg, S. (1993): Mood Benefits of Fragrance; in: Perfumer & Flavorist, Band 18, S. 9-16.

Watson, L. (1999): Jacobson's Organ and the remarkable nature of smell, London.

Weinberg, P. (1986): Erlebnisorientierte Einkaufsstättengestaltung im Einzelhandel; in: Marketing ZFP, Heft 2, S. 97 - 102.

Weinberg, P. (1992): Erlebnismarketing, München.

Wöhe, G. (1993): Einführung in die Allgemeine Betriebswirtschaft, 18. Auflage, München.

Wolff, P. (2001): Tief Duft holen; in: Süddeutsche Zeitung online, www.sueddeutsche.de/aktuell/sz/artikel43728.php vom 18.5.2001.

Youngentob, S.L. (1999): Introduction to the sense of smell: Understanding odours from the study of human and animal behavior; in: *Bell, G.A./Watson, A.J. (eds.):* Tastes and Aromas - The chemical senses in science and industry, Sidney.